"十二五"职业教育国家规划教材
经全国职业教育教材审定委员会审定

高职高专学前教育专业系列教材

学前儿童健康教育与活动指导（第二版）

单敏月 编著

华东师范大学出版社
·上海·

图书在版编目(CIP)数据

学前儿童健康教育与活动指导/单敏月编著. —2版.
—上海：华东师范大学出版社,2019
ISBN 978 - 7 - 5675 - 9908 - 6

Ⅰ.①学… Ⅱ.①单… Ⅲ.①学前儿童-健康教育-高等职业教育-教材②学前儿童-活动课程-高等职业教育-教材　Ⅳ.①G613

中国版本图书馆CIP数据核字(2019)第292241号

学前儿童健康教育与活动指导(第二版)

编　　著	单敏月
责任编辑	范美琳　刘　雪
特约审读	朱美玲
责任校对	张佳妮　时东明
装帧设计	庄玉侠

出版发行	华东师范大学出版社
社　　址	上海市中山北路3663号　邮编200062
网　　址	www.ecnupress.com.cn
电　　话	021-60821666　行政传真 021-62572105
客服电话	021-62865537　门市(邮购)电话 021-62869887
地　　址	上海市中山北路3663号华东师范大学校内先锋路口
网　　店	http://hdsdcbs.tmall.com
印 刷 者	上海昌鑫龙印务有限公司
开　　本	787毫米×1092毫米　1/16
印　　张	15
字　　数	357千字
版　　次	2021年2月第2版
印　　次	2024年8月第9次
书　　号	ISBN 978-7-5675-9908-6
定　　价	38.00元

出版人　王焰

(如发现本版图书有印订质量问题，请寄回本社客服中心调换或电话 021-62865537 联系)

前言
QIAN YAN

我从事学前教育专业教育工作已有多年,"学前儿童健康教育"是教授的其中一门课程,边教学边学习,在编辑老师的鼓励下,将自己所学、所思、所积累的部分材料汇聚成此书。

本书在编写时,认真贯彻党的二十大精神,紧密围绕"培养什么人、怎样培养人、为谁培养人"这一教育根本问题推进编写工作,本书在编写的架构上,主要是根据《3—6岁儿童学习与发展指南》中健康教育的"身心状况"、"动作发展"和"生活习惯与生活能力"这三块来划分章节,全书共分以下八章:

第一章　学前儿童健康教育基础
第二章　学前儿童健康教育的基本问题
第三章　学前儿童身体保健教育
第四章　学前儿童心理健康教育
第五章　学前儿童的动作发展与体育活动
第六章　学前儿童生活习惯与生活能力教育
第七章　学前儿童健康行为的改变
第八章　学前儿童技术使用的健康教育

在编写本书的时候,我认为要贯彻"教育心理化"的一个思想:做一名学前教育工作者,在开展健康教育工作之前,首先,应该要正确地理解幼儿,并接纳幼儿。这一点贯彻在各章节的主要内容中,并通过以下措施来实现:措施一,本书在各部分都参照、引用了《幼儿园教育指导纲要(试行)》和2012年底发布的《3—6岁儿童学习与发展指南》中提出来的各年龄段目标、典型表现,帮助大家理解幼儿各年龄段的特点和要求;措施二,选取合适的案例,反映一线教师在这方面的"正能量",引导读者朋友们感悟和学习尊重儿童、以儿童为中心的价值取向。

曾经在和一些幼儿教师交流时,听到她们感叹:"有些做法,我们也知道不对、不好,可是怎么办呢?没有办法呀。"因此,本书的第二个努力是要让读者朋友们掌握一些实际工作中可以运用的方法。主要体现在以下三方面：

一是全书案例尽量体现"问题解决"的方法，让读者直观地"看到"幼师们"问题解决"式的操作，感受到其中以儿童为中心的理念。对此我感到欣慰的是，本次修订，有从前学生投来的案例，她们的案例中有我以前上课时曾经强调的理念。

二是单列一章，提供"健康行为改变的技术"和来自幼儿园的应用实例。这样在教材内容上，实现了幼师开展健康教育所需要的知、信、行三方面的全面传授。

三是提供源于实际的问题以供思考，提供活动案例、教学案例以供分析学习。这些使本书尽量起到"教法课"应该起到的作用：贴近实际、教授技能。

同时，本书还关注了近年来学前儿童健康教育应该关注但尚未给予很多关注的一个主题——技术使用的健康教育。幼儿在生活中越来越多地接触和使用技术，并且有越来越多的教师、家长和幼儿依赖技术，这对幼儿的健康有不可忽视的影响。本书专门单列一章来探讨这个话题。

本次修订，主要做了以下工作：

一是根据幼儿园教师资格证考试的要求，对书中的一些概念、理论等内容进行了更好的梳理和补充，使之更全面；丰富和更新了部分案例，特别是体现幼儿自主性活动的案例，不仅使知识点更便于理解，更是给学生提供一个工作思路；调整部分思考题，并将一些教资考试真题穿插其中，促进学习者思考和应用。

二是对第五章"学前儿童的动作发展与体育活动"进行了全面整改，重新撰写，使内容的条理更清晰准确，更符合儿童学习的规律，与教育实践的贴合度更好。此外，我努力领会新的文件精神，比如根据《国务院办公厅关于印发体育强国建设纲要的通知》对学前儿童体育活动的启示来组织内容，将儿童的动作发展分年龄段阐述，在体育活动的要求与实施方面，结合图片和教学案例，力求阐述得清晰、实用。

在本书的编写中，我获得了许多的帮助。第二章第四节中关于 PRECEDE—PROCEED 模式的内容，和上一版本第五章的内容，由王烨芳老师协助整理和撰写，对此表示感谢。学院黄群、章卫芳等老师给予我诸多指导，热心帮助我解决困难。瑞金一路幼儿园吴超伦园长、思南路幼儿园吴闻蕾园长都给予了我很大的帮助，让我获得了许多有益的活动案例。感谢华东师范大学出版社对本次修订的各种协助！另外，特别感谢彭呈军先生给予许多建设性意见和建议，并介绍许多参考资料！还有许多我不及提到的帮助者，非常感谢！限于能力，书中还有许多不足，恳请大家指正，不胜感激！

单敏月

2023 年 6 月

目录

第一章　学前儿童健康教育基础 / 1

第一节　健康概述 / 1
第二节　学前儿童健康教育概述 / 12
第三节　学前儿童健康教育的方向 / 16

第二章　学前儿童健康教育的基本问题 / 26

第一节　学前儿童健康教育目标 / 26
第二节　学前儿童健康教育的实施 / 32
第三节　学前儿童健康教育活动的组织与实施 / 44
第四节　学前教育机构的健康促进与管理 / 53

第三章　学前儿童身体保健教育 / 60

第一节　学前儿童身体保健教育概述 / 60
第二节　学前儿童身体生长发育教育 / 63
第三节　学前儿童饮食与营养教育 / 71

第四章　学前儿童心理健康教育 / 84

第一节　学前儿童心理健康教育概述 / 84

第二节　学前儿童心理健康教育的实施 / 92
第三节　幼儿常见的心理问题 / 103

第五章　学前儿童的动作发展与体育活动 / 114

第一节　学前儿童的动作发展 / 114
第二节　幼儿园体育活动概述 / 119
第三节　学前儿童体育活动的目标 / 124
第四节　学前儿童体育活动的内容 / 128
第五节　学前儿童体育活动的实施 / 136

第六章　学前儿童生活习惯与生活能力教育 / 151

第一节　生活常规教育 / 151
第二节　学前儿童安全生活教育 / 172

第七章　学前儿童健康行为的改变 / 206

第一节　行为的增强与养成 / 207
第二节　降低或消除不适当行为 / 214
第三节　惩罚效果的影响因素及其副作用 / 219

第八章　学前儿童技术使用的健康教育 / 222

第一节　技术使用对幼儿生理的损伤 / 222
第二节　技术对儿童心理的影响 / 225
第三节　技术对儿童社会性发展的影响 / 228
第四节　学前儿童需要合理使用信息技术 / 230

主要参考文献 / 234

第一章　学前儿童健康教育基础

在教育中应该尽量鼓励个人发展的过程。应该引导儿童自己进行探讨,自己去推论。给他们讲的应该尽量少些,而引导他们去发现的应该尽量多些。

——斯宾塞①

第一节　健康概述

一、什么是健康

 互动设计

> 1. 现在请你思考一下,听到"健康"这个词,你联想到什么?可以是许多形容健康状态的词汇,比如"阳光"、"强壮"、"面色红润"等,也可以描述你头脑中一些健康的人物形象……
> 2. 你觉得健康的重要性表现在哪些方面?联系你生活中听到、看到的现象,举例说明。

(一) 健康的概念

健康,一直是人们生活中的重大议题。有或没有健康,影响着人类文明。而它的界定,也是个难题。勒内·杜博斯(Rene Dubos)曾准确地描述了无法准确定义健康的困境,他将对健康的认知比喻为一座海市蜃楼:从远处看,健康是再清楚不过的概念,但当我们走近它,试图定义它

---

① 引自斯宾塞著:《教育论》,人民教育出版社1962年版,第62页。

时,却发现它是看不到、摸不着的。①

什么是健康？随着时代的变迁,人们对健康的认识在不断发生着变化。

在传统的健康观念中,没有躯体疾病即为健康。比如,《现代汉语词典》对"健康"的释义为:(人体)生理机能正常,没有缺陷和疾病。这种对健康的理解在人群中迄今都占据着主导地位。

随着社会经济的发展,越来越多的现象无法使用这种健康观来加以解释。比如,有些人没有器质性的损伤,没有疾病,但在生活某些方面已经出现功能异常的问题。心理疾病对人们生活的影响日益凸显。

随着医学的发展、心理学的日趋成熟和社会生态学观点的提出,人们开始认识到疾病病因的复杂性(生物因素、遗传因素、后天获得性和心理因素),特别是认识到社会环境的影响,从而对健康的认识拓展到社会因素、心理因素和个人行为,逐步形成了综合性协调发展的健康概念。

1946年6月19日至7月22日在纽约召开的国际卫生会议通过了由61个国家代表签署的世界卫生组织《组织法》(《世界卫生组织正式记录》第2号第100页),并于1948年4月7日生效,在其序言中提出了著名的"健康三维"概念,即健康不仅是疾病或羸弱之消除,而且是体格、精神与社会的完全健康状态。(原文:Health is a dynamic state of complete physical, mental, spiritual and social well-being and not merely the absence of disease.)

世界卫生组织关于健康的这一定义,把人的健康从生物学的意义,扩展到了心理和社会关系的健康状态,把人的身心、家庭和社会生活的健康状态均包括在内。这一界定被认为是一大创举,比恩格尔(G. L. Engel)在1977年提出的生物—心理—社会的医学模式早了近30年。虽然后来有不少学者对这一三维界定有一些争议,但直到21世纪,这一健康定义仍然焕发着活力和生机。

生理健康是健康的基础,指人体结构完整、功能和发育水平正常。

心理健康是指心理的各个方面及心理活动过程处于一种良好的状态。心理健康的理想状态一般包括以下七个方面:智力正常、情绪健康、意志健全、行为协调、人际关系适应、反应适度、心理特点符合年龄。

社会适应健康是指个体的各种生理和心理的活动和行为能适应复杂的环境变化,为他人理

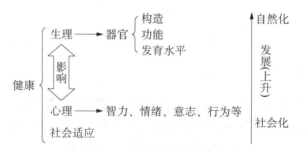

图1.1 健康概念解析图

---

① Dubos R(1988). *Mirage of Health: Utopias, Progress, and Biological Change* (*new edition*). New Brunswick: Rutgers University Press.

解和接受,使自己在各种环境中有充分的安全感;能保持正常的人际关系,能受到他人的欢迎和信任;对未来有明确的生活目标,能切合实际地在各种社会环境下不断进取,有理想和事业上的追求。

不同的时代、不同的人对健康的理解是发展变化的。20世纪80年代,曾有学者提出,人的健康还应该补充对道德健康的要求,但这一建议并未被采纳,世界卫生组织对健康的定义至今未被修改。[①](并非如有些教材上所说,健康的定义在1989年被修改了。)所谓道德健康就是不以损害他人的利益来满足自己的需要,有辨别真伪、善恶、美丑、荣辱、是非的能力,能按照社会公认的道德准则来约束、支配自己的言行,愿为人们的幸福作贡献。

你心目中的健康应该有怎样的内涵呢?

 材料阅读

> 2019年,世界卫生组织(WHO)公布了全球健康面临的十大威胁,包括:非传染性疾病、空气污染和气候变化、流感大流行、脆弱和易受损的生存环境、抗生素耐药性、疫苗犹豫、埃博拉等高威胁病原体、落后的基础医疗条件、登革热以及艾滋病病毒。
>
> 世界卫生组织认为,十大威胁中,空气污染是最大的环境威胁。"全世界十个人里有九个人每天在呼吸受污染的空气。"空气污染物含有可渗透进呼吸系统和心血管系统的细微颗粒,会伤害肺、心脏和大脑,全球每年大约有700万人因相关疾病而死亡,其中超过九成发生在中低收入国家。
>
> 食物、营养与体育运动与我们日常生活息息相关。除了全球食物短缺与食物安全等问题外,加工食品数量不断增多、城市化和不健康的生活方式,也使得慢性非传染性疾病患者显著增加。
>
> 所谓"疫苗犹豫"是指,在可获得疫苗接种的情况下对接种疫苗的犹豫或拒绝,这会使得人们在预防疾病方面已取得的成果出现倒退。按照世界卫生组织的说法,疫苗是"最划算"的疾病防控方法之一,目前每年可预防200万至300万例死亡。如果全球疫苗接种覆盖率能进一步提高,可额外避免150万人死亡。近年来一些国家的疫苗接种情况不佳,导致一些本已有效控制的疾病发病率再度上升。
>
> 2019年榜单列出的威胁大多长期困扰着人类。"疫苗犹豫"不同于其他威胁,其他都是生理上或者是环境上的问题,而这是第一个成为了全球健康威胁的社会行为。

(二) 健康的表现

根据世界卫生组织的健康定义,一些从事卫生和教育的专家们提出了一些健康的具体表现,这里我们不多作讨论。学前儿童的健康表现是不同于成人的,一般而言,学前儿童生理健康

---

① WHO Resolution. 101st Session of the WHO Executive Board [R]. Geneva: WHO, 1998.

方面的典型表现有：

1. 体形正常，体重适当，生长发育良好

生长发育的各项指标（如身高、体重、头围、胸围等）均在正常范围，身体内外器官功能正常，无疾病和缺陷。食欲良好，排便轻松（表明内脏功能正常）。睡眠质量好，精神饱满（睡眠不好往往是生理、心理的病态表现）。

2. 机体具有较好的适应能力

比如，能抵抗一般性的疾病，季节交替也不容易生病，对身体的旋转、摆动等状态适应良好。

3. 动作发展和体能发展良好

各种基本动作技能正常发生和发展；动作协调、流畅、准确等。这些都表明身体机能良好。

心理健康方面的常见表现：

1. 认知发展正常

学前儿童的认知能力正处于飞速发展的阶段，认知是最基本的心理过程。儿童语言表达的内容有中心、逻辑清晰，能够随着话题变换而随机应变，表明其认知能力较好、思维敏捷。

2. 情绪稳定积极

学前儿童的情绪具有冲动、易变和易外露等特点，但在成人的引导下，应当逐步提高稳定性，具有合理表达和宣泄消极情绪、自我调节情绪的能力。

3. 人际关系良好

学前儿童应有与他人交往的愿望，有选择地交朋友，尊重别人。待人接物能大度和善，既能善待自己，自信自强，又能宽以待人，不过分计较。能助人为乐，与人为善。

4. 性格温和主动

学前儿童尚未形成稳定的个性，但作为个性系统中的重要组成部分，性格特征逐渐展现。心理健康的儿童性格温和、自信、主动，能够在适应环境的过程中发挥自己的一些个性特点，没有经常性的压抑感和冲动感。意志坚强，具有一定的自觉性和持续性。感情丰富，热爱人生和生活。

社会适应方面健康的表现：

心理健康和社会适应息息相关。社会适应指个体根据社会环境中的刺激，调整自身的言行，在规范允许的范围内作出反应的过程。社会适应对个体有着重要意义。如果一个人不能与社会相适应，就会产生与所处环境中的一切格格不入的心理状态，久而久之，容易引起心理问题。对学前阶段的幼儿来说，他们的社会适应主要体现在：

1. 能够融入班集体生活
2. 能够和老师、小伙伴适当交往
3. 面对集体生活中的事件与压力，能够初步调适和应对

（三）健康的价值

健康对我们每个人来说，都是人生的第一财富，我们从小耳熟能详的"身体是革命的本钱"言简意赅地表述出健康之于个体无可动摇的重要性。也有很多人喜欢引用"1"和"0"的比喻来说明这一点：健康是最前面的数字"1"，快乐、事业、名望、金钱等都是"0"，只有有了健康这个

"1",后面这些"0"才有意义,如果没有这个"1",后面的"0"再多也没有什么意义。①

对家庭而言,家庭成员的健康是家庭生活幸福美满的重要影响因素,家庭成员的健康问题往往需要家人付出人力、物力等方面的努力。

健康人口是社会成长的先决条件,疾病是发展的消耗,对健康的投资可以看成是对经济发展的具体投入。从这一意义上来说,健康已不是个体的私事,而是对整个社会具有重要意义。

因此,有人提出"健康资本化"的概念,认为健康也是一种资本,并且是人力资本最基础、最核心的组成部分。健康资本是存在于人身上,可以对现实以及未来收入给予保障从而获得持久和更大收益的资本。相对其他物质资本,健康资本一样起到生产性作用,都能促进国民收入的增加和经济的增长;不同之处在于物质资本可以买卖、转让或被继承,而健康资本不能。②

阅读与思考

健康值多少钱③

1
救护车一响,一年猪白养;
住上一次院,三年活白干;
十年努力奔小康,一场大病全泡汤!

2
小病……拖;
大病……扛;
病危等着见阎王!

3
健康投资总没钱,有也说没有;
等到病时花万千,没有也得有!
若要与人谈健康,有空也说忙;
阎王召见命归天,没空也得去!

4
21世纪什么最昂贵……健康最贵!

5
您现在不养生,以后养医生!
在健康方面花钱花时间就不用担心!
因为你花的都不是你的钱,是医院的钱!

---

①② 李凌、蒋柯著:《健康心理学》,华东师范大学出版社2008年版,第3—4页。
③ 引自《广州日报》,2013年9月23日。

您不花,医院早晚也会收回去!
6
什么是健康?
健康是自己不受罪,
健康是儿女不受累,
健康是少拿医药费,
健康是多得养老费!
7
健康与金钱的关系是什么?
健康是无形资产,
保健是银行存款,
疾病是恶性透支,
大病是倾家荡产!
8
辛苦奋斗几十年,
一场大病回从前,
爱妻爱子爱家庭,
不爱健康等于零!

二、学前儿童健康的影响因素

影响健康的因素,又称健康决定因素,是指影响和决定个人和人群健康状态的各种条件变化。我们将儿童的健康影响因素,划分为个体自身的因素和个体外部的因素,而个体外部的因素又可以划分为物质环境和社会性因素。

(一) 个体因素

从幼儿个体来看,遗传等生物学因素、个体的生活方式以及个体的心理特点等都是健康的影响因素。

1. 个体的生物学因素

个体的生物学因素包括遗传因素、病原微生物、个人生物学特征等。过去几十年中,由于传染病发病率的降低和环境条件的改善,遗传因素在许多疾病病因中的作用,相对来说变得更为重要。遗传疾病也越来越凸显,目前已知由遗传因素直接引起的人类遗传性缺陷和遗传疾病有近3000种,约占人类各种疾病的1/5以上。如过敏性鼻炎、高血压、糖尿病、某些癌症和精神病等都与遗传因素有关。

人体内生长的各种病原微生物,如细菌、病毒、支原体、螺旋体和真菌等,它们的代谢物会对人体造成损害,也是一大致病因素。

年龄、性别、形体特征等个人生物学特征也在一定程度上影响着个人的健康状况。

2. 个体的生活方式

20世纪50年代以后,人类的疾病谱和死亡谱都发生了根本性的变化,传染性疾病和营养不良疾病的患者越来越少,而由慢性病,即病史较长的退行性疾病引起的痛苦和死亡则越来越引人注目。在慢性病的发生、发展和防治中,行为习惯和生活方式的作用尤为突出。①

现有的统计表明,幼儿哮喘、过敏等慢性病的发病率在呈上升趋势。而幼儿的行为习惯和生活方式等,很多时候都受到成人的影响。例如,成年人吸烟,使幼儿蒙受二手烟的侵害。据世界卫生组织评估,二手烟对儿童健康的危害主要有引发儿童哮喘、幼儿猝死综合征、气管炎、肺炎和耳部炎症等。二手烟是引发儿童哮喘的主要刺激因素。它导致20万到100万患哮喘病的美国儿童的发病次数增加,症状加重;约有15万到30万18个月以下的婴幼儿所患的呼吸道疾病,以及一种中耳积液的儿童病的增加流行等都与二手烟有关,这其中,每年约有7500人到1.5万人需要住院治疗;另外,美国每年约有1900到2700例的婴儿猝死综合征也被认为与二手烟的污染有关。

3. 个体的心理特点

外界的许多事件,通过人们的心理加工,会对其机体的生理情况产生不同的影响,有时候可能会影响健康,甚至诱发疾病。也就是通常所说的"心身疾病"。但在相同的心理应激背景下,并非每个人都会患心身疾病,造成这种差异的原因,一般认为与个体的易感性有关。

易感性指的是由遗传基础所决定的个体患病的风险。在心身疾病的易感性因素中,情绪的影响是极为明显的。比如,卡农(Cannon)研究发现:焦虑、抑郁、愤怒等情绪都可使消化活动受到抑制,同时情绪对心血管、肌肉、呼吸、内分泌等功能也存在类似的影响;而情绪的改善则有利于胃溃疡等心身疾病的康复。因此情绪反应是心身疾病的重要中介过程。

 案例

> 在幼儿身上,同样如此。比如,小泽(男,2岁)在妈妈开始送他上托班的时候,哭闹了三天,每天都嚷嚷着不想上托班,紧接着他就感冒发烧了。等烧退了,妈妈继续送他上托班,第二天,他的体温又上去了,回到家中,当天下午他的体温就恢复正常了。妈妈认为,可能是因为他心情太过紧张。不少刚开始上幼儿园的小朋友都会出现类似情况。

(二) 物质环境因素

物质环境指的是外在于个体的物质世界,我们主要从自然环境等几方面来探讨。

---

① 李凌、蒋柯著:《健康心理学》,华东师范大学出版社2008年版,第25页。

1. 自然环境

人体的健康需要良好的自然环境,自然环境中的空气、阳光、水源以及气候等都会对健康造成影响。比如,有一儿童患哮喘,原本居住在沿海经济比较发达但空气污染较严重的大城市,经常发病;其父母最终决定举家迁至内地西南一中型城市,该城市有较好的绿化,人口密度相对较低,空气质量更好,该儿童的哮喘从此不再发作,不治而愈了。近几十年来,随着空气污染等问题的加剧,过敏性体质的幼儿比率呈现出上升趋势。保护自然环境、与大自然和谐共存的观念日益成为人们的共识。

2. 医疗卫生服务与保健设施

随着社会的发展与经济水平的提高,社会逐步增加医疗卫生资源的投入,健全医疗机构,逐步完善医疗卫生服务,使医疗卫生服务的覆盖面越来越广泛。2012年,卫生部、国家中医药管理局联合印发《关于加强卫生信息化建设的指导意见》,提出到2020年,建立完善实用共享、覆盖城乡的全国卫生信息化网络和应用系统,为实现人人享有基本医疗卫生服务的目标提供有力的技术支撑。医疗卫生服务的量与质的提高,有利于保障居民群众的健康水平。

此外公共保健设施的普及,诸如社区公共健身场所、社区活动中心的健身器械等,对于人们强健体魄、预防疾病也具有重要意义。

3. 电子信息设备的使用

智能化电子信息设备的使用,给人们的生活带来了诸多便利,各类平板电脑、智能手机等因其获取资源的便利和使用的便捷,成为了许多年轻父母开展家庭早教的重要工具。部分中小学也开始试点使用iPad教学。但专家指出,这类"电子早教设备"对幼儿的影响,除了有限的积极面,更多的是负面的影响,长时间使用,不仅会损害视力,还会带来注意力分散等诸多身心健康问题。我们将在后面的"学前儿童技术使用的健康教育"章节中详细阐述。

 材料阅读

英国4岁女童对iPad上瘾　正接受心理治疗[①]

英国一名4岁女童因iPad成瘾接受心理治疗,以便早日恢复正常,这名女童成为英国已知年龄最小的iPad成瘾症患者。

这名女童住在英格兰东南部,据家长反映,从3岁起iPad成瘾,现在她正在伦敦的卡皮奥·南丁格尔诊所接受治疗。

在通常的用法中,瘾是一种描述某人高频率反复从事可能对其身心健康和社交生活有害的活动的一种强迫行为。

最年幼的成瘾者

英媒21日援引主治医生理查德·格雷厄姆的话报道,之所以说这名女童是英国已

---

① 本文来自网络:http://news.xinhuanet.com/health/2013-04/23/c_124619130.htm。

知年龄最小的 iPad 成瘾症患者,是因为禁止她用 iPad 玩游戏后,她出现了戒断症状。

戒断症状指成瘾症患者在断瘾期间出现的特殊心理生理症候群,表现为兴奋、失眠、流泪、流涕、出汗、震颤、呕吐、腹泻甚至虚脱、意识丧失等。

类似患者不少见

成瘾症的治疗现阶段在国内外都是个难题。格雷厄姆说,这名女童如果不及时接受治疗,将在 11 岁前"病入膏肓"。

英国网上零售商 Pixmania 今年 3 月调查 2000 名家长,了解他们家中电子产品的消费情况及孩子使用这些产品的时长。八成调查对象家中有 14 岁或年龄更小的孩子。结果显示:超过一半家长会让小孩玩 iPad 或智能手机,孩子们每天耗费在电子产品上的平均时间接近 2 小时,超过四分之一的孩子每天盯着屏幕的时间超过 4 小时,4 岁以下儿童中有超过一成经常玩平板电脑。

格雷厄姆说,据他所知,英国有不少小孩像这名女童一样,在幼年接触平板电脑后开始出现强迫行为。

电子设备危害大

2009 年以来,针对低龄人群开发的应用软件激增,不少家长让 iPad 充当孩子的"保姆"或早教工具。

英国最近一项针对 5 岁至 13 岁儿童的调查显示,会上网、会玩电脑游戏、会使用 iPhone 或 iPad、会使用 DVD 影碟机以及懂得如何收看卫星电视的孩子比例都不低,但孩子们的基本生活技能差,65%不会泡茶,81%不会看地图,45%不会系鞋带,72%不会制作纸模型,59%不会爬树。

儿童作家塔妮思·凯丽直言:"iPad、iPod 和智能手机已经成为现在幼童的新玩具。"一些家长甚至把没收孩子的 iPad、智能手机、游戏机等作为惩罚手段。

教育专家担心,长时间使用智能手机和电脑等电子设备可能危害儿童的阅读和交际能力。

(三) 社会性因素

1. 心理环境

心理环境最初是德国心理学家 K·勒温提出的一个概念,指人脑中对人的一切活动发生影响的环境事实。现在,我们更多地以"精神压力"这个词来理解心理环境。

我们一起来看看下面这个案例:

 案例

豆豆 4 岁,刚上幼儿园小班。他是个聪明、活泼且有主见的小男孩。

> 他们的带班老师是个要求严格、不苟言笑的人。他在上小班之初便很受挫,因为他对老师的"马上收拾玩具!"、"现在不可以说话!"等"不合理要求"感到非常不开心,当他的质疑"我为什么不可以再玩5分钟?"、"我要说话!"遭到老师的严辞拒绝时,他心生抵触,没有做到老师要求的令行禁止。随之而来的是老师不赞赏、不赞同甚至厌烦的眼神,以及更严厉的呵斥。这样的恶性循环持续了一周,第二周开始,豆豆不愿意上幼儿园了。随后,豆豆的父母办理了转园手续,可能是"惹不起总要躲得起"。

这恐怕不是绝无仅有的个案。幼儿园老师和幼儿不应该是一种驯服与被驯服的对立关系,而应该是共同编织一段生活经历的合作者。让幼儿在健康、快乐的生活方式中自立成长,是学前教育的重要课题。幼儿很多言行、生活习惯的养成,仅靠外在的教师的规诫和训练是不行的,因为这样做,即使幼儿掌握了具体的操作技能,其内心也得不到成长。①

"成为教师的时候,你首先要认识到自己的无能",抱着这样的心态,幼儿园教师才会尊重孩子,平等地对待孩子,营造出温馨、接纳和宽容的心理环境。在实施教育的时候,教师应该使幼儿"像出自于内心的需要而行动一样",在生活中自发地产生行动,而不是对其进行他律性的驯化。

2. 社会养生理念

如同健康概念的演变,人们为了保持健康而形成的养生理念也是随着时代而变化的。众所周知,中国唐朝推崇的健康美是丰腴之美,现代女性则很多在追求"骨感美"。在不同的历史时期,社会上流行的养生理念对健康也有着一定的影响。比如,2010年以前,在"养生大师"张悟本的"养生理念"中,"绿豆煮水"是许多疑难杂症的灵丹妙药,许多人信以为真,结果贻误了病情。

幼儿的健康状况,基本上都是靠成人来维护的,因此,成人信奉的养生理念也会影响到幼儿的健康。作为学前教育工作者,对养生方面的科学理念应当有所了解。

 材料阅读

养生误区:菠菜豆腐忌同食　牛奶鸡蛋不同煮②

饮食注重营养搭配本是健康生活的好习惯,可近来网上流传的一些所谓"食物搭配禁忌"却搞得人一头雾水,比如"菠菜与豆腐不能同吃"、"牛奶不能和鸡蛋一起煮"、"螃蟹和柿子一起吃会中毒腹泻"等,恍惚间人们都不敢吃了。记者近日在丰台洋桥采访市民丁女士,她说家里厨房墙壁上贴着一张"食用相克"表,时刻提醒自己不要"放错菜"。

记者根据市民流传的版本,整理出一份"食物相克"表,请教食品营养学界的专家,发现不少"常识"都是谬误。

---

① [日]高杉自子著,王小英译:《与孩子们共同生活:幼儿教育的原点》,华东师范大学出版社2009年版,第9页。
② 引自《北京晚报》,2013年3月22日。

误解1　菠菜豆腐忌同食

有人认为,菠菜中含有草酸,它和钙结合形成沉淀,会引起肾结石。因此菠菜不能和豆腐同吃。同理,小葱也不能拌豆腐。

中国农业大学食品学院副教授范志红否定了这种说法。她介绍,草酸是一种植物当中广泛存在的物质,苋菜、菠菜等叶菜的草酸含量较高,而瓜类蔬菜的草酸含量相当低。范志红表示,食物中的草酸被吸收后,确实会增加引发肾结石的危险。但现代膳食中,人们的蔬菜摄入量在减少,一般数量的草酸摄入不至于引起结石问题。更重要的是,调查发现钙摄入量与肾结石的发生率呈现负相关,即钙摄入量越高,结石发生率越低。因此市民应当在吃蔬菜时多吃豆制品、奶类等富含钙的食物,让草酸和钙结合沉淀,以减少草酸的吸收,降低结石发生的概率。

误解2　牛奶鸡蛋不同煮

许多人认为:牛奶中含有碳酸盐,鸡蛋黄中含有铁,这两种物质结合在一起可生成不易吸收的磷酸铁。时间一长,会出现缺铁性贫血,临床上称作"牛奶鸡蛋贫血症"。

范志红表示,"碳酸盐和铁结合成为不容易吸收的磷酸铁"显然不科学。牛奶中富含的是钙、磷、钾元素,并没有什么"碳酸盐"。鸡蛋黄中富含铁,但是蛋黄中的高磷蛋白就会与铁结合,妨碍它的吸收,因此鸡蛋本身并不是一种提供铁元素的好食品。无论是否遇到牛奶,用鸡蛋来补铁都不理想。如果真想补铁,大可不必和牛奶、鸡蛋过意不去。牛奶是典型的贫铁食品,而鸡蛋是典型的低铁吸收率食品。只要吃些富含血红素铁的红肉和内脏类,以及富含维生素C、帮助铁吸收的蔬菜水果类,就能解决补铁问题。只要膳食中有足够的富铁食品,即便每天吃牛奶煮鸡蛋,也不会患上"牛奶鸡蛋贫血症"。

其他"食物相克"勘误

1. 海带忌猪血——同食便秘

辟谣:海带是通便的,而猪血也没有涩肠作用。

2. 螃蟹忌柿子——同食腹泻

辟谣:这两种食物都较易造成胃肠冷凉的感觉。有些敏感人群仅仅是吃螃蟹就会拉肚子,甚至喝凉水、吃凉西瓜就会拉肚子,这是体质差异,另一些人即便吃了螃蟹再吃柿子,也安然无恙。

3. 儿童忽视

在影响幼儿身心健康的各种因素中,有一种社会性影响因素因其发生率最高、涉及面最广、影响最大而越来越受到人们的关注,这就是"儿童忽视"现象。国际上系统研究儿童忽视问题已有30多年历史,但我国至今未有完整、翔实的研究、分析和系统的干预管理。1984年,沃洛克(Wolock)等提出"Neglect of Neglect"(对忽视的忽视)的警告,并指出"对儿童忽视的不重视是制约儿童健康和幸福的重要问题"。

所谓儿童忽视,是指儿童照料者由于疏忽而未满足儿童的需求,导致儿童身心健康发展受到危害或损害的行为。目前国际上普遍认为忽视应包括4个方面,即身体忽视、情感忽视、医疗忽视和教育忽视。也有学者认为还应包括或细化为安全忽视、社会忽视、营养忽视、衣着忽视、素质训练忽视等。儿童忽视可导致儿童心理、行为异常和生长发育障碍,对儿童的身心健康具有"毁灭性"的冲击;0—5岁是忽视发生的高峰期。

有研究者认为,我国的儿童忽视主要体现在安全忽视和情感忽视方面。安全忽视指由于疏忽孩子生长和生活环境中存在的安全隐患,儿童有可能发生健康和生命危险。比如,每年寒暑假都有幼儿坠楼、溺水等安全事故发生。情感忽视指没有给予儿童应有的爱,忽略对儿童心理、精神、感情的关心和交流,缺少对儿童情感需求的满足。比如,越来越多的年轻家长宁可对着电脑、手机或看报纸,也不愿意陪孩子玩游戏、聊天。

第二节　学前儿童健康教育概述

 互动设计

> 1. 请你发挥想象力,设计一所你心中的幼儿园。现在,来描述一下你心中的幼儿园是什么样子的,从它的外形到其中教师和幼儿的生活方式。
> 2. 设想一下,如果你是一名幼儿,你喜欢的幼儿园是什么样的?

世界卫生组织前总干事中岛宏认为,只要采取预防措施,就能减少一半的死亡人口。他还说:"许多人不是死于疾病,而是死于无知。"世界卫生组织把健康教育与健康促进列为当前预防和控制疾病的三大措施之一,21世纪前二十年减轻疾病负担的重要政策策略。我国政府把健康教育列为2001—2010年中国初级卫生保健发展纲要的八大任务之一。它是当今社会卫生问题的首选对策。美国、日本等发达国家已开展多年的健康教育,通过预防干预措施,心脑血管疾病的死亡率下降了50%左右。

就学前儿童群体来说,《幼儿园教育指导纲要(试行)》(2001)、《3—6岁儿童学习与发展指南》(2012)都要求把幼儿的健康放在工作的首位,健康是其他领域学习与发展的基础,这些都决定了幼儿健康教育是幼儿教育最为重要的组成部分。

一、健康教育的概念

先后有不同的学者对健康教育作出界定,尽管不尽相同,但综合看来,我们可以认为:健康教育是指通过有计划、有组织、有系统的社会和教育活动普及健康常识,教育人们树立健康意识,促使人们自觉地改变不健康的行为习惯和生活方式,养成良好的行为习惯和生活方式,以降低或消除影响健康的危险因素,预防疾病,促进健康,提高生活质量。

在学前教育领域,我们可以从"知、信、行"三方面对幼儿进行一定的健康教育,为其终身幸福奠定良好的健康基础。"知、信、行"即我们平常所说的健康常识、健康意识和健康行为,也有人把健康意识这部分内容称为健康态度。

二、健康教育与其他教育类别的关系

(一) 健康教育与健康促进

健康教育不仅具有很强的科学性,而且也具有很强的实践性。它的核心就是使人们改变不良的行为和生活方式,强调行为的改变。如果只是告诉人们什么是健康行为,而不能促进人们积极参与并自觉采纳健康行为,这种健康教育就是不完善的。

健康促进是健康教育事业发展的必然结果,健康促进源于健康教育,又大大超出了健康教育的范围。它是构建在行为学、教育学、心理学、传播学、预防医学、社会科学和政治学等多学科基础上的一门跨学科的综合性学科体系。健康促进是为塑造健康行为和健康生活条件所采取的健康教育与环境支持(社会、政治、经济、政策、法规、组织等)相结合的策略,即把(行为和生活方式的)个人选择和社会对健康的责任综合起来,以创造更健康的一种人和环境之间的调节策略。健康促进的目的是促进积极的健康行为,提高人们的卫生知识,创造利于健康的环境,提高人群和个人应对环境、心理压力的能力,从而保持健康的平衡,减少疾病,提高生活质量。[①]

(二) 健康教育与素质教育

关于什么是素质教育,因为视角不同,人们给出的界定不尽相同,但有着共同特点。一般说来,素质教育是以全面提高个体的基本素质为根本目的,尊重个体的主体性和主动精神,注重开发个体的智慧潜能,以注重个体健全个性的形成为根本特征的教育。简单地说,素质教育重视人的思想道德素质形成、能力培养、个性发展、身体健康和心理健康教育。由此可见,素质教育的范畴比健康教育的范畴更广。

(三) 健康教育与终身教育

终身教育就是指教育的过程应持续一生,与个体一生相始终。也就是说,终身教育是从个体出生开始,到生命结束为止的终生历程,包含了正规、非正规、正式与非正式的学习活动。它强调人生全程的发展及需要,其目的是使人们不断追寻更高、更好的生活品质。

从中可知,健康教育的目的与终身教育的目的是相一致的,都是为了改善人们的生活质量。并且,健康教育不应该是学前、青少年或者青年阶段的专利,而应该是持续个体一生的。在人生的不同阶段,人们通过各种方式的学习活动更新健康知识和技能,以真正受用终身。因此,健康教育也应该是一种终身教育。

---

① 李凌、蒋柯著:《健康心理学》,华东师范大学出版社 2008 年版,第 72 页。

(四) 健康教育与生命教育

1968年,美国的杰·唐纳·华特士首次明确提出生命教育的思想,并倡导和实践生命教育的思想。几十年来,生命教育的实践在全球已得到迅速发展。我国台湾、香港等地区都大力倡导生命教育,开设生命教育课程;内地中小学也一度掀起了研究和推行生命教育理念的热潮。

生命教育的目标是使人学会尊重生命,理解生命的意义以及生命与天人物我之间的关系,学会积极地生存、健康地生活与独立地发展,并通过彼此间对生命的呵护、记录、感恩和分享,获得身心的和谐,生活幸福,从而实现自我生命的最大价值。

从人们对生命教育的界定可以看出,生命教育更侧重个体对自己、他人生命的感悟和理解,它是一种关注生命本质的人本教育。而健康教育更注重实践性,它的核心是使人们改变不良的行为和生活方式,强调行为的改变。

三、学前儿童健康教育的内容

教育部在2012年10月颁布的《3—6岁儿童学习与发展指南》(以下简称《指南》)中指出:健康是指人在身体、心理和社会适应方面的良好状态。幼儿阶段是儿童身体发育和机能发展极为迅速的时期,也是形成安全感和乐观态度的重要阶段。发育良好的身体、愉快的情绪、强健的体质、协调的动作、良好的生活习惯和基本生活能力是幼儿身心健康的重要标志,也是幼儿在其他领域学习与发展的基础。

这一界定表明,幼儿在健康领域学习和发展的主要内容是围绕幼儿身体的健康和心理的健康(包括社会适应能力)展开的;也表明了健康领域在幼儿学习与发展中的重要地位,即幼儿在健康领域的学习与发展是其他领域学习与发展的基础。[1]

《指南》在健康领域将幼儿学习与发展最基本、最重要的内容划分为"身心状况"、"动作发展"和"生活习惯与生活能力"三个子领域。每个子领域下包含着若干幼儿学习与发展的内容和目标。本书在内容的脉络上,便主要围绕这三大内容模块来进行划分,在后续各章节的学习中,我们将详细阐述。

四、学前儿童健康教育的意义

从健康教育的概念可以知道,学前儿童健康教育是指通过有计划、有目的、有系统的各种社会和教育活动,使学前儿童掌握健康常识,树立健康意识,养成良好的行为习惯和生活方式,从而达到身心健康的状态。对学前儿童进行健康教育有着十分重要的意义。

《幼儿园教育指导纲要(试行)》(以下简称《纲要》)明确指出:"幼儿园必须把保护幼儿的生命和促进幼儿的健康放在工作的首位。"原因一是学前儿童的身心发展尚未完善,处于快速发展

---

[1] 李季湄、冯晓霞主编:《〈3—6岁儿童学习与发展指南〉解读》,人民教育出版社2013年版,第56页。

阶段,自我保护的意识和能力较弱,容易受到各种伤害。因此,他们需要成人的精心照护,也需要学习和锻炼。原因二是学前阶段的教育将为学前儿童一生的幸福奠定基础,健康教育不仅能提高儿童幼儿期的生命质量,也能为其一生的健康幸福奠定良好的基础。原因三是身心健康是学前儿童全面发展的基础,只有身心健康,才能做人、做事,发展各方面的素质。

从宏观视角来说,学前儿童是我们国家和社会的未来,学前儿童的健康事关人口素质、民族素质。《中共中央国务院关于深化教育改革,全面推进素质教育的决定》指出:"健康的体魄是青少年为祖国和人民服务的基本前提,是中华民族旺盛生命力的体现。"只有儿童身心健康,才能促进国家和社会的健康发展。

五、学前儿童健康教育的特性

应该说,幼儿健康与成人健康具有许多共同的特性。比如,身体健康和心理健康是相互影响的。身体的不适明显会影响人的心情:幼儿和成人一样,在感冒发烧的时候很难兴高采烈;而如果患上病程较长的慢性病,患者和家人都会面临一系列心理和社会关系的变化。

反之,心理问题也会导致身体上的病理反应。比如,个别成人因对"肥胖"的恐惧和对形体的过分关注,拒绝适量进食,拒绝保持与年龄、身高相称的最低正常体重,患上"神经性厌食症";青少年、幼儿因为惧怕上学,而患上医生检查不出病因的腹痛、头痛等。

在实施健康教育的时候,幼儿具有一些不同于成人的独特特点,是需要我们加以注意的。

首先,幼儿的健康认知具有独特性。国内学者顾荣芳教授就学前儿童对健康有关概念的认知进行了较深入的研究,发现幼儿主要以具体举例和直观特征形式定义概念。[①] 这是因为幼儿的认知水平比较低,还不能将许多健康、安全方面的知识进行很好的概括、抽象,因而有别于成人。比如关于坐车要系安全带的问题,一位5岁的小朋友是这样认为的:"当然要系上安全带了,要不然大人突然刹车的时候,小朋友就要飞出去了,飞到车外面,爸爸妈妈的车开走了,小朋友回不到爸爸妈妈的身边了……"我们要根据幼儿的这种"生活逻辑"、"游戏逻辑"式的认知特点来进行健康方面的教育,比如,教师通常向幼儿园小朋友这样讲述细菌的危害:"手上有看不见的小虫,不洗手就拿东西吃,小虫到肚子里,肚子会痛,要看医生、打针的。"

其次,幼儿的情绪与成人相比,也更不稳定。我们经常说,幼儿的脸是"六月的天,说变就变",上一秒因为争抢玩具大哭,下一秒就因为好吃的糖果破涕为笑,这是正常、健康的表现。而成人则具备稳定的情绪,若是喜怒无常,会被人"另眼相看"为不健康的表现。

最后,幼儿的行为表现比成人不加掩饰。比如在社会适应性行为上,幼儿往往会充分表露出独占欲,如因为自己的妈妈抱了其他小朋友而"醋性大发"、好吃的东西不舍得分给其他小朋友吃等。成人则表现得更乐于分享。

概而言之,我们在实施学前儿童健康教育的时候,必须要以儿童为本,注意到幼儿独特的发展水平和特点,实施引导,不能以成人的标准去衡量,也不能以成人的思维简单惯性地去处理儿童健康的相关事宜。

---

① 顾荣芳、李秀敏、杨余香:《儿童对疾病相关概念的认知》,《学前教育研究》2008年第11期。

第三节 学前儿童健康教育的方向

一、认清学前儿童健康教育的现状

(一) 幼儿保健理念发生转变

人类健康的发展变化,可被称为"三部曲":第一部是面对"大家伙"——与各种野兽搏斗的乐章;第二部是面对"小家伙"——与各种微生物、寄生虫较量的历史;第三部是面对看不见的"敌人"——复杂的生物及人文致病综合因素"现代文明病"的时刻。人类的时空和自己构筑的人文环境相吻合时,现代社会的"人文性"及"高科技性"产生了"现代文明病"。[①]

疾病谱的演变使人类健康的医学模式发生转变。从上述疾病史可知,人类的疾病谱发生了巨大的变化,人类防治疾病从感染性传染性疾病转向了非传染性非感染性疾病,更多是人文性的。由此,现代医学模式也将社会、心理这些影响健康的因素纳入进来,从最初的生理健康模式中脱胎而出。

对幼教机构来说,医学模式的转变促使保教人员的健康观、保教模式发生积极的变化。以往,保教人员往往只重视幼儿的身体健康和安全,只要幼儿吃得下、睡得着、不生病,他们的职责便已尽到。而现代三维医学模式的建立,要求保教人员在保障幼儿身体健康的基础上,注意人文的影响和呵护。

(二) 幼儿园保教工作需要丰富内涵

在现代医学模式的指导下,人们的健康理念随之更新,学前儿童健康教育所关注的问题涵盖影响健康的生物因素,以及隐含其中的心理因素、社会因素。

相应地,幼儿园保教工作需要丰富其内涵。例如,保教人员不仅需要关心学前儿童的营养均衡,在组织进餐活动时,还需要研究学前儿童进餐的情绪以及不同年龄段儿童在进餐中发生的不同社会交往需要和可能,怎样通过不同的进餐形式为儿童提供锻炼社交能力的机会;不仅要考虑玩具材料的安全性,还要考虑不同玩具类型可能对儿童心理造成的影响;不仅要预防学前儿童的常见传染病,还要注意儿童的行为问题和心理疾患的早期症状。[②]

(三) 幼儿园保教人员面临的挑战

面对健康理念的转变,保教工作内涵的丰富化,保教人员需要提高自身素质,以保证学前儿童健康教育的目标得以实现。保教人员面临的主要挑战是:

1. 与其他领域整合实施学前健康教育的能力

整合实施是当前学前教育课程的重要特征之一。实际上,《纲要》中规定的"幼儿园的首要

[①] 周绍辉等:《现代医学模式形成与疾病治疗》,《医学与哲学》2000年第8期。
[②] 柳倩:《我国学前儿童健康教育概况》,《早期教育》2003年第4期。

任务是保护幼儿的生命和促进幼儿的健康"的指导思想,已然要求保教人员在实际工作中将健康教育与幼儿园另外四大教育领域的内容有机结合起来。比如:在"创设一个能使孩子想说、敢说、喜欢说、有机会说并能得到积极应答的环境"(《纲要》中有关语言的目标)的过程中,幼儿就能获得积极的情绪,有利于身心健康发展(健康目标之一)。

此外,利用幼儿园一日生活的各个环节培养幼儿健康的生活方式、健康理念,同时利用家庭、社区以及一切可能的社会力量,为幼儿创设一个安全、健康的生活环境,将健康教育和幼儿生活有机结合也是当今儿童健康教育走融合化发展道路的一种趋势。[①]

2. 改善专业知识结构

随着时代的发展,学前儿童健康教育课程的知识结构也在发生变化。这对承担学前儿童健康教育的保教人员的资质提出了新的要求。

首先,保教人员必须树立良好的保健意识,提高保护和促进幼儿生命健康的意识。在教育活动中重视保健环节的实施,在日常生活的各个环节中渗透健康教育,并以自身健康的生活方式和习惯潜移默化地影响幼儿。

此外,保教人员需要更新自身的专业知识结构,需要涉及卫生学、心理学、社会学、学前教育学等多个领域的内容。"我们看到,不少保教者滥用学前心理健康的标准对孩子进行评估,将孩子的心理问题当作道德问题……在学习有关心理健康教育知识时,一定要带着客观、严谨的态度,重点放在幼儿的心理保健,创设良好的心理和物理环境……"[②]

二、明确健康教育的总体目标

在不同的历史时期,幼儿健康教育的内容会随着目标的变化而变化。目标是根据幼儿的发展现状、展望幼儿的发展前景、基于幼儿的发展需要而制定的。目标随着每个时代幼儿的不同特点和需要而与时俱进着。目标对我们的教养行为有着重要的导向作用、激励作用和凝聚作用,还为教养机构提供决策参考。

健康教育的目标是为达成《纲要》的终极目标而服务的:"应为幼儿提供健康、丰富的生活和活动环境,满足他们多方面发展的需要,使他们在快乐的童年生活中获得有益于身心发展的经验。""尊重幼儿的人格和权利,尊重幼儿身心发展的规律和学习特点,以游戏为基本活动,保教并重,关注个别差异,促进每个幼儿富有个性的发展。"

简单来说,健康教育可以采取问题解决的方式,让幼儿能够享受幼儿园生活的自由,让幼儿能按照兴趣和需要去发现、掌握健康的常识,引导幼儿内化自我保护的意识,掌握自我保护的技能,促进幼儿的生理、情感和智力的健康发展。

三、改善教师的教养实践

在健康教育的实施过程中,教师是重要的执行人,同时教师也是幼儿的代理人。因此,教师

[①②] 柳倩:《我国学前儿童健康教育概况》,《早期教育》2003年第4期。

怎样去实施健康教育,是直接影响健康教育的效果和前进方向的。在这里,我们所要讨论的实施,并不是一个或一类教育活动的组织方法或组织形式(那和其他领域的活动是可以触类旁通的,将在第二章第三节中介绍),而是贯穿在教师所有行为中的指导性要领。

(一) 尊重幼儿的主体性,以幼儿为本

我国倡导多年的学前教育改革一直在强调,要改变那种以教师为主体、以幼儿为客体的传统教学观,而是要把幼儿作为主体,教师作为支持者和引导者,更明确地说,教师与幼儿之间应该形成的是主体与主体之间相互作用的关系,两者都是幼儿园生活的主体。教师与幼儿共同创设活动,幼儿与教师在相互作用的过程中教学相长,与同伴在相互作用的过程中共同成长。①

但是,如何操作才能发挥幼儿的主体性呢? 主要是创设能够诱发幼儿自主活动的环境。这里所说的环境不只是人们容易联想到的物质环境,幼儿生活场所、活动情境当然是很重要的一方面(对此,我们应当考虑创设环境、改变环境与环境互动这三者之间的关系。这方面,后面章节中将会提供部分实例),更是指教师这一能动的活的要素。如此,我们需要考虑教师的作用及其指导策略。

首要的是,教师要改变观念。教师如果还像以往一样,抱持着"我们的教育主要是要培养幼儿适应环境的能力,特别是如何适应集体教学与集体生活,那些与集体生活不协调的孩子是问题儿童"这样的认识,是将幼儿放在了被动的地位,无视他们的主体性。

在进行班级管理和班级建设时,我们应该考虑到每个幼儿拥有着不同的成长经历与成长背景,这些不同的个体将和教师共同开创新的生活,而不应该一味要求幼儿适应幼儿园、适应班集体、适应教室。

教师根据幼儿的活动情况来考虑活动场地、设施的布置,一切为了方便幼儿的活动,在不断改变环境布置的过程中开展教育活动。由此教师和幼儿共同来创设环境,而不是教师单独去完成这项工作。这样的环境不是强加给幼儿的,不是让幼儿被动地去适应、去接受的,置身于这样的环境中,幼儿才有主体感,体验到他是活动的主体,释放出无限的创造力,充满着活力和快乐。

概言之,环境并不是教养活动以外的事物,环境创设本身就是教养活动的内容与方法。

 案例

教师的不同②

两位教师对幼儿进行接力赛的指导。她们采取了两种不同的指导策略。

教师甲让全体幼儿站成两队,两人一组手拉手,一队戴上红帽子,一队戴上白帽子。教师发现白队缺少一个人,就问道:"谁能多跑一回?"排在队列前头的男孩子承担

---

① [日]高杉自子著,王小英译:《与孩子们共同生活:幼儿教育的原点》,华东师范大学出版社 2009 年版,第 16 页。
② 同上,第 142 页。

了这个任务。教师在10米远处插上红旗,向幼儿交代清楚如何绕着红旗返回和怎样传递接力棒之后,比赛正式开始,胜负由速度决定。

教师乙则让几名幼儿根据自己的喜好,自由选择戴红帽子还是戴白帽子,同时让幼儿自主地放置两个椅子作为接力的终点,然后,开始了接力传递的练习。有的幼儿一会儿站在红队,一会儿站在白队。教师也加入其中,在红队和白队之间来回穿梭。不一会儿,来参加接力游戏的幼儿逐渐增多。教师吹笛道:"好啦,大家一起玩吧!"有幼儿问道:"是分成红队和白队吗?"有幼儿提议:"两个人手拉手吧!"红白两队站好以后,大家发现红队缺一个人。这时,有一名幼儿主动说:"我跑两回吧。"比赛正式开始,胜负并不单纯由速度决定,还要看接力棒的传递状况等。这时,教师向幼儿交代了比赛规则。第二轮比赛,白队多出的那一名幼儿担任裁判;第三轮比赛,教师加入人数少的红队。

分析思考:

两种不同的指导方法在两所不同的幼儿园中使用。同样是5岁的幼儿,反应却截然不同。教师甲所指导的班级,三次比赛都是白队取胜,红队的幼儿互相埋怨、满腹牢骚。

与此形成鲜明对比的是教师乙所指导的班级,幼儿情绪高涨,十分快乐。幼儿是活动的主体、主人,从比赛进行的方式到比赛的场所与距离,都由幼儿来决定。幼儿充分地感受到了接力赛的乐趣。

表面上看,这只是指导方法的差异问题,实际上却折射出两种截然不同的教育观。教师不能用简单机械的方式来应对幼儿在生活中所表现出来的多姿多彩的样态,而应该因人、因事制宜,灵活机智地应对。

幼儿园的生活是由教师与幼儿共同创造的。教师的价值观起着十分重要的作用,然而,一些教师的价值观是凝固陈旧的,而且,他们自己没有意识到这一点。

(二)采用问题解决的方法,把主动权还给幼儿

教育界在相当一段时间里呼吁学前教育工作者要"以儿童为中心",许多一线的幼儿园教师每每也能说得头头是道:"应该要真正满足幼儿的需要,让幼儿能充分享受幼儿园生活的自由,教师要把幼儿的生理、情感和智力的健康发展放在首位,培养幼儿并帮助他们学习与同伴和睦相处。"但在教育行为上却一直难以实现。仔细探究其原因,不外乎以下两种。

一种是他们理解了"以儿童为中心"的必要性后,却怀疑其可行性。很多教师会想:把这么难的事情交到孩子的手上去做,他们能行吗?信心不足自然导致没有行动的动力。对于这种情况,教师需要从心底去信任幼儿的成长能力。[1] 很多时候教师不自觉地有一种"我是教师,必须

---

[1] [美]Eleanor Reynolds 著,郭力平等译:《早期儿童教育指导——基于问题解决的方法》,华东师范大学出版社2007年版,第9页。

要教导孩子点什么"的念头,这主要是源于对幼儿能力的不信任。但是,教师应该在行动中向幼儿传达一种态度——"你一定可以做到!"这样的严格要求和对幼儿能力的信任,是建立在教师为孩子着想的爱心上的。严、信、爱的结合是教育的关键。[1]

另一种是,他们理解"以儿童为中心"的重要意义,期望能成为最好的教育者,但没有找到在实践中可以操作的方法。要尊重幼儿的主体性,让幼儿做他们该做的事(比如游戏),教师在日常的教养实践中可以采取问题解决的方法。

1. 问题解决体现了对幼儿成长能力的信任

问题解决的应用恰恰体现了一种信任,即对儿童正常成长和发展过程的信任。在我们看来,"过程"就是为实现预期目标而发生的一系列变化和行动。例如,生理成长就是一个包含无数变化在内的过程。成长有其自然的发展进程,不能拔苗助长。儿童能在十几岁达到成长的顶峰,但只要生命不息,身体的变化就不会停止。智力、情感和社会性的发展也是如此。

儿童发展学家如皮亚杰、埃里克森、格塞尔和柯尔伯格等,分别从不同的视角对发展的阶段进行了研究。他们有关发展阶段的理论,能给每个幼儿教师以深刻的启示,他们帮助我们认识到:仅通过告诫不可能使儿童成为一个举止得体、富有责任心、细致周到的人,正如给儿童吃再多的维生素都不能令其马上长大成人一样。

儿童身体的成长建立在营养、卫生、医疗保健、安全和时间的基础上,同样地,儿童内在心智及其外部表现的发展也需要一定的基础和足够的时间,这些基础中包括爱、接纳、尊重、鼓励、允许孩子自由尝试错误、为孩子树立适当榜样等。

如果教师能够全程参与儿童的成长过程,必然会为儿童的成长能力惊叹,就能信任、培养和支持发展的自然过程,让儿童自然成长,直至充分发展。然而,现代教育体系中,儿童从出生开始就不可能只有一个照顾者,作为儿童照顾者和教育者的我们,通常只出现在儿童生活的一个阶段,一年或者几年。[2]

因此,我们需要一种方法,推崇以儿童为中心的态度,允许儿童按自己的想法去思考和行动,"解放儿童"。

2. 问题解决的方法简介

现在我们要介绍的问题解决的方法,是教师可用来达成目的的良方。我们可以用问题解决的方法来培养幼儿建立积极的人际关系、解决冲突、学习自律和尊敬他人,可以将不适当或破坏性的行为视为需要解决的问题,这些问题基本上都可由儿童自己解决,教师仅起到一定的帮助和促进作用。

曾经在某幼儿园听到教师这样的观点:"小朋友吵架了?没关系,不打架就不用管,让他们自己解决好了。"少数教师这样的观点,或许源于对问题解决方法的一知半解,但问题解决并不是就此让教师当个"与我无关"的旁观者,而是需要教师从一开始就关心、关注,提供协助和指导,将主动权交到儿童手上,教师不再是权威的指挥者、掌控者。

---

[1] [日]本吉圆子实录,无藤隆解说,刘洋洋译:《培养幼儿的成长能力:幼儿园教育活动指导实录》,华东师范大学出版社 2013 年版,第 75 页。

[2] [美]Eleanor Reynolds 著,郭力平等译:《早期儿童教育指导——基于问题解决的方法》,华东师范大学出版社 2007 年版,第 9—10 页。

在问题解决中,有几个关键的术语,或者说核心的要点,需要我们把握。

第一,积极倾听。倾听可以帮助我们了解儿童的感受,更重要的是,在此过程中让儿童表达和思考自己的问题,最终找到解决方法。

第二,协商。协商是教育儿童如何与他人讨论问题、寻找解决方法及和平地解决冲突的方法。

第三,设定限制。这是教育儿童如何进行自我保护及自我控制的方法。限制以安全、责任和尊重为基础。我们通过设定限制,最后的限制办法是"转移和分离"。

第四,学习环境的创设。如上面"尊重幼儿的主体性"部分所述,要围绕幼儿的需要,为幼儿提供发展人际关系、身体运动、情感表达、社会互动和智力刺激的安全、舒适的环境。尽可能通过改善环境来满足儿童的个体需要,而不是通过改变儿童来适应环境。

第五,给幼儿恰当的评价和认可。① 幼儿渴望从教师那里得到的不仅有接纳和帮助,还希望从自己喜欢和尊敬的人那里得到中肯的评价与认可。能否得到教师的承认,对幼儿来说是极为重要的。这是幼儿感受到自我价值的重要来源。

许多教师遵循着"七分表扬、三分批评"的教导原则,但如果只是"你真棒"、"做得好"这样的肤浅表扬,只有两三岁的幼儿能够对此心满意足,对于大点的孩子来说,无原则地滥用表扬反而弊大于利。因此教师在表扬幼儿的过程中最好能做到具体。获得被人称赞的快感是次要的,重要的是在与价值标准比对的过程中能够得到他人的认可。正是在这样的过程中,幼儿逐渐了解衡量自己的"标尺",进而学会自我评价。幼儿具有超乎成人想象的观察力,他们从身边成人的言行中解读出什么是重要的,然后据此规范自己的言行举止,形成自己的价值观。越是幼儿信赖和亲近的人,幼儿就越希望得到他们的理解和好评,有时候这种强烈的期望会使幼儿把真实的自我隐藏起来,满足于戴着虚假的面具生活。比如,很多幼儿在家中和在幼儿园的表现是不一样的。因此,评价应该让幼儿了解真实的自我,这就要求教师既不过高也不过低,而是准确客观地评价幼儿。

案例

跷跷板的小纠纷

背景与事件:

小班户外活动的时间到了,我交代完活动要求和注意安全事项,小朋友们就跑向了运动场地,很快就投入到各种运动活动中去了。

小柏爬到了圆弧形的大器具上面,想当跷跷板来玩,结果试了几下发现不行。怎么办呢?他在那边左看看右看看,终于发现萌萌也是一个人在玩,他就喊道:"萌萌,快来,我们一起玩。"于是两个人在那边玩起了跷跷板,开心地咯咯直笑。他们的笑声把旁

---

① [日]高杉自子著,王小英译:《与孩子们共同生活:幼儿教育的原点》,华东师范大学出版社 2009 年版,第 142 页。

边的华华和坦城引来了,胖胖的华华也想爬上去,结果试了几次,发现自己真的坐不上去就放弃了。他对萌萌和小柏说:"等你们不玩了让我上去玩玩好吗?"他俩同意了。可是坦城却还是不放弃,硬是要挤上去。在玩的两个小家伙生气了,两个人用身体护住玩具,不给坦城玩。坦城在旁边急得说不出话,只想用手把小柏拉下来,两个人在那边僵持不下,游戏被迫中断了。

我在旁边看到了整个过程,但没有主动介入,我想看看他们是否会自己解决。

小班的小朋友还是缺乏经验,他们僵持了一会儿,坦城跑来向我求助了。我说:"你能不能想个办法让他们愿意和你一起玩?"坦城在一边认真地想了起来。不一会儿,坦城说:"我想好了,我去和他们商量一下,他们玩好了再让我们玩。"我对他说:"那你去试试看吧。"于是坦城就过去找小柏了。过了一会儿,小柏和萌萌就让给坦城和华华玩了,游戏又继续了。

分析与措施:

幼儿在活动中产生矛盾与冲突是难免的。究其原因,无外乎是自己的需求没有得到满足。这种需求包括物质上的与精神上的,比如:自己想玩的玩具没有得到;希望加入别人的游戏被拒绝等。

幼儿在游戏中学习处理矛盾与冲突,这个过程对幼儿人际交往能力的提高有着积极的作用。在冲突发生过程中,如果教师能够为幼儿提供机会,让幼儿尝试自己解决冲突,教师只是作为引导者适时地介入、提供建议,不仅可以帮助幼儿解决冲突,同时也锻炼了幼儿的社会性交往能力。

幼儿正是在一次又一次与他人发生冲突、解决矛盾的过程中,逐渐学会与人沟通、协商、分享、合作与谦让的。教师要做的不是急着制止、告诉幼儿该怎么做,而是要引导幼儿自己去解决与他人的矛盾冲突。我们要着重引导两点。

1. 引导幼儿清晰表达自己的愿望与想法,学会协商

像活动中的华华,当他发现自己不能马上玩跷跷板的时候,他选择了和对方协商,用商量的口吻让对方同意了轮流玩。相比之下,坦城一开始一句话也没有说,只是用简单、直接的行动来表达自己想玩的诉求,结果他的无礼行为激怒了对方。

从两人不同的处理方式和结果,我们可以看出帮助幼儿学会用语言清晰表达想法对他们减少和解决冲突的重要性。在日常生活的各种活动中,我们可以教给幼儿说话、表述的技巧,可用榜样示范法、情绪迁移法、情境练习法、对比分析法等提高幼儿口头表达的技能。

2. 引导幼儿分享玩具

我们可以引导幼儿理解:争抢是破坏性的,结果是谁都不能玩,还会造成不愉快,轮流或合作着玩比较好。这样会使幼儿逐步体会到分享的快乐,培养起互惠的意识。

(江 敏)

四、规划机构的健康促进

学前教育机构的功能和定位,使得它不能仅满足于实施健康教育活动,而是要通过健康教育、完善设施和服务来做好健康促进的工作。关于这部分内容可进一步阅读本书的第二章第四节。

 思考与练习

1. 请阅读以下案例:

琳琳小朋友,3岁,第一天上幼儿园的时候,她的哭闹声被老师采用冷处理的方法压制下去了。幼儿园的午睡时间,她都睡不着,因为在家里随便她什么时候睡,而且有家人陪伴。在幼儿园等她要睡的时候,午睡时间已经结束了。她在幼儿园还是闷闷不乐的时间居多。她坚持上了一周幼儿园以后,感冒发烧,体温起起落落地反复了两周,感冒病程前所未有地长。

这个小朋友在入园之初很不适应,并且因为适应不良而出现了身体上的健康问题。据了解,这种情况在幼儿园新生入园的第一学期是较为普遍的,入园适应问题与幼儿的身心健康有密切的联系,由此,它成为幼儿园教师和家长极为关心的重要问题。其实,我们可以结合幼儿健康的多种影响因素来分析、解决这个问题。

如果你是带幼儿园新生班级的老师,你有哪些帮助幼儿适应幼儿园生活的办法和措施呢?

提示:

a. 入园前期,与家长做好衔接工作,如:告诉家长准备适宜幼儿园活动的衣物;按照幼儿园的作息习惯调整幼儿的生活习惯;请家长与孩子进行一段时间的送园仪式训练;等等。

b. 开展亲子活动,帮助幼儿熟悉幼儿园的人、环境和活动。

c. 布置温馨的幼儿园生活环境,体现家的温馨感。

d. 带领幼儿熟悉幼儿园的环境和人,每天给幼儿一个拥抱,微笑谈话,注意平视交流等。

e. 幼儿入园后,与家长保持畅通的沟通,让家长了解幼儿的在园情况,在对幼儿的情绪安抚、行为措施等方面多取得家长的配合,以便高效地帮助幼儿适应。

2. 请使用下面的《儿童被忽视量表》(杨世昌、杜爱玲和张亚林等人制定),观察身边的一位幼儿。

儿童被忽视量表
(Child Neglect Scale, CNS)

指导语: 儿童时期生长经历对一个人性格有重要的影响,本量表旨在了解您在青少年时期的生长环境,对您的生长环境作出一定程度的判定。请您根据您生长过程中的实际情况填写该表格。所有资料我们保密。问卷不记名,请您填写您的真实情况,再次感谢。

填写方法: 根据"您的生长过程中可能存在的经历"的描述,再请您填写发生的频率(无、偶尔、经常、总是),请您在相应格子中打"√"。

您的生长过程中可能存在的经历	发生的频率			
	无	偶尔	经常	总是
1. 父母会给我讲些注意安全的问题 (RSN)				
2. 父母会按时给我打预防针 (RPN)				
3. 我不知道什么原因父母就对我大发脾气 (CN)				
4. 父母会交待我注意防水、电、火 (RSN)				
5. 父母会当着外人的面批评我,使我很没面子 (AN)				
6. 父母对我漠不关心 (AN)				
7. 父母嘱咐我过马路时要小心 (RSN)				
8. 父母没有实现对我的承诺时,向我表示歉意 (RAN)				
9. 父母当着别人的面打我,使我感觉很难堪 (AN)				
10. 父母总说"要是不生你多好"之类的话 (AN)				
11. 父母不关心我的冷暖 (PN)				
12. 父母对我生气时使劲关门或摔东西 (AN)				
13. 父母经常不和我一起玩耍 (CN)				
14. 父母常提醒我注意保护视力 (RPN)				
15. 父母告诉过我当我遇到危险时如何应对 (RSN)				
16. 我悲伤、烦恼时父母安慰我 (RAN)				
17. 父母不关心我的饥饱 (PN)				
18. 在家里不听吩咐,父母就会对我大吼大叫 (AN)				
19. 家中无人照顾我、保护我 (SN)				
20. 经常没有足够的东西吃,我经常挨饿 (PN)				
21. 父母当着我的面打骂 (AN)				
22. 如果我肚子疼、发烧等家人马上带我去医院 (RPN)				
23. 父母从不问我心烦或不高兴的原因 (CN)				
24. 父母在我面前争吵 (AN)				
25. 父母挑我的毛病 (CN)				
26. 家人的言行使我感觉活着是多余的 (AN)				
27. 父母对我进行惩罚时,从不给我讲明原因 (CN)				
28. 父母发脾气时,摔我的东西 (AN)				
29. 父母对我厌烦时,用力猛推我 (AN)				
30. 我身体不适时父母及时带我去看病 (RPN)				
31. 父母告诫我不能玩火柴、打火机、小刀、尖锐的东西 (RSN)				
32. 父母不高兴时对我发脾气 (AN)				

续 表

您的生长过程中可能存在的经历	发生的频率			
	无	偶尔	经常	总是
33. 我问不懂的问题时,父母不理睬我　　　　　　　(CN)				
34. 父母将我独自锁在家里　　　　　　　　　　　(SN)				
35. 当告诉父母我受同龄人欺负时,他们不予理睬　　(SN)				
36. 父母不讲理由就拒绝我的要求　　　　　　　　(CN)				
37. 在家我能感到大人对我的关心　　　　　　　　(RAN)				
38. 小时候,我经常一人独自留在家中　　　　　　　(SN)				

注:SN 代表安全忽视、CN 代表交流忽视、PN 代表躯体忽视、AN 代表情感忽视,R 代表反向记分。

第二章 学前儿童健康教育的基本问题

儿童发展的时期是一生最重要的时期。……所以,儿童教育是人类最重要的一个问题。……必须注意为儿童设置一个适当的世界和一个适当的环境,这是一个绝对迫切的需要。我们这样做,将为人类完成一项巨大的工作。

——蒙台梭利①

第一节 学前儿童健康教育目标

 互动设计

> 1. 现在,设想你是一位正跨出学校大门的毕业生,你即将负责幼儿园一个班级(如中班)的工作,那么作为带班老师,在健康教育领域,你会对幼儿提出怎样的要求呢?
> 2. 午饭时间到了,一位托班的小朋友对你说:"老师,我手好酸啊,你喂喂我吧!"你会怎么做呢?为什么?如果是一位小班的小朋友这样对你说呢?你是否会一样处理?

网上流传着一个故事,说美国耶鲁大学在1953年曾开展一项长达20年的调查研究,以了解他们当中究竟有多少人对未来有具体规划,他们问即将毕业的学生:"你们有人生目标吗?""这个目标写下来了吗?"答案是肯定的学生占3%。20年以后,研究人员将已逝者排除,对他们再次进行了调查。结果显示,那3%有目标的人在校时的学习成绩可能并不是最优秀的,但所累积的财富超过其余的97%。这都是因为他们认真地拟定了自己的人生目标和计划,向着目标不断地挑战自我和完善超越自我。

---

① 王承绪、赵祥麟编译:《西方现代教育论著选》,人民教育出版社2001年版,第92页。

这个故事非常励志，涉及常春藤名校，还强有力地印证了目标与成功之间的因果关系。许多咨询顾问、教练与励志演说家在展现设立目标的作用时，这个故事是经典保留剧目。

后来，有人对此多方辗转求证，最终没有发现任何能证明耶鲁大学进行过这一研究的证据。耶鲁大学的研究助理贝弗莉·沃特斯（Beverly Waters）表示："我们确信，这个所谓的研究从来没有发生过，我们怀疑这就是个传说而已。"

尽管如此证据确凿，各方人士还是对这个案例珍爱有加。有人如此回应："若说它是假的话，那我宁愿它是真的。"

无论故事真假，有一点是确定无疑的，我们都一直认为目标对我们完成某种预期具有重要的作用，不论是对组织机构而言，还是对个人而言，都是如此。

对组织、机构来说，目标的作用具体表现在以下四个方面：

第一，指明方向。目标的订立为管理者提供了协调集体行动的方向，从而有助于引导组织成员形成统一的行动。所以，有人把目标的这一作用比喻为"北斗星"。

第二，激励作用。目标是一种激励组织成员的力量源泉。只有在员工明确了行动目标后，才能调动其潜在努力，使其尽力而为，创造最佳成绩。员工也只有在达到了目标后，才会产生成就感和满足感。有学者曾研究了目标对打字员、司机、电脑数据录入员、装卸工人及某些服务人员的激励效果，结果显示，明确的工作目标可使工作绩效提高11%—17%。

第三，凝聚作用。凝聚力是使组织成为一个多成员的联合体，而不是一盘散沙的重要因素。当组织目标充分体现组织成员的共同利益，并与组织成员的个人目标保持和谐一致时，它能够极大地激发组织成员的工作热情、献身精神和创造性。当然，与组织成员的个人目标存在冲突的组织目标则可能削弱组织的凝聚力。这从一个侧面说明，组织目标的制定是管理工作的一项重要内容。

第四，决策标准和考核依据。目标不仅是管理人员制定决策方案的出发点。组织制定了明确的目标，有关人员的思考和行动才有参照的准绳，而不至于凭主观意志作决定。而且，目标也常常被用来作为考核管理决策的制定和执行工作好坏的依据。

由此可见，在我国教育进入以质量为核心的新发展时期之时，学前教育机构若要致力于提升健康教育质量，必然是要依托目标来管理健康教育工作（虽然在考核依据这一点上，尚存异议）。对于学前教育的学习者个人来说，目标的学习也是意义重大的。比如，开始阅读本章节时，互动设计中的问题可能会让初学者倍感困扰，一片茫然，那么后续的目标学习可以让大家明确这类问题的答案，因为目标正是对学前儿童提出的发展性要求，也是对健康教育的工作要求，为我们指明了努力的方向。

综上所述，目标之于学前教育一线工作具有重要的指导性和操作性意义，故而，我们需要先学习一下各种目标。

一、学前儿童健康教育的总目标

2001年正式颁布并实施的《幼儿园教育指导纲要（试行）》（以下简称《纲要》）将健康列为五大内容领域之首，提出健康领域的目标是：

(1) 身体健康，在集体生活中情绪安定、愉快；
(2) 生活、卫生习惯良好，有基本的生活自理能力；
(3) 知道必要的安全保障常识，学习保护自己；
(4) 喜欢参加体育活动，动作协调、灵活。

对《纲要》目标加以分析，我们可以认为，《纲要》主要强调三个方面：

第一，健康包括生理、心理、社会适应三个方面。从讲述健康概念开始，我们已经很明确，健康应该是包括生理、心理和社会适应三个方面，缺一不可的。《纲要》的目标中体现出了这一要求。

第二，健康常识、健康态度和健康行为并重。如前面章节中健康教育概念部分所阐述的，健康教育是从"知、信、行"三方面来进行的，特别强调行为的改变，《纲要》在确定健康教育的各项目标时，也充分体现了对儿童在健康常识、健康意识和健康行为三个方面的要求。比如，第三条总目标"知道必要的安全保障常识，学习保护自己"、第四条总目标"喜欢参加体育活动，动作协调、灵活"都清晰无误地表明了对幼儿常识、态度和行为的期许。《纲要》在目标之后的"内容与要求"部分也是围绕这三个方面展开论述，比如，要求"密切结合幼儿的生活进行安全、营养和保健教育，提高幼儿的自我保护意识和能力"，"开展丰富多彩的户外游戏和体育活动，培养幼儿参加体育活动的兴趣和习惯，增强体质，提高对环境的适应能力"，"在体育活动中，培养幼儿、勇敢、不怕困难的意志品质和主观、乐观、合作的态度"。

第三，保护和能力培养并重。学前教育的宗旨应该是通过幼儿园的生活来培养幼儿的成长能力。幼儿在和教师的共同生活中，享有教师的呵护，与此同时，他们也要在教师的言传身教，在教师所设环境的熏陶下发展起相应的成长能力。在健康教育领域，这些成长能力应该表现在具有安全和身体保健的常识，逐步具备安全自护与调适心情的能力，养成良好的行为习惯等方面。

《纲要》的总目标中就提出，要"与家长配合，根据幼儿的需要建立科学的生活常规，培养幼儿良好的饮食、睡眠、盥洗、排泄等生活习惯和生活自理能力"，"教育幼儿爱清洁、讲卫生，注意保持个人和生活场所的整洁和卫生"，"密切结合幼儿的生活进行安全、营养和保健教育，提高幼儿的自我保护意识和能力"。

体育活动具有促进幼儿提高身体素质、发展动作技能的作用，同时，体育活动也有助于培养幼儿不怕困难的意志品质和主动、乐观、合作的态度。大家都公认体育活动有助于幼儿的身体健康和心理健康，而身体素质和心理素质都是幼儿自护能力的重要组成。《纲要》着重指出应该让儿童"喜欢参加体育活动，动作协调、灵活"，从中也可看出其对幼儿能力培养的重视。

在《纲要》的指引下，学前教育的发展突飞猛进，全国上下都在积极努力"保障适龄儿童接受基本的、有质量的学前教育"，"以幼儿为本"的教育理念正在成为学前教育工作者们的共识。相应地，学前儿童健康教育领域中，学前教育工作者的教养理念开始实现从传统的生理保育模式向"生理—心理—社会"三维健康教育理念的转变，使幼儿的身心健康获得了较好的促进。

二、学前儿童健康教育的分类目标与年龄段目标

许多教师根据《纲要》中的总目标，根据不同年龄阶段儿童发展状况，描述了儿童在小、中、

大班的教育目标,也就是年龄阶段目标,为设计健康教育活动、实施健康教育铺设了基石。比如,顾荣芳教授编著的《学前儿童健康教育论》中就整理了如下的年龄段目标,具有一定的代表性。[①]

小班：
(1) 了解盥洗的顺序,初步掌握洗手、刷牙的基本方法；学习穿脱衣服；会使用手帕或纸巾；坐、站、行、睡的姿势正确；能及时排便；有良好的作息习惯。
(2) 进餐时保持愉快的情绪,愿意独立进餐；认识最常见的食物,爱吃各种食物,主动饮水。
(3) 了解身体的外形结构,认识并学习保护五官；能积极配合疾病预防与治疗。
(4) 知道过马路、乘坐交通工具、玩大型运动器械时要注意安全,了解日常生活中的安全常识。
(5) 知道自己的性别。
(6) 喜欢并愿意参加体育活动；能自然地走、跑、跳、爬、投掷；学习听口令和信号做出相应动作；玩滑梯、攀登架、转椅等大型体育活动器械时能注意安全；能合作收拾小型体育器材。

中班：
(1) 初步学会穿脱衣服、整理衣服；学习整理活动用具,能保持玩具清洁；有初步的生活自理能力。
(2) 结合品尝经验,进一步认识各类常见食物,爱吃各类食物的同时,懂得要科学合理地进食,逐步形成良好的饮食习惯。
(3) 进一步认识身体的主要器官,逐步形成接受疾病预防与治疗的积极态度和行为；在成人帮助下学习处理常见外伤的最简单的方法,知道快乐有益于健康。
(4) 认识有关安全标志,能够在成人提醒下遵守交通规则；不接触危险物品；遇到危险时能告诉成人,有初步的自我保护意识。
(5) 愿与父母分床而眠。
(6) 喜欢并较积极地参加体育活动；能听信号按节奏协调地走和跑；能按要求跳、投掷、抛球,能左右手拍球；能随音乐节奏做徒手操和轻器械操；能注意活动中的安全与合作,爱护公物,能及时收拾小型体育器材。

大班：
(1) 保持个人卫生,关心周围环境的卫生；进一步提高独立生活能力,初步形成良好的学习习惯。
(2) 初步理解不同的食物有不同的营养,身体需要各种营养；会使用筷子；进一步养成独立进餐的习惯。
(3) 进一步认识身体的主要器官及重要功能,并懂得简单的保护方法；了解有关预防

---

① 顾荣芳著：《学前儿童健康教育论》,江苏教育出版社2009年版,第163—164页。

龋齿及换牙的知识；注意用眼卫生。

（4）获得应付意外事故（如火灾、雷击、地震、台风等）的常识，具有粗浅的求生技能。

（5）知道男女厕所，初步理解性别角色期待。

（6）喜欢锻炼身体并感到体育活动的有趣；能轻松自如地走、跑、跳、攀登、滚翻；会肩上挥臂投掷轻物并投准目标，能抛接高球；能熟练地听各种口令和信号并做出相应的动作；能随音乐节奏整齐合拍有精神地做徒手操和轻器械操，动作有力、到位；能注意安全，自觉遵守体育活动的规则，合作谦让；体验到克服困难取得胜利的愉悦；能独立收拾各种小型体育器材。

对一线工作者来说，各年龄段目标与实际工作的联系更紧密，更有指导性和参考价值。

2002年，联合国儿童基金会启动了"遍及全球"项目，从保护儿童的权利出发，通过帮助发展中国家制定明确的早期儿童学习与发展标准，来促进其学前教育质量的提高，帮助幼儿作好入小学的准备，进而推动教育的"起点公平"。我国教育部基础教育司从2005年起，组织我国幼儿发展与教育方面的专家，着手研制以家长和教师为主要使用对象的《3—6岁儿童学习与发展指南》（以下简称《指南》），并于2012年10月正式颁布。

李季湄教授在她的《〈3—6岁儿童学习与发展指南〉解读》一书中解说道：《指南》是按幼儿学习的五领域来架构的，采用五领域结构的原因，一是基于3—6岁儿童学习与发展的需要，二是与《纲要》的五领域保持一致，有利于教师将幼儿园的"教"与幼儿的"学"更好地结合起来。①

因此，《指南》的制定是在《纲要》的指引下进行的，是为了推进《纲要》更加深入的贯彻落实。就学前儿童健康教育领域而言，《指南》在《纲要》总目标的基础上给予了梳理和适当的调整补充，对健康教育三个方面的教育内容提出了分类目标。

"身心状况"方面的目标是：

① 具有健康的体态；

② 情绪安定愉快；

③ 具有一定的适应能力。

"动作发展"方面的目标是：

① 具有一定的平衡能力，动作协调、灵敏；

② 具有一定的力量和耐力；

③ 手的动作灵活协调。

"生活习惯与生活能力"方面的目标是：

① 具有良好的生活与卫生习惯；

② 具有基本的生活自理能力；

③ 具备基本的安全知识和自我保护能力。

各目标下有"各年龄段典型表现"，它与"教育建议"共同成为《指南》内容中最重要的部分。

---

① 李季湄、冯晓霞主编：《〈3—6岁儿童学习与发展指南〉解读》，人民教育出版社2013年版，第27页。

这些"各年龄段典型表现",不冠以年龄段目标之名,或许是有这样的用意:因为幼儿是有较大个体差异的人群,所以这些描述是不全面的,虽可用来作为一定的参照,但用来作为衡量标准还是应当弱化的。这样的使用确实更科学,更合乎幼儿的实际情况。

三、学前儿童健康教育活动目标与个体目标

学前教育工作者是学前儿童健康教育总目标的具体落实者,要在理解、领会健康教育总目标的前提下,进一步结合幼儿身心发展特点来解读各年龄段目标,并将之转化为可操作的一个个活动目标,就这样在每日的教养实践中,贯穿《纲要》和《指南》的要求,最终将总目标予以实现。

要真正实现幼儿的身心健康发展,在具体的教养活动中,教师必须为幼儿设立个体目标。

为了说明这一必要性,我们引述一下许多学前教育工作者都比较认可的蒙台梭利的儿童观。蒙台梭利在总结卢梭、裴斯泰洛齐、福禄贝尔等人的自然主义教育思想的基础上,形成了自己革命性的儿童观念,她写了《发现儿童》一书,并认为儿童有一种与生俱来的"内在生命力",这种生命力是一种积极的、活动的、发展着的存在,它具有无穷无尽的力量。教师和父母应该仔细观察和研究儿童,了解儿童的内心世界,发现"童年的秘密";要热爱儿童,尊重儿童的个性,促进儿童的智力、精神、身体与个性自然发展。

学前儿童如同一棵树上的树叶,很相似却又各不相同,他们具有共同的发展规律和发展特点,但每个儿童又都是独特的,要满足每个幼儿独特的发展需要、促进每个幼儿的个性发展,教师根据每个幼儿的身心发展特点,设立有所区别的个体目标就是不可忽视的了。

四、关于目标考核作用的异议

前面我们说到,很多人认为目标在实践中的一大操作性意义是提供了考核的一种标准,可以依据这个标准来"客观"地衡量工作成效等。这在很多产品可以量化的行业中是普遍适用的,有不少人将这样的目标使用方法"迁移"到了我们的教育"产业"中,认为幼儿、学生是教师的"产品"、"作品",以目标的完成度来"客观"衡量教师的工作。这种提法自有其用意,但是它明显忽视了一点,那就是学生,特别是幼儿,不是一种物质产品,而是有着主观能动意识的知识和能力的建构者。

幼儿的发展不能用"在几岁几个月的时候学会了做什么"这样的标准去衡量,而应该主要观察幼儿是怎么学会的、为什么能学会。在思考怎么学会的这个问题时,多数情况下由于教师的存在,对幼儿进行教育方面的评价时,需要同时考虑幼儿学会了什么和教师是通过何种方式教会幼儿的这两方面。

在师幼互动的过程中掌握幼儿的发展状况,是幼儿教育的基本特征,同时也是幼儿教育的难点。理解幼儿是教育的起点,教育的思想形态取决于起点的位置,而起点的位置是教师根据对幼儿的理解而定的。在把握幼儿的成长时,对在诸如达成度之类客观指标上的水平,参照一定的标准很容易作出评价,但如上面所述,这种方式并不合适。教师的理解确切不确切全靠教

师自己。教师自己对幼儿的理解已经出现偏差(或正逐渐出现偏差)而不自知,仍然按照自己错误的理解进行教学的情况常有发生。这就是幼儿教育的难点,也是向他人说明教育成果时的难点。

所以,在宣称根据每位幼儿的特性进行教育的幼儿教育中,设定目标达成度来衡量幼儿成长的方法没有任何意义。但是,教师必须对幼儿成长的方向有一个明确的认识。这个认识如果模糊,就不可能在幼儿与教师的互动中切实评价幼儿的成长。①

第二节　学前儿童健康教育的实施

 互动设计

> 请你试着描述一下,你在幼儿心目中是怎样的一个形象,或者,你希望自己在幼儿心目中是一个怎样的形象。描述得越细致越好。
> 你所描述的形象,和你惯常的表现是否一致呢?
> 在面对幼儿的时候,你会格外注意保持良好的形象吗?

学前儿童健康教育的实施,和其他内容领域一样,可以参考我国的幼儿园课程改革的方向。课程改革历经多年,得失兼有。有人认为,幼儿园课程改革应该放置于生态背景中去考虑,即一切从教育实际出发,从解决实际问题出发,而不是从某些理论或理念出发。

一、实施学前儿童健康教育的重要前提

(一) 了解幼儿的特点

1. 幼儿的"学习"方式

关于幼儿的"学习",尽管不同的理论、不同的教育价值观有不同的观点,但是基于现代儿童教育学、心理学、儿童发展理论以及学习科学的研究等,人们对幼儿学习的理解已经达成了广泛的共识——幼儿的学习就是幼儿通过自己特有的方式与周围环境互动的过程,是幼儿主动地探索周围的社会环境、自然环境和物质世界的过程。

幼儿的"学习"方式主要是通过实际操作、亲身体验,去模仿、感知、探究,"做中学"、"玩中学"、"生活中学",不断积累经验,逐步地建构自己的理解与认识。游戏是幼儿极有意义的学习过程和学习方式,幼儿自己的生活是其学习的最重要的途径。正如日本幼教专家本吉圆子所说

---

① [日]河边贵子著,朱英福、熊芝译:《以游戏为中心的保育:从保育记录出发进行解读》,华东师范大学出版社2009年版,第83—84页。

的那样:"孩子仅仅聆听语言的说明是不能学到东西的。孩子要通过自身整个身体与外界事物的接触才能得到教育,通过手及身体的接触使身心和头脑运作起来。"①

由此可见,幼儿的学习是和生活、游戏紧密结合在一起的,我们在面对学前儿童实施健康教育的时候,就必须从生活中取材,以生活的逻辑、游戏的形式来加以组织。

2. 幼儿态度的影响

在相当长的一段时间里,幼儿教师们往往有这样的一种观念:教授健康常识,便能培养起幼儿积极的态度,并产生相应的健康行为。这样的观念可能来自于"由己及人"的推断。但是,这是不符合实际的。正如《我国学前儿童健康教育概述》一文中总结的那样:"关于健康教育的策略,起先主要集中在认知领域,这种以'知'为切入口的儿童健康教育,对于年幼的孩子来说,有利于将其行为引向正确的方向。但是,以'知'为切入口的策略在学前健康教育中易受孩子认知水平的局限,况且对儿童而言,即使有关健康的认知水平提高了,也未必产生健康的行为。"②比如,在幼儿园中有个幼儿,经过老师的教导,他很清楚洗手有什么作用、什么时候该洗手,但就是不乐意洗手,常常能躲则躲。这显然不是成功的健康教育。

认识到这一问题后,在人们实施幼儿健康教育的过程中,健康态度的养成问题一直是受关注的核心问题。之所以如此重视态度,可能是因为根据认知心理学的观点,积极的态度有助于我们组织有关的知识。并且,除了认知,态度还包括了情感和行为倾向的成分——主要参考弗里德曼(Freedman)的界定,这是目前广为人们所接受的,他认为态度是个体的一种稳定的心理倾向,包含认知、情感和行为倾向三个成分,往往可以帮助我们预测其行为的发生。很多人由此认为,只要我们培养起幼儿正确的健康态度,必然就能促进幼儿健康行为的养成。"于是有些热衷于情感领域的学者又提出了一些新的观点,唐纳斯的'健康行为模式'就是一个典型,该理论强调仅仅关注与健康有关的知识和技能是不够的,健康教育要更多地考虑改善幼儿的态度和价值观。"③

态度对行为的促进作用确实是不可忽视的一个重要方面。但我们要注意一点,态度与行为之间并非一对一的对应关系,态度只是体现了一种行为倾向,它并不等于行为。早在20世纪30年代的时候,心理学家拉皮尔(LaPiere)的研究就说明了态度很难准确预测行为,两者之间很可能是矛盾的。④

 材料阅读

> 拉皮尔(LaPiere)想说明用态度预测行为到底有多大的准确性。
> 在当时的美国,对有色人种公开的、露骨的偏见,要比今天厉害得多。亚洲、拉美或者非洲血统的美国人,经常被拒绝随意进入公共厕所、使用饮水机、到餐馆就餐以及

---

① 李季湄、冯晓霞主编:《〈3—6岁儿童学习与发展指南〉解读》,人民教育出版社2013年版,第23—24页。
②③ 柳倩:《我国学前儿童健康教育概述》,《早期教育》2003年第4期。
④ 参考[美]S. E. Taylor著,谢晓非等译,《社会心理学》,北京大学出版社2004年版,第171页。

> 到旅馆住宿。20世纪30年代初，绝大部分美国人对亚洲人持有消极的种族偏见。1933年，为了研究这种态度对人行为的影响，拉皮尔教授邀请了一对来自中国的年轻夫妻驾车做环美旅行。他的研究想要发现，他们所经过的旅馆和饭店的老板会不会因为他们对亚洲人的偏见而拒绝接待这对夫妻。结果在3个月的旅行中，他们经过的66家旅馆只有1家拒绝让他们住宿，而184家饭店没有一家拒绝他们用餐。
>
> 后来，拉皮尔教授又与这250家旅馆和饭店的经营者取得联系，调查他们是否愿意接待中国人。为了避免调查结果方面的偏差，有一半的问卷中加入了是否愿意接待德国人、美国人、日本人之类的问题。同时，他也给其他未曾光顾的旅馆和饭店寄了问卷。
>
> 结果，在回收到的128份问卷中，明确回答不愿意接待的占93.4%。两种不同问卷的差异非常微小。很显然，他们的态度与行为发生了矛盾。这个实验及随后一系列类似实验打破了心理学领域中的一个神话——"态度决定一切！"用到教育领域，表明了一个现象：态度是重要的，但光让人明白道理是不够的。

几十年之后，其他的心理学家对拉皮尔的研究进行了进一步的分析，认为通过态度预测行为的时候应该注意以下几个方面的因素：首先，态度的特定性越高，用它预测行为越准确。比如，某个幼儿"喜欢吃水果"，并不能预测他一定会吃菠萝，但如果他"喜欢吃菠萝"，我们可以确信他肯定会吃菠萝。

其次，态度和行为间的时间间隔也影响我们对行为的预测。比如，今天我们给幼儿讲了漱口和刷牙的重要性，幼儿在接下来的一周内会很乐意刷牙，但过了一周，他们很可能因为刷牙很麻烦、占了看动画片的时间而想放弃刷牙了。

再次，与个体的自我意识强弱有关系。关注自身内在行为标准的人，态度对行为的预测程度高。人们通常认为，中班的幼儿开始形成初步的道德情感，开始形成自己的评价。因此，中班以前的幼儿主要依据外部评价，他们的行为会随着身边人的不同评价而变化。

综上所述，态度对行为有着重要的影响，从情感态度入手施教，关注幼儿在健康教育领域"学习"的过程性和体验性，是符合我国学前教育改革的价值取向的，但是仅仅改变态度并不足以养成健康行为。

3. 幼儿的"合理化"心理

心理学中讲到自我防御机制的时候，大多会说到人的"合理化"心理，它可以表现为"酸葡萄"心理、"甜柠檬"心理以及推诿。所谓"甜柠檬"心理指企图说服自己和别人，自己所做成或拥有的已是最佳的抉择。这种"知足常乐"的心态，有时适当地运用，可以帮助我们面对生活中所发生的一些不如意的事，以减少内心的失望和痛苦。当然，同样有学者指出，这种方法如过分使用，会妨碍我们去追求生活的进步。

以下这则实验便很好地说明了"合理化"心理。

材料阅读

让我们想象下面这样一种情景:一个名叫萨姆的年轻人正在接受催眠。催眠师对萨姆进行了催眠后暗示,他告诉萨姆,当时钟敲响四下的时候,他会:

(1) 走到衣橱前,拿起雨衣和雨靴,并且穿好;

(2) 抓起一把雨伞;

(3) 走过八个街区来到超市,购买六瓶波旁威士忌酒;

(4) 回到家里。

萨姆被告知,只要他再次踏进自家的公寓,他马上就会"苏醒过来",并恢复原状。

当时钟敲响四下的时候,萨姆马上走向衣橱,穿好雨衣和雨靴,抓起他的雨伞,怀着对波旁威士忌酒的渴求,步履蹒跚地走出门。

这项任务有几个令人感到奇怪之处:

(1) 这是一个天空晴朗、阳光明媚的日子,天上看不到一片云彩;

(2) 仅隔半个街区就有一家酒水商店,这里出售的波旁威士忌酒,与相距八个街区的那家超市售价一样;

(3) 萨姆并不饮酒。

萨姆的家到了,他打开门,回到了自己的公寓,从"催眠状态"中苏醒过来,发现自己穿着雨衣和雨靴站在那里,一只手拿着雨伞,另一只手里提着一大袋瓶装酒。他一下子糊涂了。他的朋友,那位催眠师问道:

"嗨,萨姆,你去哪里了?"

"噢,刚才到商店去了。"

"买了些什么东西?"

"唔……唔……好像买了这些波旁威士忌酒。"

"可是你并不喝酒,对吗?"

"是的,可是……唔……唔……我打算今后几周招待不少客人,我的一些朋友喝酒。"

"今天这么好的天气,你怎么会带着所有的雨具呀?"

"喔……实际上,一年中这个季节天气变化很快,我不想冒险被淋。"

"可是天上根本没有云。"

"喔……可是那谁也说不准。"

"顺便问一句,你从哪里买的这些酒?"

"噢,呵呵。喔,唔……到超市买的。"

"你怎么会到那么远的地方去?"

"喔,唔……唔……今天天气这么好,我觉得多走点路挺好。"

这项经典实验证明了这样一个道理：人们都会对自己的行为、信念和感受加以辩护。这在心理学上叫作"自我辩护"。当人们去做某件事情的时候，只要有任何可能，都会尽力让自己（或者他人）相信所做的事情是合乎逻辑的、合理的。萨姆之所以会做出上述举动，当然有一个合理的理由——他被催眠了。但由于萨姆并不知道自己被催眠了，而且对他来说很难受自己会做出如此没有理智的行为，他便会最大程度地来使自己（以及他的朋友）相信他那些看似疯狂的举动是理智的，他的行为是非常合理的。

日常生活中，存在着很多的"自我辩护"现象。为什么很多人明知"吸烟有害健康"，还会吸烟，这是因为大多数人都会认真地自我辩护"坏事情不会发生在我身上"。

在幼儿的生活中，也常会发生这样的自我辩护现象。例如如果某位小朋友过马路做到了"红灯停，绿灯行"，正巧被老师或者其他认识的人看到了（提到了），那么他也会进行"自我辩护"："红灯是不能走的，要等到绿灯才能走。"

4. 幼儿需要行为养成

从前文的第一个实验，我们可以看到，美国人 80 年前已经向我们证实人"光有态度是不行的"，但目前在学前等教育领域的教养实践中，很多人仍然相当信奉"态度决定一切"的信条。态度有其重要性，但不能作为健康教育成功与否的唯一准则，健康教育的重心在于健康行为的养成，而从态度到行为的转变，还有相当长的一段教育道路要走。

我们讲到后一个实验是为了说明，幼儿和成人一样，对自己已经做出的行为，哪怕一开始有些不明所以，但很快也会从自己已有的知识当中，为自己的行为找到理由。这正是符合了皮亚杰的观点——儿童的动作发展促进儿童的认知发展。所以，人的这一特性，当和相关的知识学习结合时，可以帮助我们获得更有效的行为养成。比如，在现实生活中，不少幼儿园在上午的点心时间会给幼儿喝牛奶，喝了几天，当幼儿好奇"为什么我们要天天喝牛奶？"时（幼儿开始寻找行为的理由了），教师就会进行牛奶益处的讲解（给予行为的辩护）。

当然，行为改变有许多的操作技术，目前学前教育工作者比较欠缺相关的应用技能，关于这一主题的内容，我们放在后面有关行为习惯培养的章节中。

从中，我们可以思考得出健康行为养成的三个方面：既要传授健康常识以奠定"知"的基础，也需要在认知过程中结合过程体验来培养幼儿正确的健康态度和意识，树立起良好的"信"；同时，还必须从行为改变方面努力，帮助幼儿养成良好的行为习惯。知、信、行这三方面是相辅相成的关系，缺一不可，只有这样，我们才可能使学前儿童的健康教育达到预期的目标，获得成功。

案例

刷牙习惯的养成

萍萍，女。从她 1 岁多开始，爸爸妈妈就开始教她漱口。起初，萍萍觉得吐水很好玩，还和爸爸妈妈比谁吐得远、比谁能吐出大泡泡。

到2岁后,爸爸妈妈买了儿童牙刷和牙膏,帮萍萍每天晚上刷牙。萍萍也和其他小朋友一样,最初的新鲜感一过,她就想偷懒不刷牙了。这是正常的现象,因为儿童形成一个习惯,必定会经历进步、停滞不前甚至退步的情形,这是健康教育的规律。当出现行为表现的反复时,成人需要设计适宜的活动,合理定位活动目标,从多角度促进幼儿养成习惯。

萍萍的爸爸妈妈找了保护牙齿的动画片给她看,还讲老虎拔牙的故事给她听,这就告诉了萍萍为什么要坚持刷牙。当小区里其他小朋友长了蛀牙、身边哪个熟悉的邻居牙痛时,爸爸妈妈就即时进行护牙教育。爸爸妈妈还和她同时刷牙,进行刷牙比赛,看谁刷得好、刷得亮。

现在萍萍5岁了,已经会自己刷牙了,并且每天都会自觉地刷牙。幼儿园检查牙齿的时候,她是班上牙齿健康的5位小朋友之一,这与爸爸妈妈持之以恒的教育和行为养成是分不开的。

(二)学前儿童健康教育的表现形式

在考虑到学前儿童健康教育的实施时,我们还需要考虑一个问题,那就是健康教育在生活中的表现形式,或者说健康教育的存在形式。了解了健康教育的表现形式,我们就可以了解健康教育的一部分实施途径。

通常,我们可以将之分为显性的健康教育和隐性的健康教育。显性的健康教育即通过有意识的、直接的、外显的教育活动使幼儿自觉受到影响的有形的健康教育。它具有目标明确、条件可靠、效率显著等特点和优势。

所谓隐性的健康教育,即通过无意识的、间接的、内隐的教育活动使幼儿不知不觉地受到影响。它具有教育作用的无意识性、教育影响的间接性、教育方式的内隐性、教育范围和内容上的广泛性等特点。其作用表现在认识导向、情感陶冶、行为规范等方面(当然包括积极作用与消极作用)。

显性教育与隐性教育,是健康教育的两个方面,健康教育积极效果的取得,有赖于二者的结合与互补。尤其是隐性教育,因其特点和作用而备受重视;有人形容说,别人的"善言千句"抵不过自己的"心灵一颤"。我们常常说,孩子是父母的镜子,因为善于学习和模仿,他们身上的问题其实是父母问题的反映。学前教育的教师们与幼儿相处的时间仅次于幼儿的家人,这一原则在教师身上同样适用,正如有些教师所感叹的:"谁带的班就像谁。"比如,如果班上的教师和保育员放物品重手重脚,班上的幼儿往往也不注意轻拿轻放。

虽然隐性健康教育的界定、内容结构等尚未有一致的说法,但其重要意义是公认的。作为幼儿园教师(以及幼儿的家长),至少可以力所能及地以身作则,发挥表率作用,营造一个健康、愉悦的环境。

二、学前儿童健康教育的实施途径

(一) 幼儿园中的分类教育和整合实施

显性的健康教育在实施过程中,比较显而易见的是以下两种方式(这类教育活动具体的组织与实施,将在本章第三节讨论)。

1. 按内容分类开展专门的教学活动

按内容分领域进行专门的健康教育教学活动,也就是所谓的"上健康课",按内容将活动分为身体与动作教育、生活习惯教育、心理卫生教育、安全教育等。

比如,有些幼儿园开展交通安全主题教育,通过在校园内创设模拟的交通环境,引导幼儿掌握交通安全规则。还有的幼儿园针对火灾、地震等意外情况,开展紧急脱险自救方法的专题教育活动,通过创设适当的教育情境,激发幼儿脱险自救的积极情绪,在教师的示范、引导下,学习切实可行的脱险自救方法。

分内容领域教学的优点是:有助于突出教学内容的系统性、连续性和结构性。

其缺点是:因为计划性比较强,在生活中因势利导、生成课程的灵活性不强,不能充分考虑幼儿当时的学习兴趣和学习需要。

2. 五大领域整合施教

在学前教育的课程改革中,幼儿园五大内容领域的课程都彼此渗透和融合。幼儿健康的价值和幼儿成长的特点决定了幼儿园在进行任何领域的教育时都必须将维护和促进幼儿的健康放在首位,故健康领域与其他领域的融合是非常必要的。譬如,在画画、看书时提醒孩子坐姿端正、手眼保持一定距离等。

而且,在健康教育的实施过程中,幼儿健康常识的学习、健康态度的转变以及健康行为的养成都需要借助语言、艺术、美术的形式,如,通过节律明快的顺口溜让幼儿记住生活常规,用形象有趣的谜语、引人入胜的故事引发幼儿探究健康常识和转变健康态度,用栩栩如生的画面帮助幼儿直观地了解微生物、人体内部器官等。

实际上,在以其他内容领域为主的教育活动中,可以实现幼儿健康教育的某些目标。譬如,通过语言活动,发展幼儿的人际交往能力,使其"讲话礼貌"、"注意倾听"、"大胆清楚地表达";通过社会学习活动,培养融洽的人际关系,使其"乐意与人交往"、"有同情心"、"增强其自尊心和自信心";通过艺术活动,抒发(发泄)内心的情感,促进健全人格的形成;通过科学活动,满足幼儿的好奇心,培养初步的环保意识等。

比如,在中班经常开展的活动"胆小先生",它既可以作为语言活动,让幼儿体验作品幽默的情趣,同时鼓励幼儿发挥想象力,大胆地续编故事,并尝试故事表演;又可以作为心理健康教育活动,通过角色扮演,增强幼儿的内心体验,培养幼儿大胆勇敢、活泼开朗的性格。

幼儿园整合课程是超越儿童中心主义的课程,追求幼儿本体价值与文化价值的整合,强调学科中知识、技能与能力的整合,强调儿童认知发展与情感发展的整合。

在整合课程的背景下实施健康教育活动,优点是:在一个主题活动中,幼儿能够充分发展兴趣,进行深入的观察、探索和调查;可以跨学科、多领域地提出假设,进行观察、收集数据、修正假设,有利于幼儿思维能力的成长。

其缺点是:在知识的传输上不是按照内容的学科体系进行的,显得知识点比较零散;另一方面,整合课程要求教师能理解各领域学科的知识基础,理解学科之间的共同之处和差异,并且理解整合能够实现的价值和所起的作用。

案例学习

好吃的豆芽

背景:

午餐时,孩子们总是不太情愿吃蔬菜。每每吃完饭,小碗里还留下了很多蔬菜,他们总是找着各种理由来"回避"蔬菜。我发现我们班的孩子们对"黄豆芽"特别敏感,多数的孩子都不太喜欢吃。

问题分析:

孩子不爱吃蔬菜,原因有很多种:有些因为讨厌"咀嚼",认为有些蔬菜嚼起来很麻烦;有些认为豆芽菜的味道没有其他菜那么好吃;有些则是因为豆芽菜不好看,颜色很单一,激发不了他们的"食欲"。

措施:

1. 开设与蔬菜相关的主题——有用的植物。
2. 通过图片、实物的展示和介绍,让孩子对平日吃的"炒熟的蔬菜"产生新的认识和了解。
3. 从营养方面入手,向孩子们做一些简单的讲解。让他们了解到各种蔬菜不同的营养。
4. 通过儿歌、歌曲的形式,让孩子们知道有些蔬菜的"特殊功效",引起他们的兴趣。
5. 每人种植几颗黄豆宝宝,并做好观察记录。
6. 分组制作小型温室,发现豆宝宝生长变化。
7. 走进菜场,亲身体验买一次菜。

效果:

1. 孩子们开始吃"豆芽菜"了!今天的"豆芽菜"一改往日情况,"销量"特别好。不过原因并不在于豆芽的味道好,而是孩子们"看到"了豆芽的营养价值。
2. 通过一系列活动的开展,孩子们逐步沉浸于各种植物和蔬菜的世界里。他们不仅关注蔬菜的外形、蔬菜的味道,也关注着蔬菜的营养。
3. 在种植豆宝宝的过程中,孩子们每天都会给自己的豆宝宝换水,并在记录表上画上豆宝宝的成长过程。当天气变冷时,孩子们一起制作温室,改善豆宝宝的生活环境,帮助它们更快地长大。经过一周的时间,孩子们的豆豆已经长成了豆芽。当他们有了这些经验后,便对今天的豆芽倍感亲切,每个人都吃得很开心。

(上海市安庆幼儿园 史雯婷)

《好吃的豆芽》是一个综合主题活动下的整合活动方案,方案中既有健康领域的教育,也有科学领域的观察和探索。活动的组织考虑了儿童认知的特点,让儿童运用视觉、听觉、味觉、嗅觉、触觉等多种感官参与活动,通过亲身照料豆宝宝,加深了对"豆芽好吃"的感悟,并自觉地吃起了豆芽。你能列出其中涉及的健康教育领域的认知内容、情感目标以及行为目标吗?

(二) 渗透在幼儿园生活中的健康教育

隐性的健康教育,除了教师的行为示范、态度影响等之外,大量地渗透在幼儿园生活各个环节、各处细节之中。渗透在生活中的健康教育往往和幼儿园的环境创设有密切的关系。

1. 日常生活环节中的健康教育

入园、饮水、进餐、盥洗、睡眠、运动、游戏、离园等是学前儿童在园一日活动的主要部分,其中蕴含重要的健康教育价值,涉及许多自我保护意识和自我保护技能的教育内容。比如,离园环节,教师需要给幼儿安排好可以单独进行的活动,并教导幼儿离园的注意事项,诸如不能擅自跑开、不能跟不认识的人走等。

有些健康教育的内容,如健康意识的培养和生活习惯的养成教育,其本身的特点决定了必须在生活中长期渗透,反复练习。如"怎样在幼儿园上厕所",在幼儿生活中加以指导更来得及时有效。

另外,日常生活中的健康教育是教学活动的延伸。有些教育内容仅靠集体的教学活动是不够的,需要在生活中巩固和操练。比如,上课讲了刷牙的好处,但幼儿只是增加了知识,态度的转变和行为的确立需要在生活中继续教育、反复教育。

2. 健康教育的环境

(1) 物质环境的创设

 案例

找找小脚印 vs 让小熊抱一抱

情景再现:

一天,孩子们分组在盥洗室里准备上厕所。丁琳找到了一个蹲便器的位置,只见他两脚分开,站到了蹲便池两边的"小脚印"上,嘴里还不停地念道:"两只小脚分分开,小小脚印对对齐,裤子裤子脱一脱,两只小手抓抓牢。"上完厕所以后,他就起来,还把自己的衣服塞到了裤子里面。

王蔚然找到了一个坐便器的位置,他轻轻地把裤子脱了一半,但是他的小屁股没有坐满整个坐便器,而是坐在了坐便器的前面,他这样上厕所的姿势很容易把裤子弄湿。正当我准备用语言提醒他的时候,韩译对王蔚然大声地说:"你还没有让小熊抱一抱呢!""是啊,我忘了,我这就让小熊抱一抱。"说完他就把自己的小屁股往后挪,直到整个身体贴住小熊的图片。

我的思考：

在面对孩子们如厕时不正确的方法时,教师使用最多的就是语言的提醒:"请你往后坐一点。""两只小脚分得开一点。""裤子往下拉一点。"但实际上这样的方法并不奏效,孩子们也会因为这样过多的提醒和关注而感到紧张。在尝试了创设环境和创编儿歌后,我们发现这种具有趣味性、情景性的隐性的指导对孩子来说更具影响。

(城市花园幼儿园　沈爱玲)

因为幼儿认知水平比较低,具体形象思维占优势,还残留着直觉行动思维的一些特点,他们思考时往往需要依托一定的具体形象,因此,我们在实施健康教育时,为了取得效果,往往还需要借助标志、示意图等实物来进行或提供辅助。下面是幼儿园中常见的一些标志(以下照片由上海市思南路幼儿园提供)。环境中的这些教育机会需要幼儿教师积极探寻,并发挥智慧将健康教育理念渗透其中,使幼儿在自然而然的生活过程中获得相关教育。

案例

大家来洗手

情景再现：

洗手这个环节到底该先做什么后做什么呢,每次洗手前我都反复强调,可到了洗手时,有的忘了卷袖子,有的随便搓一搓,我顾了这顾不了那,真是煞费脑筋。于是用图画把每个步骤都画出来贴在洗手池上。孩子们看见了很好奇,问:"沈老师,那上面画的是什么呀?"我说:"你们猜一猜。"孩子们七嘴八舌地谈论起来。"我看见了手,还有水龙头在流水。""是洗手呀。""画里教我们怎么洗呢!"我引导孩子们一一理解图意,并跟着学做一遍。"今天小朋友真棒,学会自己看图来洗手。下次沈老师可什么也不说了,看看谁最能干,能够自己看着图把小手洗干净。"以后不用过多讲解,孩子们自己看着图就慢慢熟练掌握了。有的小朋友还细心地向当天没来的孩子讲解,俨然一位小老师的样子呢。

我的思考：

冗长繁杂的语言解释让幼儿既听不明白又记不长久,教师也苦于一遍又一遍地提醒强调。图示法的好处就在于:

1. 直观明了,幼儿便于模仿;
2. 作为一个不说话的老师时刻提醒监督幼儿的行为。

关于图示法我还总结了以下三点要求:

1. 一张图一个动作,否则不利于幼儿操作;

2. 操作前与幼儿一起讨论图画中的含义,务必让每个幼儿都明白;
3. 激发幼儿对图例的兴趣与模仿。

(城市花园幼儿园 沈爱玲)

图2.1 幼儿园中常常使用小脚印来告诉幼儿,洗手的时候要有序,避免拥挤。

图2.2 教师贴上"小茶壶",幼儿喝水时喜欢站在茶壶处,这样可以避免宝宝饮水时因走动、碰撞而打翻杯子。

图2.3 图示提示幼儿按性别在不同地方小便。

图2.4 教师用图示帮助宝宝建立上下楼梯一步一阶、手扶栏杆的好习惯。

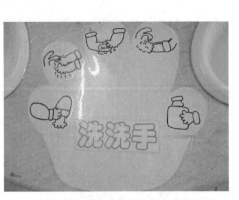

图2.5 动作分解图示让宝宝好学、好记,更容易养成勤洗手的好习惯!

近年来,幼儿园在环境布置上提倡互动性,而不是单纯地从美术视角来进行一种装饰,仅仅达到美化教室、提高幼儿审美的目的。创设互动性环境这一提法,其实更多地体现了"以儿童为中心"的思想,主要表现为两个方面:一种是教师创设的环境是可以供幼儿操作的,比如,教师用整个墙面创设了一到两棵果树,树上挂上十几个水果布套,里面装上塑料水果。幼儿可以从树上采摘水果,并通过拉拉链、解扣子等方式打开布套,拿出水果来把玩。这种方式锻炼了幼儿的动作技能与生活自理技能。另一种是教师和幼儿一起完成环境的创设,如美术角"秋天"的布置,可以通过和幼儿一起采集树叶、制作树叶作品等来布置。

(2)心理氛围的营造

健康教育实施中非常重要的一环是要和幼儿建构起健康的心理氛围,为此,教师首先要努力保持自身良好的身心状态。在和幼儿共同的生活中,教师应该倡导理解、和谐的班级氛围,形成平等、鼓励的师幼关系,以及互帮互助的家园关系,要根据幼儿的不同个性特点,关注幼儿的情绪和行为表现,经常进行教养行为上的反思和调整,不断改善心理氛围。

(三)家园合作开展健康教育

在健康教育的实施中,家园合作是不可忽视的一环。家园合作,主要是指教师和家长对幼儿生活方式、自理能力等方面进行一致性的要求,互相配合共同完成某些健康教育内容。家园教育要求的一致性往往会取得更好的效果;而教师和家长的不同步性,可能会造成幼儿在家、在园的表现不同,对一些规范的认识不能内化等。

家园合作还可互相促进。有些家长习以为常的做法会对幼儿产生不利影响,需要教师的指导。比如,幼儿健康的生活方式需要家园双方的共同努力,比如:以作息和自理来说,如果家长在寒暑假期间放任幼儿睡懒觉、帮幼儿穿衣服等,幼儿在开学后会感到不适应;在饮食营养方面,有些家长因为孩子喜欢,就把洋快餐作为对孩子良好表现的奖赏等。家长有时候可以为教师提供教育资源,提出改善建议等。比如,开理发店的家长同意让教师带领幼儿前往参观,了解理发常识、理发师职业等等。又如,某幼儿园在听取家长建议时,有家长提出,教师应该注意改掉在路上边走边吃东西之类的不良习惯,给幼儿作好榜样。

三、学前儿童健康教育的实施原则

实施学前儿童健康教育的过程中,主要依据两个原则,其一是依据目标进行,目标对教养实践有重要的导向作用,它会引导所有学前教育工作者向着共同的方向前进。

其二是实施过程中要充分考虑儿童的特点。健康教育是为了帮助幼儿获得身心健康发展,健康教育目标本身就是根据儿童的发展水平和发展需要制定的,在实施过程中,更应该结合本地区、本园、本班幼儿的发展实际,体现出对幼儿身心发展规律的尊重。教师需要深入、客观地研究幼儿的认知水平、情感发展特点、个性有关特点等,并在实施过程中从容地面对儿童可能发生的各种情形。

第三节 学前儿童健康教育活动的组织与实施

幼儿阶段的教育对个体一生的影响是巨大而深远的。而在幼儿园等保教机构中,保教活动承载着教育的任务。健康教育要实现其教育目标,也是需要依托健康教育活动来进行的。健康教育活动是在教师和幼儿互动中发展出来的课程活动,也是师生共创的教育经验。

一、学前儿童健康教育活动设计的原则

(1) 活动设计应该为保教目标服务。幼儿园的健康教育,主要的功能和发展目标是保护和促进幼儿的健康状态,帮助幼儿丰富有关身体保健和身体锻炼的知识与技能,形成积极对待健康的态度和情感,逐步养成健康的行为和习惯,达成身体、心理和社会适应的健全状态。活动是达成保教目标的手段。

(2) 活动设计应该注重幼儿的参与。幼儿园中的健康教育活动,可以是教师预先设定的;教师还要重视幼儿对主题的参与,根据幼儿的兴趣、幼儿在活动中发现的新关注点,挑选适当的主题,来生成继续探索的学习活动。在活动中,教师与幼儿一起分享、体验成就感与挫败感。

(3) 活动设计应具有一定的整合性。健康教育活动是幼儿园教育活动的组成部分,不是孤立的,因此,在设计健康教育活动时,需要帮助幼儿达到获得必要知识和技能、发展人格与培养适应环境能力等各方面的平衡发展要求,统整幼儿的各种学习经验。表现为某一主题下的活动,往往统整多个方面的内容,比如在运动中不仅有动作技能的练习,还有同伴相处的培养以及意志品质的培养等。通过活动的实施,让幼儿的生理、心理和社会适应性都得到充分发展。

(4) 活动内容的选择应有一定的程序性。教育内容不仅要遵照目标,更重要的是要注意幼儿发展、发育的情况,根据幼儿身心发展的规律来设计安排。"以儿童为本"也体现在活动设计以儿童的发展需要为首要依据。

(5) 活动设计应该满足幼儿的发展需要。设计和实施健康教育活动的时候,需要考虑幼儿的发展需要,并且每个幼儿都具有独特性,需要兼顾不同幼儿的需要。

二、学前儿童健康教育活动的设计特点

成功的健康教育活动设计应该给幼儿愉快的体验,让幼儿觉得充满乐趣,愿意不断参与。在设计上,这些活动应该具备以下特点:

(一) 活动的开放化

活动的开放化是指活动理念的开放接纳性、活动时间的弹性化和活动空间的灵活性。

学前教育工作者应该具有开放和接纳的教育理念,以开放的心胸,尊重幼儿的个体差异,接纳幼儿现有的水平和特点。

幼儿园的生活流程中,对集体和小组学习活动、区域自由活动、生活活动等,都作出相对稳定的时间段规划,但它不是刻板的时间表,可以根据实际情况作弹性调整。某个主题的活动开展也没有明确的时间限制,可以按照幼儿的兴趣有弹性地伸缩活动时间,短则两三天,长则两三个星期甚至更长。

活动空间的灵活性,其实也体现了对幼儿的开放性要求,比如,不要求幼儿固定坐在椅子上,在某些活动中发言不一定要举手等。

在开放化的活动中,学前教育工作者给幼儿的感觉是充满爱的,是用心体谅和关怀他们的。

(二)活动过程的互动化

一个好的活动设计,不是教师事先详尽规划好的,而是在活动过程中,教师通过观察,权衡幼儿的兴趣和能力,调整出适合幼儿的主题和活动。教师和幼儿一起体验活动的满足感或挫败感,通过互动过程而发展活动。

(三)活动形式的游戏化

游戏是学前阶段最大的任务,也是幼儿最佳的学习形式。游戏的活动情境对幼儿特别有意义,幼儿在其中的学习是快速和深入的;否则,则是被动、缓慢和表面的学习。而且游戏可以增进幼儿感官能力的协调发展,助长社会化学习,在人际沟通中激发创造力,促进语言表达和人际沟通的发展。

很多时候,游戏不需要教师设计出来,教师只要提供环境和材料,幼儿就会自发地游戏。

三、学前儿童健康教育活动的设计过程

这里,我们按照一个健康教育活动的设计过程来讲解设计的主要步骤。

(一)明确健康教育活动的目标

在实施活动之初,需要确立目标。确立目标之时,我们一般遵循下列思考步骤:
首先要依据《纲要》中的总目标,认真学习《指南》中的目标和各年龄段典型表现;
其次是摸清本班幼儿的身心发展特点、知识背景、学习需要等;
再次是研究幼儿由当前的发展阶段过渡到下一个发展阶段的过程、方式和规律等,结合本班幼儿的特点来确定健康教育活动的目标。

(二)选择健康教育活动的内容

选择活动内容时,应注意以下原则:

(1)活动内容符合保教目标。目标和内容的关系不是简单的一对一、一对多。目标是概括性的,往往一个目标需要一系列甚至几个系列的活动内容来达成。比如,对初入园的幼儿,教师会组织幼儿开展"送礼物"、"看哥哥姐姐表演"、"老师像妈妈"、"拥抱日"等活动,通过这一系列的活动内容来达成使幼儿"情绪稳定,对幼儿园环境有兴趣,愿意与同伴交往,并参加班级的活

动"的目标。

鉴于此,要实现某个健康教育目标,可以选择不同的健康教育内容。不少幼儿园提倡"班班有特色",不搞统一的园本课程,是有一定道理的,他们希望在共同的教育目标下,给教师自由发挥的空间,鼓励每个班级积极创新,开展不同的活动,创设不同的环境,体现同一健康教育目标下教育内容的多元化。

(2)活动内容要符合幼儿的身心特点。这里包括两个层面的要求:一个是能在最近发展区中促进幼儿的身心发展;一个是要符合幼儿的接受能力,即幼儿的身心特点直接影响着我们设计的教育活动是否实际可操作。比如,要开始生活自理能力方面的技能教育时,我们需要考虑幼儿精细动作的发展情况,来作出不同年龄段的要求。对小班幼儿,我们结合《指南》中的"在帮助下能穿脱衣服或鞋袜"这一典型表现,选定的教育内容就应该是"练习穿脱衣服和鞋袜";对中班幼儿提出进一步的要求,穿脱衣服应该基本掌握了,要"练习扣纽扣";大班幼儿的手指更为灵巧,可以"练习自己系鞋带"。

(3)活动内容要联系幼儿的生活经验。联系幼儿的生活经验选取内容有两个方面的考虑。一个是考虑幼儿的知识建构特点,在已有经验的基础上建构新知识,幼儿接受度更高。因此,将教育内容以幼儿熟悉的方式呈现出来就显得尤为重要。比如,在培养学前幼儿不偏食、不挑食的饮食习惯时,"营养均衡"这个词,幼儿会难以理解,他们还没有"营养"的概念,不如用幼儿接触得到的具体食物来解说,教师可以用具体化、生活化的语言告诉幼儿"各种蔬菜和肉都要吃,身体才会长得更好"。

另一个是考虑教育应该来自于生活,才能更好地服务于生活。幼儿熟悉的教育内容必然是来自于幼儿的现实生活,应该是与时俱进的,这样才能运用到生活中去。比如,教师注意到电话、手机在生活中的普遍性,在托班、小班的教室里投放了玩具电话,不仅可以锻炼幼儿的语言、社交能力,还有助于入园新生获得情感上的安慰,如有的幼儿对着电话说:"奶奶,我今天很乖的,老师夸我了,你早点来接我。"

也因此,现在幼儿园中的教玩具自主设计,很多都是利用生活中的物品来进行的:像"废旧物利用",用废报纸做球、用一次性纸杯做鸡和娃娃、用饮料瓶做娃娃、用瓶盖做汽车轮子、用纸盒做花车等;开发生活中日常用品的"玩具"用途,如用不同的刷子来做触摸箱;采用动画片中幼儿熟悉的形象自制拼板等。这些来源于生活的材料,以新的"身份"出现,让幼儿觉得既熟悉又新鲜,还能激发幼儿的创造力和想象力。

练习

【2012年下半年教资真题】教育内容既要符合幼儿已有的发展水平,又能促进其进一步发展。这符合(　　)。

A. 发展适宜性原则　　　　　　B. 价值性原则
C. 基础性原则　　　　　　　　D. 兴趣性原则

答案:A。

> 解析:学前教育的出发点和最后归宿都是促进儿童身心和谐发展,促进每一个儿童在现有的水平基础上获得最大限度的发展。活动的设计、组织、示范都应着眼于促进儿童的发展。按照维果斯基的理论,就是要找准每个孩子的"最近发展区",提出的教育目标,既不能太高,也不能滞后。
>
> 【2014年上半年教资真题】幼儿教师选择教育教学内容最主要的依据是(　　)。
> A. 幼儿发展　　　B. 社会需求　　　C. 学科知识　　　D. 教师特长
> 答案:A。

(三) 组织健康教育活动的过程

1. 健康教育活动的主要环节

因为幼儿无意识记占优势的认知特点,他们的"学习"方式就是游戏,在生活中进行,所以幼儿园的教育活动不能平铺直叙,而是要讲究一点"曲径通幽"的设计感。一般说来,健康教育活动和其他教育活动一样,主要有以下几个环节。

首先是引入环节。在这一环节中,我们可以使用故事、视频和问题等引出活动主题,引发幼儿的相关讨论等。

其次是活动的展开环节。这一环节是教育活动的主体部分,我们需要考虑通过何种方式引导幼儿进入到预设的问题情境中来,分哪些步骤推进活动,每个步骤的关键性引导问题是什么等,使幼儿与幼儿、幼儿与教师间产生互动,帮助幼儿进行新内容的学习和技能的巩固练习。

再次是活动的结束环节。我们要想好采用什么方式结束活动,怎样促进幼儿的知识迁移。

活动的各个环节应该自然连贯,努力做到"环环相扣"的动态生成性。活动之后,我们思考后续的延伸活动和教学反思。

2. 健康教育活动的组织方法

健康教育活动要取得成效,除了需要遵循活动设计的原则之外,还需要教师采取适当的组织方法(或者说教学方法)。活动的组织方法应该体现针对性和趣味性,根据目标、内容和幼儿的特点来选择合适的组织方法,合适的就是好选择。

四、学前儿童健康教育活动的组织方法

常用的组织方法,从幼儿的角度,可以大致分为如下四大类:

(一) 激发幼儿思维的方法

简单地说,激发幼儿思维的方法主要是教师在幼儿已有知识经验的基础上,引导幼儿思考,增进新知。几乎所有的活动都需要思维的参与,这一类方法重在培养幼儿思考的习惯和态度,使幼儿初步懂得如何获得有用的知识,学会寻找解决问题的方法。这一类方法主要分为以下几种:

1. 提问启发法

在幼儿已有知识经验的基础上,教师提出问题,让幼儿去分析、批评、推理、判断和解答等,在互相激发中,幼儿会举一反三、触类旁通,知识逐渐扩张,思维更灵活。使用提问启发法的时候,必须要关注幼儿整个学习过程。

2. 讲解介绍法

讲解介绍法也就是直接教授,教师用口述的方式将教学内容直接传达给幼儿。这通常用于游戏活动前介绍游戏规则,引起幼儿探究的兴趣,活动过程中给予暗示和鼓励等。因为幼儿的思维是具体形象的,所以讲解介绍法不能让幼儿获得具体经验,需要辅以教具、实物等才能增进效果。

3. 讨论评议法

讨论和评议可以激发幼儿的思维,使幼儿间、师生间彼此沟通想法,有助于达成教学目标。我们可以在活动开始时就抛出"包袱",引发幼儿的好奇心,发起幼儿的讨论;也可以在呈现一些资料后,或是参观、集体创作之后,区域活动后以及生活突发事件后,围绕主题进行讨论和评议。比如,在讲《没有牙齿的老虎》这一故事后,教师可以提一些问题,如"老虎为什么没有牙齿了呢?"、"小兔子为什么叮嘱老虎不要刷牙?"引发幼儿的大讨论。我们也可以在教育活动的尾声部分开展讨论评议,帮幼儿对活动的主题思想进行一个归纳和回顾。讨论评议是针对问题进行思考,不仅有助于思维能力和价值判断能力的发展,也能让幼儿接受不同观点、思想的碰撞。

4. 观察体验法

观察法是指使用实物、模型、图书、音像视频等来教学,让幼儿通过感官来获得知识。对学前阶段的幼儿来说,丰富的感知经验有助于促进其思维发展。采用直观、感性的教学材料可以使抽象的知识具体化、形象化,有助于提高幼儿的"学习"效率。因此,教师应该准备丰富的材料,为幼儿能运用多种感官、多种方式进行探索创造条件;在教育过程中,多让幼儿亲身体验。比如,在认识水果和干果时,有的教师会准备多个品种,采用感知体验法,让幼儿看颜色、闻味道、摸一摸、尝一尝;有的教师在教小班幼儿认识常见食物的时候,让他们亲眼看着食物煮熟并品尝一番;还有的教师在元宵节让幼儿自己动手做小汤圆,带回家煮了吃等。通过感知体验,幼

图 2.6 观察鸡蛋

图 2.7 做小汤圆

图 2.8 观察虾

儿学得乐在其中并印象深刻。

这种方法不能单独使用,需要配合讲解介绍法、提问启发法,对相关知识技能进行梳理。

5. 设计制作法

所谓设计制作法,是让幼儿自行决定他们的"工作",并通过拟定计划、选用材料在活动过程中完成"学习任务"。只有幼儿自己拟定计划并实行的活动,才是"设计制作"的活动。最好是幼儿自己决定目标,教师作适当的指导,随时协助解决困难和给予鼓励,使幼儿能完成自己的计划。最后,幼儿自己评定或师生共同评定,重视过程也重视结果,为下一次活动提供参考。

比如,有些教师让大班幼儿为"怎样从幼儿园去附近某公园"制定计划书,幼儿要考虑到物品准备、了解路线图、同伴同行的规则、交通规则、不认识路时怎样问路等问题。这既是安全教育,也有效锻炼了幼儿思考问题、解决问题的能力。

6. 实验操作法

学前期的实验操作法,主要是游戏和操作的过程,让幼儿在观察、比较中进行发现学习。这种方式可以激发幼儿对身边事物的好奇心,培养其敏锐的观察能力和探讨问题的兴趣。比如,关于牙齿是如何受损的,有的老师会进行经典的醋泡鸡蛋的实验,让幼儿通过观察、讨论,留下深刻的印象。

教师指导幼儿的实验操作时,可以加强对资料收集和资料整理的方法的指导,以充实幼儿的思考内容,避免幼儿养成盲目臆测和过于武断等不良思考习惯。

(二) 动作练习法

动作练习法,是指教师指导幼儿将某种动作或行为反复演练,养成熟练、机械的迅速反应。在培养幼儿的生活习惯、自理能力和安全自护技能等时,采用动作练习法,可取得较好的学习效果。

学前儿童健康教育活动在实施过程中往往包含许多动作与行为的练习。这是内容本身决定的,比如穿脱衣物鞋袜、盥洗等生活自理能力都体现为动作,"动作发展"领域更是围绕许多粗大动作、精细动作等展开(详见第五章)。而动作技能的掌握需要练习,这种操作练习不是简单的重复,而是不断地纠正并消除错误动作,逐渐达到熟练的过程。比如,中班开展"瓶子和盖子"的教学活动是为了帮助幼儿掌握不同瓶盖的打开和拧紧的动作,教师在活动过程中需要有一段操作、练习的环节。

动作练习法将动作呈现在幼儿面前,虽然有直观性,但缺乏情感的调动,只能引起冷冰冰的智力学习,不能引起幼儿的探索欲望。所以在开展活动时,教师可以用竞赛游戏、展览作品等方式来引起幼儿对练习的兴趣,也就是将练习游戏化。

动作练习法往往会和讲解介绍法,以及动作示范联合使用。比如,穿脱衣服、折衣服、叠被子以及折纸等,都是需要我们用实物、动作、视频或口头作讲解说明,用慢动作分解示范,以利于幼儿进行模仿学习。需要的话,可以从正确、错误两方面来进行示范。最后用问答、让幼儿表演动作等方式来评价幼儿的学习情况。

 互动设计

> 请根据活动主题"瓶子和盖子",为中班小朋友设计一个活动。撰写活动目标和活动过程。而后再来学习案例中的教案。

(三) 作品欣赏法

作品欣赏法是指教师通过音乐、美术、文学(故事和儿歌等)之类的作品,指导幼儿评价事物的是非、善恶和美丑,进而激发幼儿好恶的情感,帮助其建立正确的健康态度,并促使幼儿做出恰当的健康行为。作品欣赏往往能引起幼儿内心的共鸣,从而自然地引发模仿学习。

比如,关于人体血液的教育活动,可以从欣赏《血液的秘密》等故事书入手;结合《小饭粒旅行记》之类的儿歌,让幼儿愉快地学习人体基本的消化系统;在生活常规方面,有《小孩的规则》等文学故事可以欣赏。

需要注意的几点:

(1) 幼儿的欣赏能力是逐步发展的,所以欣赏的内容也要逐渐提高程度;

(2) 如果幼儿不能作必要的想象,教师应该予以辅助;

(3) 在欣赏时,教师自己要有欣赏之心,应避免用理智分析的方式去破坏幼儿欣赏的心情,要注意保护幼儿欣赏的整体性,谁都不会喜欢支离破碎的感觉;

(4) 幼儿有个体差异,有些幼儿可能对教师准备的欣赏内容不感兴趣,教师不宜勉强。

(四) 表达表现的方法

在健康教育活动中,教师指导幼儿用各种喜爱、擅长的方式或途径,表达自己的所知、所想和所感。对幼儿来说,这种手脑并用的方式更能提升其表达、表现的兴趣。

1. 情境表演

情境表演是幼儿喜爱的一种"游戏"方式。教师可多利用真实的或布置类似的情境,唤起幼儿表现、表演的倾向。在模拟情境中,幼儿担任情境中的角色,通过角色间的互动获得健康教育方面的体验和感受,进行动作技能的操练。其中可以有律动、唱歌、乐器演奏等表达形式。

情境表演使幼儿身临其境或如临其境,亲身体验角色的情绪情感变化,加深对所学常识的感悟和对技能的兴趣,"学习"活动成为幼儿主动、自觉的活动。

2. 语言文字的表达

在欣赏、观察、实验操作等步骤之后，幼儿可以用语言或书面的自创符号，来表达自己的见闻、经验，表述自己对活动的感受或发现等。

3. 图画造型的表达

在参观、观察和游戏等之后，幼儿可以用图画、积木造型、黏土等来表达自己的所见所闻和情感等。

使用的注意点：

（1）在使用表达表现的方法时，教师除了设计和安排情境引发幼儿表达的动机，还要细心引导幼儿多看、多听和体验，充实感性经验，才能言之有物；

（2）幼儿限于能力和经验，表达表现的效果可能不尽人意，因此，教师应该牢记自己的主要目标是引导幼儿的兴趣，不能强求效果要多好，那样反而打击幼儿的积极性；

（3）幼儿表达表现的作品，应该有展示，在班级中甚至班级外欣赏和品评，给幼儿鼓励和展示的强化。

一般说来，在设计活动时要尽量考虑采用多样的活动组织方式，作弹性的应用，以形成动静交替、有张有弛的节奏。比如，对火场逃生技能的训练，我们可以制定数种家中火情的情境，联合运用讲解示范和情境表演，来教导幼儿每个情况中的逃生技能。活动实施时，我们要先讲解正确的行为并示范给幼儿看，就技巧性的动作进行反复的练习，最后进行情境演练，让幼儿扮演他自己，表现逃生技能中的各种动作。其间，教师可以发动其他幼儿一起来评议做得对和不对的地方，指导幼儿纠正动作，直到正确为止。

对待不同年龄的孩子，方法的使用也有不同。学者顾荣芳等人研究发现，对小、中班儿童来说，移情法和情境表演法效果很好，实验小班以此成功地开展了饮食营养教育。对大班儿童来说，来自生活的切身体验对转变态度十分有效。

五、健康教育活动方案的撰写

（一）教案的要素

综合考虑活动目标、内容和组织方法等重要问题之后，我们需要撰写健康教育活动方案，就是我们通常所说的教案，其撰写时一般包括以下要素。

1. 活动名称

活动名称通常就标明了活动的具体内容，它是教师预设的主题，也是引发儿童参与讨论的话题。活动名称旁边要写清楚活动的类型，适用于哪个年龄阶段。

2. 活动目标

活动目标要写清楚本次活动要达到的目的，即幼儿在活动前后的变化，主要是认知、情感态度和行为能力三方面。

制定目标的注意点：

(1) 健康教育的实施是从认知、意识和行为改变这三个方面来进行的,因此,我们从这三个方面来制定活动目标,比较具有操作性。就一个具体活动来说,不一定要三个方面的目标都囊括,有时候只制定其中的一或两个方面的目标即可。其他的分类法这里不作介绍了。

(2) 目标的主语要求能够统一。一般主语是幼儿,我们默认省略,比如,认知的目标常常采用"明白……"、"懂得……"、"知道……"这样的表述,情感方面的目标常用的表述是"愿意……"、"喜欢……",行为方面的目标常用的表述是"能够……"、"会区分……"、"掌握……的技能"等。

(3) 目标的表述应该准确,概括性恰当,并与活动内容相区分。比如,是"学会多种瓶盖的盖法"而不是"学会各种瓶盖的盖法"。"讨论刷牙的重要性"和"懂得刷牙的重要性",哪个是目标呢?显然前者是教学过程中的一个环节,是活动内容。

值得注意的是,教师在方案中所写的是预设目标,但是在活动实际实施的时候,可能是与预设有出入的,教师要始终关注幼儿的反应、兴趣点等,敏感地发现教育契机,并灵活处理活动实施过程中出现的问题,适时调整目标和引导方向,最终让幼儿有所体验和收获。

3. 教学重点

教学重点是指教育活动中的重点内容,重心所在。教学重点主要包括以下三个方面:从知识体系上看,重点是指那些对后续学习具有重大影响的知识、技能;从文化教育功能上看,重点是指那些对幼儿有深远教育意义和功能的内容;从幼儿的学习需要而言,重点是指幼儿学习遇到困难、需要及时得到帮助的疑难点。

4. 教学难点

教学难点是指那些太抽象、难以理解,离生活实际太远、幼儿缺乏感性认识,所含知识点太复杂,与幼儿原有的经验联系不大,幼儿难以理解和掌握的或是遗忘了相关旧经验的知识、技能与方法。

5. 活动准备

活动准备是指教师和幼儿在活动之前应该有的基础,包括物质材料、场景布置等方面的准备,以及幼儿知识经验的准备,以便活动顺利开展。

6. 活动过程

活动过程是指按活动环节的先后顺序写出几个步骤。新教师最好写详案,把自己每个环节要提的问题、可能发生的情况及其应对等,都列入其中。

活动形式可以分全班活动、小组活动和个别活动;活动组织方法,前面已有述及,此外,还有参观、访问等方法。

7. 活动延伸

活动延伸部分主要写:在活动结束后,教师准备通过哪些途径或后续活动来使幼儿在集体教育活动中获得的经验、技能得以延续和巩固。

比如,进行折衣服的集中指导后,教师可以安排洗衣机和衣物收纳箱等区域材料让幼儿平时练习,还可以取得家长配合,让幼儿在家中多练习等,这些都可以作为延伸活动。又如,开展"牙齿的担忧"活动后,让幼儿向家长和周围小朋友宣传保护乳牙的重要性,也是活动后的延伸。

8. 活动评价

活动评价是在活动开展之后进行的,带有教学反思性质,主要是教师根据目标分析活动的成效。

建议大家把反思书面记录下来,因为这样会促使我们反思得更有条理、更深刻。

(二) 撰写教案的注意原则

教学是一种创造性劳动。写一份优秀教案是教师教育理念和教育智慧的体现,展现着教师的个性和教学艺术。我们在写教案时,应注意以下原则:

首先,是符合科学性。简单地说,是要认真贯彻《纲要》的精神,按教学内容的内在规律,结合幼儿的学习规律和发展特点来确定教学目标、重点和难点。避免出现知识性错误。

其次,是发挥创新性。同一个教学内容,不同老师的教学活动设计与实施都是不同的。正所谓"学百家,树一宗",我们要在自己钻研教材的基础上,广泛地涉猎多种教学参考资料,向有经验的老师请教,经过消化、吸收、独立思考,再巧妙构思、精心安排,写出自己的教案。我们创新的巧妙构思,在扣人心弦中推进教学进程,在层层递进中达到立体教学效果,正是艺术性的展现。

再次,是重视差异性。我们面对的幼儿,是一个个各具特点的独特个体。幼儿的能力不同,知识经验不同,还常常会提出我们预料之外的问题和看法,对此,我们在活动的提问、游戏和操作环节,既要充分考虑怎样满足不同发展水平幼儿的需要,还要有因势利导的灵活性。

最后,是考虑可操作性。简言之,一定从实际出发,考虑教案的可行性和可操作性。

第四节 学前教育机构的健康促进与管理

健康是人的基本生存条件,早在1959年,联合国大会通过的《儿童权利宣言》就规定,儿童应享有健康成长和发展、受教育的权利,并号召所有父母和其他个人以及各类组织、各国政府按照《儿童权利宣言》的准则逐步采取立法和其他措施,以儿童利益最大化为原则,保障儿童的权益。

我国城市健康教育工作起始于20世纪80年代。2005年,依据世界卫生组织的《国家健康促进行动规划框架》,我国卫生部起草制定了《全国健康教育与健康促进工作规划纲要(2005—2010年)》,以规范和指导健康教育与健康促进工作的开展,并要求深化城市健康推进农村健康促进行动。

健康促进是健康教育工作发展的必然结果,幼儿园作为学前教育的组织和机构,随着健康教育工作的深入,需要超出健康教育的范围,提供更多的健康服务,承担起健康促进的职能,同时,幼儿园还可以做好一部分健康管理的服务。

一、幼儿园的健康促进

(一) 幼儿园健康促进者的保教观

幼儿园健康教育策略的实施,有赖于和幼儿共同生活的保教人员,因此,保教人员建立的健康观十分重要,直接影响着提供什么样的健康服务,健康促进规划是否能够实现。

以往,保教人员秉承的是生理保健观,即只要幼儿"吃好、睡好、不生病"就是健康。出于这样的观念,保教人员往往只关注物质环境的安全无害,满足幼儿的生理需求。

随着心身疾病的概念广为传播,"生理—心理—社会"三维保健模式出现了,保教人员需要在接受这一观念的基础上,转变态度和保教行为,使之真正在幼儿的生活中得以实现。

(二)幼儿园健康促进的策略

《渥太华宣言》明确指出,健康促进涉及制定公共政策、创造支持的环境、加强行动、发展个人技能和调整服务方向五个方面的策略。这里,我们结合幼儿园能开展的工作来作探讨。

1. 制定能促进健康的方针和管理制度

健康促进的含义已经超出健康教育的范畴了,所以,它不是幼儿园教师能够单独承担的,而是要幼儿园行政管理层的决策者把健康促进的问题提上日程,要求幼儿园的各个部门通力合作,共同制定促进健康的举措和管理制度。

幼儿园应该制定健康教育方面的方针和管理制度。比如制定《在园幼儿健康检查制度》、《体格锻炼制度》、《超重与体弱儿童管理制度》、《教室卫生及消毒制度》、《食品贮存和加工的卫生制度》、《传染病管理制度》、《疾病防治制度》、《设施设备定期检修制度》、《各项安全演练措施》,以及《紧急事件处理机制》等。

2. 创造支持健康发展的环境

幼儿园必须创造安全的、满意的、愉快的生活和工作环境,以保证幼儿园的社会性环境和自然环境有利于幼儿的健康发展。这就涉及对园内环境的评估和对教室内环境的评估。

国家对幼儿园的建筑设计、办学规模、设备设施都有相关的要求。比如,《托儿所、幼儿园建筑设计规范》中规定:选择园舍应当远离各种污染源,出入口通畅,方便家长接送,避免交通干扰;日照充足、场地干燥、排水通畅;提供室外游戏场地等。在办学规模上,规定大型幼儿园10—12个班,中型6—9个班,小型5个班以下;每班人数大班宜35人,中班30人,小班25人,混合班30人。

教室内环境,往往需要各幼儿园根据办学特色,制定相应的要求和评估标准。

3. 加强家园联合行动

健康促进也是一项系统工程,要充分发挥家园联合力量,宣传健康常识,使家长与幼儿园的工作人员一起积极有效地参与幼儿健康促进计划的制定和执行。

幼儿园在与家庭的双向互动中,转变家长的健康教育观念,吸收和借鉴社会上的健康教育好举措,使家庭不仅成为幼儿园健康教育的延伸,更要成为健康促进的合作者。

4. 培养幼儿个人健康自我保护技能

提供健康信息,教育并帮助幼儿培养作出正确选择的技能,以此来支持幼儿的发展,使幼儿能够开始控制自己的健康(比如根据冷热穿脱衣物),能够有准备地应对生活中可能会出现的健康问题(比如出鼻血了怎么办),并且能够应付外伤(比如被蜜蜂蜇了怎么办)等。幼儿园、家庭和社区都有责任和义务帮助幼儿做到这一点。

5. 调整健康服务方向

在幼儿园的健康促进中,健康服务的责任由幼儿园教师个人、保健部门、营养膳食部门、后勤维修部门等职能部门共同分担,他们必须齐心协力,认清目标,共同建立一个有助于健康的幼儿保健系统。

(三) 学前教育机构的健康促进规划设计程序

任何一项健康促进规划均由设计、实施和评价三部分组成。美国学者劳伦斯·格林(Lawrence W. Green)提出的 PRECEDE—PROCEED 模式是应用广泛的健康教育和健康促进规划设计模式。它是"从结果入手"的程序,用演绎的方式进行思考,即从最终的结果追溯到最初的起因,先问为什么,再问怎样做,为规划设计、执行和评价提供一个连续的步骤或阶段。[①]

1. PRECEDE 期

第一阶段是诊断期或需求评估期,即 PRECEDE 期(Predisposing, Reinforcing and Enabling Constructs in Educational/Environmental Diagnosis and Evaluation),指教育/环境诊断和评价中的倾向因素、促成因素和强化因素。

2. PROCEED 期

第二阶段是执行期,即 PROCEED 期(Policy, Regulation and Organizational Constructs in Educational and Environmental Development),指执行教育/环境干预中政策、法规和组织手段的应用。

具体地,规划设计可分为九个步骤:

步骤一:社会诊断。通过社会调查、专家咨询、座谈会等形式,确定一般人群和特殊人群急需解决的社会问题,有哪些期望。

步骤二:流行病学诊断。通过分析人口学资料、生命统计、残障、流行病、意外伤害、死亡率等数据,来确定目标人群中的主要健康问题。

步骤三:行为与环境诊断。环境因素和行为因素都有可能对健康产生影响。环境因素包括自然环境、政治环境、社会环境和经济环境。行为因素指目标人群的行为特点和变化。行为诊断主要评估、确认、界定行为对健康的影响,关注哪些人的哪些行为在多长时间内,发生多大程度的变化,并考虑测量行为变化的方法。

步骤四:教育与组织诊断。它要求设计者从生理—心理—社会、个人—家庭—社会多维度分析影响行为目标的教育因素,具体包括:

倾向因素(predisposing factors),是指产生某种行为的动机或愿望,包括个体或群体的知识、信念、态度、理解力、价值观等。

促成因素(enabling factors),是指使行为动机和愿望得以实现的因素,包括实施监控行为所需的技能、医疗资源等。

强化因素(reinforcing factors),是指能够增强或淡化某种行为的因素,包括受教育者的家人、朋友、老师和卫生服务提供者的态度和行为。

---

① 李凌、蒋柯著:《健康心理学》,华东师范大学出版社 2008 年版,第 78—80 页。

步骤五：行政诊断。行政诊断的目的在于评估健康教育计划的资源及条件，如人力、时间、组织、进展、经费预算等，并对此加以支持。

步骤六至九是过程评价与效果的近期、中期、远期评价。

 案例评析

PRECEDE — PROCEED 模式在幼儿园的运用举例

某幼儿园的保健老师在为部分幼儿制定特殊食谱时调查发现，幼儿园有相当多的孩子都是过敏性体质，有的吃芒果过敏，有的吃海鲜过敏、有的对鸡蛋过敏……这类幼儿的数量占到了在园幼儿总数的18%。而且，她发现这几年中，过敏性体质幼儿的数量有增无减。于是，这位保健老师从提升幼儿园保教质量的角度，认为需要对此进行专门的研究。

这一项目在园长的重视下，很快立项实施。其具体的过程，是遵循 PRECEDE 模式来规划的。

第一步，社会诊断。保健老师制定了问卷，通过各班级的老师下发问卷，对全园600多名幼儿的家长进行了一次问卷调查，初步确定过敏体质儿童的数量和过敏源。

第二步，流行病学诊断。经过调查发现，过敏人群中很多儿童属于海鲜过敏和花粉过敏。于是，保健老师确定了优先干预的项目，即过敏儿童的干预项目。

第三步：行为诊断。保健老师提供了针对过敏性体质儿童的日报制度，分析日报数据，了解在哪些时间，哪些情况下，过敏儿童出现了哪些过敏症状。

第四步：教育诊断，从生理—心理—社会、个人—家庭—社会多维度分析过敏的原因。首先，教师要让儿童知道过敏的原因和表现，安慰他们："因为吃了过多的海鲜，所以皮肤痒。别太紧张，接下来少吃一点就可以了。"以缓解皮肤痒给儿童带来的烦躁的情绪体验。

其次，家长和幼儿园调整儿童最近的饮食和活动区域，比如，对海鲜过敏反应明显的孩子，最近少吃海鲜类产品，对花粉过敏的儿童，避免到花粉集中的小花园。

再次，也要提醒家长带儿童到医院进行过敏源检测，配合医生积极治疗。最后，家长和教师多带孩子进行户外运动，安排科学的活动量，增强体质。

二、幼儿园的健康管理

近二三十年来，健康管理已发展成为一门学科和一种规范化的行业，已被证明能有效地降低个人的健康风险。

幼儿园健康管理是指对危害幼儿健康的因素进行全面检测、分析、评估以及预测和预防的全过程。其宗旨是在专业保健人员的指导和帮助下，调动个人和集体的积极性，有效地利用医学卫生知识和现有资源来达到最大的健康改善效果。

对幼儿园来说,机构内的健康管理应该是一种服务,其具体做法是根据个体的健康状况进行评价和为个体提供有针对性的健康指导,使他们采取行动(选择健康的生活方式和学会调适心态)来改善健康。比如,对肥胖儿童,幼儿园教师会要求他多运动,餐前先喝汤,并建议家长少给其吃零食和甜食。从中我们可以看出,健康管理的理念是预防为主,防未病之病。当然,幼儿园的健康管理不应该局限于幼儿,而应该覆盖教职员工在内,本书只讨论与幼儿相关的部分内容。

一般来讲,健康管理主要有三个组成部分。

(一) 收集个人健康信息

收集个人健康信息是开展健康管理的第一步,是健康管理的基础。个人健康信息包括:个人基本信息(性别、年龄等),健康体检信息(体格数据、血常规和尿常规检查),健康现状,病史以及生活方式等。相当于给幼儿建立一份健康小档案。

(二) 评价个人健康与疾病危险性

完成个人健康信息收集后,通过疾病危险性评价模型分析计算,得出按病种的疾病危险性评价报告。这一部分是健康管理的核心。健康管理者及个人能够清楚地了解个人的健康趋势和健康改善目标,特别是患慢性病的危险性。在这一方面,目前绝大多数幼儿园都缺乏专业人才,但已开始关注某些突出的幼儿,主要是肥胖儿、体弱儿、敏感性体质幼儿等,为他们提供不同的健康改善方案。

(三) 实施个人健康改善指导

这是健康管理的目的。一旦明确了个人患病的危险性及疾病危险因素分布,健康管理服务即可通过个人健康改善的行动计划及指南,对不同危险因素实施个别化的健康指导。

与一般健康教育和健康促进不同的是,健康管理过程中的健康干预是个性化的,每个人具有不同的危险因素组合,因此会需要设立个人健康管理处方,设定个体目标,并动态追踪效果,使每个人都能更有效地采取个别化的措施。

 思考与练习

1. 2007年6—8月间有一则很轰动的新闻,一位8岁的女孩张惠敏,在父亲的陪同下,花了近2个月的时间,从海南的三亚一路跑到了北京,全程共跑了3558公里,每天凌晨两点就起来跑,父亲骑车,女孩跑步。报道上说,女孩自己很高兴这样做,父亲更是因此而收到企业的赞助。请结合案例,讨论健康教育的正确实施。(结合《纲要》的指导要点:"健康领域的活动要充分尊重幼儿生长发育的规律,严禁以任何名义进行有损幼儿健康的比赛、表演或训练等。")

2. 下面是一个安全教育活动的简单方案,请你分析其中有哪几个环节,并指出其中使用的组织方法。如果是你来设计,方案会是怎样的?

活动案例 2-1

活动名称：一个人在家（中班）

活动目标：1. 了解一个人在家时的安全知识，知道陌生人敲门不开门，自己不做危险的动作。

2. 建立初步的自我防范和自我保护的意识。

活动准备：一个人在家的图片（包括各种危险因素的图画）

活动过程：

1. 有陌生人来敲门时：

（1）幼儿观看情境表演：果果一个人在家，边玩边说："爸爸妈妈不在家，让我好好看家，我要做家里的小卫士。"这时，有人敲门说："有人在家吗？"果果回答说："你找谁啊？"那个人说："我来找你爸爸，请你开门。"

（2）老师提问："来的是什么人？能不能给他开门？"、"会发生危险吗？"、"应该怎样做？"

小结：大人不在家的时候，有陌生人来敲门，不能开门。

（3）幼儿扮演。

2. 在家中玩时：

"哪些东西不能玩？"

"哪些动作是危险的动作？"

3. 总结：爸爸妈妈不在家，小朋友要注意安全，陌生人来了不开门，不做危险的动作，不玩家里的开关，要学会保护自己。

3. 任选一段幼儿园教学活动视频，请你分析该教学活动的目标、活动环节，以及教师采用了哪些组织方法，你认为可以作哪些调整。

4. 将你设计的以"瓶子和盖子"为主题的活动方案与以下提供的案例进行对照学习，并结合已学的一些活动设计理念，分析该教案有哪些值得肯定和借鉴的地方。

活动案例 2-2

活动名称：瓶子和盖子

适合年龄：中班

活动目标：

1. 初步了解瓶盖的作用，并用自己的话叙述。

2. 能根据瓶口的特征（大小、有无螺纹等），选择合适的盖子匹配。

3. 能积极尝试盖紧瓶盖,获取拧、按的技能,发展手部动作。

活动准备:

1. 图片一组。
2. 收集许多大小不一各式带盖子的瓶子与罐子。

活动过程:

1. 用毛绒玩具讲述猴妈妈的故事,用提问的方式引导幼儿发现事情产生的原因。

(1) 猴妈妈要带小猴去干什么呀?

(2) 猴妈妈放到箱子里的是些什么东西呢?

(3) 打开箱子的时候发生了什么事情呀?

2. 从猴妈妈请小朋友帮忙引出话题,激发幼儿讨论和操作的兴趣。

(1) 引导幼儿讨论瓶盖子的作用:"没有瓶盖,瓶子里面的东西会跑出来,会被弄脏,用时不方便,吃的东西就会变得不卫生。"

(2) 师:"猴妈妈准备的都是有用的东西,饮料、食品、化妆品等大大小小式样不一的瓶子与罐子,可是一不小心瓶盖子全弄乱了,猴妈妈真着急,我们来帮帮她吧!"

(3) 引发幼儿动手操作的兴趣。师:"谁来帮助猴妈妈呢?"

3. 幼儿动手操作,教师观察幼儿是如何尝试给瓶子选择盖子的。

师:"小朋友都愿意帮助别人,我们来试试,看谁能为猴妈妈找到最合适的盖子并盖紧。"

幼儿将先盖好盖子的瓶子给大家检查,看看是否正确配对并盖好了。

师:"你是怎么找到最合适的盖子的?"(引导幼儿从盖子的颜色和瓶子的颜色、瓶口大小、盖的方法等方面回答。)

4. 每位幼儿都拿到一个小手提箱,将里面的瓶子和盖子配对并盖好。(根据幼儿不同情况准备难易程度不同的操作材料。)

师:"猴妈妈可以去旅游了,我们小朋友也出去玩玩吧,整理好你们的小手提箱,我们就出发了!"

5. 小朋友拎着自己的手提箱,在音乐声中和老师一起到草地上去游戏。

(思南路幼儿园)

提示:

(1) 为活动设置了一个故事情境,而且该情境贯穿活动全过程,环节自然流畅。

(2) 用故事情节引出对盖子作用的讨论,自然,没有说教。

(3) 动作练习上,幼儿尝试、幼儿示范,幼儿是整个活动的主动探索者。

(4) 盖瓶盖的巩固练习,教师为不同幼儿准备了难度不同的材料,兼顾了不同幼儿的需要。

(5) 教师在活动中起到引导的作用,而不是传统的说教、灌输。

第三章　学前儿童身体保健教育

> 教育必须从心理学上探索儿童的能量、兴趣和习惯开始。它的每个方面都必须参照这些考虑加以掌握。
>
> ——杜威[①]

健康是指人在身体、心理和社会适应方面的良好状态。在讲述健康这一概念的时候，我们已经发现，幼儿的身心健康是一体的，是相互影响的。发育良好的身体、愉快的情绪、强健的体质、协调的动作、良好的生活习惯和基本生活能力是幼儿身心健康的重要标志，也是幼儿学习与发展的基础。我们为了研究和讲述的方便而将内容作出划分，但我们不可忘记，它本身就是有机统一的。

根据《3—6岁儿童学习与发展指南》（以下简称《指南》）中给出的目标与各年龄段典型表现，我们对学前儿童健康教育涵盖的内容，重新加以梳理，整理出新的条理，后续章节的内容安排大致如下：

第三章介绍学前儿童身体保健教育，包括身体生长发育教育和饮食营养教育，实际上第六章谈及的生活常规教育和安全生活教育，其中的很多内容都与身体保健息息相关。

第四章介绍学前儿童心理健康教育。

第五章介绍幼儿动作发展与学前儿童体育教育。

第六章介绍学前儿童生活习惯与生活能力教育，主要包括生活常规教育、安全生活教育两大块。

第一节　学前儿童身体保健教育概述

《幼儿园教育指导纲要（试行）》（以下简称《纲要》）中强调：幼儿园必须把保护幼儿的生命和促进幼儿的健康放在工作的首位。身体健康是学前儿童身心全面和谐发展的基础，直接影响着学前儿童智力、心理等诸多方面的发展，从而影响着学前儿童的未来。《指南》中也指出，"幼儿

---

① ［美］杜威著，赵祥麟、王承绪编译：《杜威教育论著选》，华东师范大学出版社1981年版，第3页。

阶段是儿童身体发育和机能发展极为迅速的时期","为有效促进幼儿身心健康发展,成人应为幼儿提供合理均衡的营养,保证充足的睡眠和适宜的锻炼,满足幼儿生长发育的需要"。

作为幼儿园教育工作者,要呵护幼儿的身体生长发育,也需要教育幼儿了解自己的身体,并加入到保护身体的行列中来。

一、学前儿童身体保健教育的目标

在身体健康方面,《指南》着重指出要"具有健康的体态",在身体的功能上,体现为"具有一定的适应能力"。

在"健康的体态"方面,《指南》给出的各年龄段典型表现如下:

3—4岁	4—5岁	5—6岁
1. 身高和体重适宜。参考标准: 男孩: 身高:94.9—111.7厘米 体重:12.7—21.2公斤 女孩: 身高:94.1—111.3厘米 体重:12.3—21.5公斤 2. 在提醒下能自然坐直、站直。	1. 身高和体重适宜。参考标准: 男孩: 身高:100.7—119.2厘米 体重:14.1—24.2公斤 女孩: 身高:99.9—118.9厘米 体重:13.7—24.9公斤 2. 在提醒下能保持正确的站、坐和行走姿势。	1. 身高和体重适宜。参考标准: 男孩: 身高:106.1—125.8厘米 体重:15.9—27.1公斤 女孩: 身高:104.9—125.4厘米 体重:15.3—27.8公斤 2. 经常保持正确的站、坐和行走姿势。

注:身高和体重数据来源于《2006年世界卫生组织儿童生长标准》中4、5、6周岁儿童身高和体重的参考数据。

在"具有一定的适应能力"方面,这里选取了《指南》给出的身体适应方面的典型表现,具体如下:

3—4岁	4—5岁	5—6岁
1. 能在较热或较冷的户外环境中活动。 2. 换新环境时情绪能较快稳定,睡眠、饮食基本正常。	1. 能在较热或较冷的户外环境中连续活动半小时左右。 2. 换新环境时较少出现身体不适。	1. 能在较热或较冷的户外环境中连续活动半小时以上。 2. 天气变化时较少感冒,能适应车、船等交通工具造成的轻微颠簸。

二、学前儿童身体健康的影响因素

在保障学前儿童的身体健康方面,从教育实施的角度来看,是通过实施身体保健教育的各项措施,对幼儿的生活施加干预,以促进其生长发育。首先,我们需要了解影响幼儿生长发育、身体健康的一些因素。

(一)平衡膳食

幼儿生长发育的过程中,营养是促进其健康成长的重要因素,合理膳食是幼儿健康成长的重要保证之一。合理、平衡的膳食能使幼儿获得充足的营养,满足生长发育的需要,提高幼儿对疾病的抵抗力和对外界的适应力。

(二) 体能锻炼

健康、强壮的身体是智力、情感和行为各方面发展的基础。3—6岁是幼儿身体发育的关键期,而对幼儿进行体能锻炼是促进幼儿生长发育、减少疾病、增强体质以及促进智力发展的最积极、最重要的因素。

(三) 幼儿特点

幼儿自身的特点,诸如偏食、挑食等饮食习惯,对其生长发育、健康状况也都有影响。

比如,有研究通过质化研究探究幼儿饮食行为与其气质特点的关系。研究发现,气质类型与幼儿饮食行为表现之间存在某种联系。在具体反映幼儿气质特性的九个维度方面显示出一定的联系。主要表现为活动量、反应强度、适应性、趋避性等可能影响幼儿饮食行为的不同方面。同时,研究结果还显示饮食行为表现较为理想的幼儿气质得分总体"平稳",无"极端"行为出现。如,面对新食物表现出"好奇"、进餐专注性好、不挑食偏食及进餐完全独立型的幼儿气质得分均总体"平稳"。最后在把握幼儿饮食行为与气质特点的关系的前提下提出了改善幼儿不良饮食行为的建议,如通过调节幼儿的活动量、采取"冷处理"的方式及结合幼儿的趋避性等改善幼儿的不良饮食行为。[①]

三、学前儿童身体保健教育的内容

了解幼儿生长发育的影响因素后,身体保健教育的内容将更有针对性,主要可以包括以下几方面:

(一) 身体生长发育教育

学前儿童身体生长发育教育主要是帮助幼儿正确认识自己的身体,了解男女两性的一些身体差异,并逐步理解身体发育的自然规律,初步认识疾病对身体的消极影响,了解、掌握初步的身体保健技能和方法。

(二) 饮食营养教育

学前儿童饮食营养教育是指根据儿童的膳食心理特点,让学前儿童认识常见食物,培养其良好的饮食习惯和技能,促进其生长发育和身心健康。

(三) 健康生活习惯教育

如本部分引言中所述,生活常规教育和安全生活教育,其中的很多内容都与身体保健息息

---

① 崔爱丽:幼儿饮食行为与其气质特点的关系探究,南京师范大学硕士论文,2011。

相关。所以在以往,很多学者也将之纳入身体保健这一部分,共同构成身体保健的教育内容。本书按照《指南》的目标,将之列入第六章"学前儿童生活习惯与生活能力教育"中。与身体保健相关的身体锻炼活动,纳入第五章。

第二节　学前儿童身体生长发育教育

健康、强壮的身体是智力、情感和行为各方面发展的基础。学前儿童身体生长发育教育,是学前儿童健康教育的重要组成部分,它应该结合幼儿自身实际进行,包括对人体从外部到内部的认识和保护教育及进行初步的两性差异教育。

一、学前儿童生长发育的特点

(一) 生长发育的一般规律

婴幼儿生长发育总的规律:出生后头 2 年身高、体重增长较快,2 岁至青春期以前有较为稳定的增加,青春期快速增长,以后渐渐停止。

体格发育有头尾规律,即婴幼儿期头部发育领先,随着年龄的增长,头增长不多而四肢、躯干增长速度加快。婴儿期头部高度占全身的 1/4,成人头高占身高的 1/8。常用的小儿生长发育指标有体重、身高、头围、胸围。

1. 体重

体重是反映小儿生长发育的最重要也是最灵敏的指标。因为体重反映婴幼儿的营养状况,尤其是近期的营养状况。体重可以受多种因素,如营养、辅食添加、疾病等的影响。

体重在出生头 3 个月增长最快,一般为月增长 600—1000 g,最好不低于 600 g。1 岁后小儿的平均体重可用下列公式计算:体重(kg)＝年龄(岁)×2＋7(或 8)(kg)。

2. 身高

身高也是小儿生长发育的重要指标,但它反映的是长期营养状况。它受遗传、种族和环境的影响较为明显。

身高的增加同体重一样,也是在出生后第一年增长最快,平均年增长 25 cm。1 岁以后平均身高的公式为:身高(cm)＝年龄(岁)×5＋80(cm)。小儿的身高与体重都可以用国际卫生组织的标准来评价。

3. 头围

头围是反映孩子脑发育的一个重要指标。头围在出生后第一年增长最快。

出生时头围平均 34 厘米;1 岁时平均 46 cm;第二年增加 2 cm,第三年增长 1—2 cm。3 岁时头围平均为 48 cm,已与成人相差不很多了。需要注意的是,并非像人们所想象的那样:孩子头越大越聪明,聪明与否和头围大小并不成正比。孩子的头围在正常范围内就可以了。头围过大则要考虑有无脑肿瘤、脑积水的可能。

4. 胸围

孩子在出生时,胸围小于头围,随着月龄的增长,胸围逐渐赶上头围。一般在孩子1岁时,胸围与头围相等。但现在由于普遍营养状况较好,不少婴儿在未满1岁时胸围就赶上了头围。

影响胸围增长的因素有:营养状况不好,缺乏体育活动及疾病造成胸廓畸形,如鸡胸、漏斗胸等。孩子1岁后,胸围增长明显快于头围,胸围逐渐超过头围。

(二) 生长发育的特点

值得注意的是,以上涉及的数据只是一个参考,因为幼儿的发育具有迅速性、不等速等特性,男童和女童之间有一定差异,而且不同地区因为经济、文化等因素,幼儿的生长速率都有所不同。

1. 幼儿发育的迅速性、连续性和不等速性

幼儿的生长发育,具有迅速的特性。比如,前面提到幼儿的身高在第一年里平均增长25厘米,第二年平均增长15厘米,以后每年增长5—10厘米。

生长发育的连续性表现为幼儿的生长发育是每天都在发生的,而不是某一段时间停止不动的。

生长发育的不等速性,指的是幼儿个体在不同的年龄段,其生长发育的速率是变化的、不同的。比如,一般人出生后最初的两年生长最快,其后速率减慢,到青春期时速度加快,其后生长基本完成。

在生长发育的不等速性上,幼儿教师尤其要注意对家长进行教育指导。许多父母喜欢将自家孩子的发育水平与其他的孩子相比较,这是他们了解孩子的发展状况是否正常的一种方式。如果自家孩子的发育水平显得比较滞后,则他们会心生焦虑。对此,教师要帮助家长注意:不同个体生长发育的速率快慢是不同步的,比较只能是个参考。

案例

不同幼儿的生长发育速率不同步

某小区有两位幼儿:一女童小名果冻,未曾足月便早产,出生时体重不足2.5千克,身高仅43厘米;一男童小名天天,足月诞生,出生时体重4.25千克,身高50厘米。两年后,果冻身高增至93厘米,而天天的身高为80厘米。

这样的差异,源于两位幼儿生长发育的速率不同步,果冻生长发育快的时候,天天的生长发育相对比较慢。当两位幼儿继续成长,在某一时间段里,天天的生长发育可能会比较快。

2. 幼儿生长发育的性别差异不明显

在幼儿的生长发育过程中,男童和女童之间略有差异,但并不明显。这一点从前面引用的

《2006年世界卫生组织儿童生长标准》中4、5、6周岁儿童身高和体重的参考数据可看出。又如，有研究经调查统计表明，男童和女童在学前阶段身高、体重均随年龄的增长而稳定地增加，性别间不存在显著性差异，其发育速度非常相似。①

3. 幼儿的生长发育有地区差异

幼儿的生长发育除了遗传因素，后天的影响也是不可忽视的。不同地区经济、文化水平不同，体现为生活很多方面的差异，涉及营养均衡、饮食习惯、运动、健康检查等，对幼儿生长发育产生不同的影响。比如，研究表明：与全国的同龄幼儿相比，上海市幼儿在3岁阶段，身高、体重无显著性差异；3岁以后至5岁期间，身体发育迅速，身高明显高于全国同龄幼儿，体重也大大超过全国平均值，身体形态上表现出明显的高大。②1959年，我国著名儿少卫生学家叶恭绍教授经大量考证，明确提出我国北方儿童身高、体重大于南方的规律，以后几十年的多次调查一再证明这一观点。③

二、学前儿童生长发育教育的内容

对学前儿童进行生长发育教育的目的在于一是帮助幼儿养成良好的生活习惯，形成健康体态；二是帮助幼儿认识身体，了解男女两性的一些身体差异；三是帮助幼儿初步认识疾病对身体的消极影响，掌握抵御疾病和初步的身体保健的技能和方法。

(一) 幼儿身体保健的常规要求

如前所述，幼儿日常生活中的身体保健，主要与睡眠、体态以及其他生活习惯有密切关系，这些内容主要在后面第六章中阐述，在此仅简单表述，不作展开。读者可以结合起来阅读和理解。

1. 保障幼儿充足的睡眠，促进身体健康

睡眠和营养、运动同属影响幼儿生长的重要因素。要保证幼儿每天睡11—12小时，其中午睡一般应达到2小时左右。午睡时间可根据幼儿的年龄、季节的变化和个体差异适当调整。

2. 注意幼儿的体态，帮助他们形成正确的姿势

人体的形态即体型，是人体生长发育水平评价的主要指标之一。而体态不仅是身体的形态，更是身体的姿势，关系着身体体现出来的精神面貌。幼儿的体态有待养成，要注意提醒幼儿保持正确的姿势。主要包括以下几个方面：

(1) 提醒幼儿要保持正确的站、坐、走姿势。

(2) 发现有八字脚、罗圈腿、驼背等骨骼发育异常的情况，应及时就医矫治。

(3) 桌、椅和床要合适。椅子的高度以幼儿写画时双脚能自然着地、大腿基本保持水平状为宜；桌子的高度以写画时身体能坐直，不驼背、不耸肩为宜；床不宜过软。

3. 培养幼儿良好的生活习惯

幼儿的饮食习惯、生活作息习惯、体育活动习惯等都与身体的生长发育有关。

---

①② 王京琼、林峰、周新华：《上海市3岁幼儿身体形态发育状况研究》，《北京体育大学学报》2006年第3期。
③ 刘宝林：《儿童少年生长发育研究的回顾与展望》，《中国学校卫生》2006年第1期。

(二) 认识身体的教育

1. 开展身体认识活动

在认识身体方面,教师引导幼儿学习了解人体的外部特征和形态,了解人体主要器官的名称、主要功能和初步的保护方法等。比如,五官的数量、形状和相关的卫生常识等,身体的高矮,身体内部器官的形态和功能等。促使幼儿养成关注健康的意识和习惯,为幼儿的生理健康发展打下良好基础。

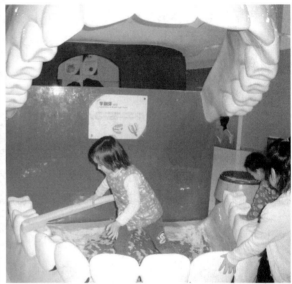

图 3.1　学习刷牙

图 3.2　认识身体内主要器官

2. 开展早期性教育

在学前儿童的早期生活中,让幼儿正确认识人类的性别,安然地接受自身的性别,坦然地认识异性的生理差异,自然地对待性感受,是早期性教育的内容。①

---

① 王振宇主编:《学前儿童发展心理学》,人民教育出版社 2004 年版,第 155 页。

材料阅读

你不必羞于和孩子谈性[①]

如何帮助0—6岁的孩子建立安全感？如何帮助孩子建立隐私意识？如何预防家庭中对孩子的隐性性伤害？"中国儿童性教育第一人"胡萍教授受广州某早教机构的邀请，于9月8日来到广州，为0—6岁宝宝的家长答疑解惑，帮助他们了解孩子的性发展规律，保护孩子的性安全。

案例1：告诉小孩性行为的界限

我儿子今年4岁了，半年前开始摸小鸡鸡，我严厉批评了他，后来幼儿园老师说他中午睡觉的时候老摸小鸡鸡，我羞愧得无地自容，警告他不许再这样，让老师监督他，我坚持每天晚上陪他睡觉，不管春秋和冬夏，要求他的双手必须放在被子外面，我真的很绝望，内心的焦灼无法形容。

专家分析：很多家长都会遇到这种情况，大多会对孩子又打又骂，很多中国人是在这种不健康的羞耻感中长大的，体会不到性的愉悦。超声波成像技术显示：男性胎儿会抚摸自己的生殖器。"性"就这样与生俱来地开始伴随着我们的一生！如果父母对孩子性发展规律和孩子手淫的相关科学知识一无所知，执着地扭曲孩子生命中性本能的自然发展，那么，父母抗拒自然规律，而孩子执着于强大的生命本能，这样的博弈将给父母和孩子都带来痛苦。孩子的成长必须有父母的引导，我们尊重孩子性发展的规律并非是顺从孩子的所有性行为和要求，作为家长，应该告诉孩子性行为的界限在哪里，培养健康的羞耻感。"孩子，你可以摸，但最好在自己的房间里摸，5分钟后我会来叫你出来。"

案例2：不要对孩子的行为进行道德评价

女儿3岁，对男女生殖器官的不同很感兴趣，在我们周围男孩都有穿开裆裤，她就问男孩子尿尿的是什么，我告诉她是阴茎，后来，她对家庭成员都要问："你有没有阴茎？"家人都被她的行为吓了一跳，爸爸委婉地说："知道就行了，不要说出来，说了不礼貌的。"可她又问："为什么不礼貌？"

专家分析：3岁孩子正处于对人体感兴趣的阶段，父母要满足孩子这个心理发展的需求，与孩子一起洗澡或者满足孩子看家人身体的欲望，耐心等待孩子度过这个阶段。对孩子的行为不要作道德评价，不要对孩子说"这是不礼貌的"，如果孩子因为知道了生殖器的名称而兴奋不已，激动得到处宣讲，父母可以告诉孩子："生殖器是每个人的秘密，不可以随便说的。"父母需要反复告诫孩子这个话题的隐私性，等孩子过了这个激动阶段，就不会对这个话题感兴趣了。

[①] 引自《南方都市报》，2012年9月12日。

当孩子发现女孩与男孩的生殖器结构不一样时,他们会很好奇,父母在回答这类问题时,不要传递给孩子"男孩有小鸡鸡,女孩没有"的观念,这样会让女孩感觉自己的身体有缺失,从而产生自卑心理,家长可以这样给孩子解释:"男孩和女孩都有小鸡鸡,只是他们的小鸡鸡不一样,女孩是扁扁的,男孩是长长的。"

案例3:建立规则转移注意力

昨天带着4岁的儿子和同事一家聚餐,她女儿比我儿子小一个月,两孩子吃完在旁边玩时,儿子竟然把裤子脱下来让女孩看他的屁股,女孩的爸爸脸色非常难看,他阴沉着脸说这绝对是一件需严肃对待的事情,不能轻描淡写地处理,我又尴尬又羞愧,把儿子暴打了一顿,又逼迫他向叔叔阿姨和妹妹道歉。

专家分析: 4岁男孩与女孩互看生殖器或者触摸生殖器,并不会对其中一方造成伤害,反倒是成人对孩子性游戏的无知给两个孩子都带来了伤害。妈妈为了平衡女孩父亲的心理,缓解自己的压力,把儿子当成了发泄情绪的道具,在大人们心安理得的时候,不但男孩的尊严、心理和情感被伤害得彻彻底底,而且两个孩子的心里都产生了不健康的羞耻感。

正确的处理方法是蹲下来搂着男孩与女孩,温和地且充满信任地告诉孩子们:"我知道你们刚才是在玩一个游戏,可能你们觉得很好玩,但脱裤子的游戏是不可以在这么多人的地方玩的,这样吧,我和你们来玩一个新的游戏。"这样既保护了孩子的自尊心,使他们不尴尬,又为孩子们建立了一个规则,还把他们的注意力成功转移。

(三) 抵御疾病与身体保健的措施

1. 作好生长发育评价

幼儿保健的重要的参考指标之一就是儿童的身体生长发育评价。生长发育评价主要是评价儿童个体或是群体短期内生长发育的水平等级,然后通过评估生长发育的各种障碍以及他们的生活环境因素对其成长的影响,提供科学的保健建议。[①]

幼儿园在开展学前儿童身体生长发育评价时,可以从两个方面来进行。

一是在日常的共同生活中,仔细观察幼儿的生长发育情况。"看"幼儿的身体状况和精神状态,留意其体质上的特点;通过"问"家长,了解幼儿在家的饮食、大小便、睡眠情况等。

二是通过给幼儿定期体检,全面评价。体检可得出各项健康指标数据,评估儿童的身体健康等级,为制定科学合理有效的健康方案提供有效依据。教师可以有针对性地设计教学活动,对幼儿的饮食、运动、心理等给予引导。体检中常用的指标数据主要有:①身高体重指数,主要反映人体充实度,以及营养状况。②身高胸围指数,主要是反映胸廓发育的状况。③身高坐高

---

① 吴秀荣:《日托集体儿童生长发育评价》,《中国保健营养》2012年第22期。

幼儿园小朋友接受视力检查

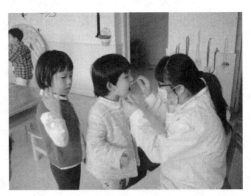
幼儿园小朋友接受龋齿检查

幼儿园小朋友接受屈光检查

图3.3 幼儿园体检

指数,主要是反映儿童的躯干和下肢的比例关系,通常会根据该指数大小,将之分为长躯型、中躯型和短躯型。④BMI指数,是指体重(kg)与身高(m)的平方之比,又称体重指数。它不仅能反映身体体型的胖瘦,也能反映体脂累积程度。

总的来说,对学前儿童的身体生长发育评价,需要家长、老师对幼儿在生活中积极给予人文关怀,并结合体检指标,以便比较全面地把握幼儿的生长发育情况,并促进其发展。

2. 做好疾病防治工作

幼儿在学前阶段的免疫力在逐渐加强,但总体上免疫力仍比较弱,并且学前阶段的幼儿活动能力增强,活动范围进一步扩大,在与外界事物接触中,容易感染、相互传染各种疾病。教师要联合家长共同做好疾病防治工作。

在幼儿园中,为预防传染病,防治常见病和多发病,教师需要关注多方面的常规工作。除了基本的环境卫生常规工作,需按要求做好卫生消毒的常规工作。比如:幼儿入园前活动室的通风换气,幼儿离园后教室用紫外线灯消毒,幼儿接触的用具和物品要定期清洁、消毒等。在个人卫生常规方面,教师不仅要做好个人卫生常规,如仪表整洁、勤剪指甲、勤洗手等,还要帮助幼儿养成良好的个人卫生习惯,等等。

另一方面,教师要联合家长培养幼儿的疾病防治意识,引导幼儿懂得要预防疾病,了解预防接种的初步知识,生病时要听从医生的指导,接受吃药、打针等治疗。

 互动设计

现在许多幼儿园教师在组织幼儿进行户外活动时,背上垫一块毛巾吸汗。

有教师很认可:"这是避免小朋友汗湿的衣服粘在身上,从而着凉生病,是很好的做法。"

有的教师则反对:"拖着一块毛巾,难看!小朋友活动时垫不垫毛巾无所谓的,关键是活动后不能着凉,不能吹风。这样就不会生病了。"

对此,你怎么看?

3. 科学进行体能锻炼

体能,包括身体素质和身体基本活动两个方面的发展水平。身体素质包括运动力量、速度、敏捷性、协调性、柔韧性、耐力等,身体基本活动涉及走、跑、跳、投掷、攀爬等运动的技能。

适宜的活动量,适量的身体运动,有利于促进幼儿正常的生长发育,增强各器官系统的适应性,提高机体的功能。幼儿在园中每天都有户外活动时间,通过体育游戏和玩运动器械,分阶段选择项目进行练习,既提高了户外活动的质量,也保证了户外锻炼时间。

另有研究表明,科学、合理地安排三浴锻炼是增强幼儿体质,预防疾病,促进幼儿生长发育和身心健康的有效措施。①

 案例

适宜的活动量

某幼儿园在接受评估的时候,恰逢下雨,无法开展室外体锻活动。于是,教师们便带着幼儿在室内锻炼身体:除了做室内操,还学青蛙跳、小动物爬楼梯等。一位评估专家走进来,伸手从一位幼儿的领口摸了下他的背颈部,而后离开了。后来,她评价说:"手有点黏,衣服没湿,活动量正好。"

分析:

衡量幼儿的活动量是否合适,主要有两种方法:一种是测心率,一般认为,比较合适的活动量,幼儿在活动中的心率为每分钟130—160次,恢复正常心率的时间为3—5

---

① 黄梅、陈文采、陈静:《"三浴"锻炼对幼儿生长发育影响的研究》,《中国妇幼保健》2007第32期。

分钟。但这一方法,在幼儿园实际工作中不便于操作,因此很多教师会采用另一种方法,即观察法。幼儿处于比较合适的轻度疲劳时,"面色微红,汗量不多,呼吸中速、稍快,动作协调、准确,注意力集中,反应快,情绪愉悦"。

对此,很多新手教师可能会疑惑:"什么程度是面色微红?什么是汗量不多呢?还是不好操作嘛。"上面讲到的例子,就是一位老教师在多年的实践中得出的操作经验,值得我们借鉴和思考。

第三节　学前儿童饮食与营养教育

健康是幼儿全面发展的第一要素。幼儿生长发育的过程中,营养是促进其健康成长的重要因素,而合理膳食和医务监督是幼儿健康成长的重要保证。合理膳食能使幼儿获得充足的营养,不仅能满足身体的需要,还可以提高幼儿对疾病的抵抗力和对外界的适应力。[1]

因此,在幼儿园的健康教育中,一方面要加强对幼儿的营养和饮食教育,使其了解养成良好饮食行为习惯的重要性,培养其积极的态度和良好的饮食行为。另一方面,幼儿园要做好三餐两点的营养配餐,要考虑各种食物所含的营养成分、营养价值和幼儿的需求量,并根据不同年龄段特点,针对性地进行搭配以保持营养素之间的平衡。同时又必须考虑医务监督,否则不仅达不到营养配餐的目的,还会影响幼儿的发育和健康。

一、幼儿营养与饮食的现状

目前我国儿童的营养状况是,营养不良和营养过剩并存。随着经济发展、物质生活的改善,营养不良日渐减少,营养过剩问题日益突出。

儿童的营养问题多由不良的饮食行为所致。研究发现,在影响儿童饮食行为的因素中,家长和幼儿教师的营养知识以及父母亲的饮食行为最为显著。一份有关营养知识的调查问卷显示:23%的家长不了解什么是平衡膳食,因而形成早餐过于简单、晚餐过于丰盛、零食度日、主食少吃的不良饮食习惯。还有的家长把吃洋快餐当作对幼儿的奖赏,使许多幼儿崇尚洋快餐。种种原因形成的不良饮食习惯,对幼儿的健康已造成损害。这不仅对幼儿的健康造成威胁,也影响了我国未来社会的发展和民族的兴旺。因此,必须引起家长、幼教工作者和全社会对幼儿饮食教育的重视。

迄今为止,膳食干预和营养方面的健康教育在学前阶段开展较少,更多在中小学阶段进行,而儿童许多习惯主要在学前期形成。一般认为,学龄前期是习惯成型的关键时期,从行为、心理

---

[1] 谢景学:《合理膳食对幼儿生长发育的影响》,《预防医学情报杂志》2006年第5期。

和社会学角度来说,这一时期形成的习惯具有一定的"顽固性",对人影响深远。而家长,特别还有幼儿教师在儿童饮食习惯的形成过程中起着重要的作用。学龄前儿童生理、心理等方面已初步具备了受教育的条件,为实施早期营养教育创造了条件。

因此,在学前阶段实施饮食与营养教育具有重要的意义。

二、学前儿童合理膳食的营养要求

陶行知先生说,食物要根据已经有的营养研究结果配合。[①] 一般认为,如果幼儿摄取的三大热能营养素合理(蛋白质占热量的13%—14%,脂肪占25%—30%,碳水化合物占60%—70%),每日三餐进食量热能比例合理(早餐占30%,中餐占40%,晚餐占30%),加之维生素、矿物质的合理进食和适量的活动,是不会发生营养不良或过剩的。[②]

因此,幼儿园的保健老师、营养师,必须认真学习食品营养知识,不断提高业务水平,在三餐两点的营养配餐中,不仅向幼儿提供营养均衡的膳食,还应指导教师、保育员科学地护理幼儿进餐,纠正不良的饮食习惯,提高对食物的营养吸收率,指导厨师、营养师掌握烹调技巧,合理烹调,减少营养素的损失,提高食物的营养价值。而且保教人员配备合理,才能充分保障幼儿的膳食工作需要。

与此同时,要加强幼儿体格锻炼的管理和监测,使幼儿精力充沛、食欲旺盛,以便形成正常代谢,保证食物的营养利用,为幼儿的生长发育打下良好基础。[③]

三、学前儿童饮食行为的影响因素[④]

学前儿童饮食行为问题是学前儿童生长发育过程中的常见问题,一般表现为强烈偏爱或厌恶某些食物、吃得慢、吃得少、食欲差、吃饭时注意力不集中、对食物缺乏兴趣等,涉及饮食行为主体心理、饮食环境、饮食习惯等多个维度。学前儿童饮食行为问题对学前儿童的生长发育造成了诸多负面影响,因此探讨学前儿童饮食行为问题的影响因素有利于认清学前儿童饮食行为问题产生的原因,进而为通过健康教育帮助学前儿童形成良好的饮食行为习惯提供依据。

饮食行为包括了食物的选择、购买、饮食行为过程、饮食环境、行为主体等方面,因此学前儿童的饮食行为问题影响因素涉及学前儿童自身因素与社会环境因素两大方面,具体包括了学前儿童自身、学前儿童的养育者、食物因素、进食行为和饮食地点等几个方面。

(一)学前儿童自身因素

学前儿童的身心发展特点决定了饮食行为问题发生的可能性,如果学前儿童自身还存在发育行为障碍或心理问题,则会增加饮食行为问题发生的几率。

---

① 陶行知著:儿童保育问题,《陶行知全集第三卷》,湖南教育出版社1992年版,第407页。
② 施珏、李庆天:《我国中小学生营养状况及其改善对策》,《中国学校卫生》1999年第2期。
③ 谢景学:《合理膳食对幼儿生长发育的影响》,《预防医学情报杂志》2006年第5期。
④ 田雯雯:《学前儿童常见饮食行为问题影响因素分析》,《家教世界》2012年第16期。

(1) 年龄与性别

研究表明,学前儿童时期如果存在饮食行为问题,学龄期和青春期发生饮食行为问题的几率也会增加,马克·戴蒙特(McDermott BM)等人的研究表明约 5 岁以下的挑食孩子到 14 岁时仍会饮食不规律。刘国华等人研究发现女童的饮食问题行为检出率比男童高得多,且在托幼机构中不同年龄班的问题检出率随年龄增长而降低。

(2) 认知水平

认知水平和行为的产生关系密切。刘国平等人介绍了国外一些关于儿童对食物的认知研究,认为如果儿童可以依据食物的营养成分进行分类,将食物正确分为健康食品和垃圾食品,那么他们可能已经建立起了有关营养的评估系统。这些研究为探讨认知水平与学前儿童饮食行为问题关系的研究打下了基础。

(3) 感知觉发育

国内外的一些研究还指出口腔感觉运动功能障碍会导致学前儿童饮食行为问题的发生,国内也有学者做过味觉与饮食行为关系研究,强调平衡、动作发育是进食技能发育必要的运动技能。

(4) 情绪与气质

心理学理论指出气质与环境的交互作用会对儿童的行为产生影响,且伴随着学前儿童情绪的体验,进食的节律性是气质的维度之一。研究发现,学前儿童的气质类型与饮食行为问题的发生相关,如徐琼调查发现,有进食问题婴幼儿的消极气质类型占 57%,无进食问题婴幼儿消极气质类型占 32.6%。故有进食问题的消极型气质类型的婴幼儿明显多于无进食问题的消极型气质类型的婴幼儿。故了解学前儿童的不同气质类型与情绪反应可为制定个性化的方案矫治学前儿童饮食行为提供有效参考。

(二) 社会环境因素

进食行为也是一种社会行为。社会环境因素对学前儿童饮食行为问题的影响不容忽视。家庭与托幼机构是学前儿童主要的生活环境,环境包括了物质环境与精神环境两个方面。

家庭环境中父母和其他主要家庭成员、家庭收入、居住面积等是许多研究者考虑的影响学前儿童饮食行为的因素,而托幼机构作为学前儿童另一个重要的生活场所,教师、幼儿园办学条件、保教水平等也是研究者考虑的影响学前儿童饮食行为的因素。

(1) 养育者行为与教育

学前儿童的养育者或抚养人为学前儿童选择购买食物、创造饮食行为的物质和心理环境,同时在学前儿童饮食行为过程中承担着识别学前儿童饮食行为问题、塑造学前儿童良好饮食行为习惯的责任。渴了就喝、饿了就吃本来是人的本能,在现代文明社会出现了儿童的饮食行为问题是值得深思的。黎海芪认为:儿童饮食问题可以追溯到婴儿期喂养不当或断奶不当;若父母对子女饮食行为过度关注,反而会导致学前儿童的饮食行为问题,养育者作为学前儿童的主要教育者,其言行会对学前儿童的饮食行为产生影响。

此外养育者的营养常识与学前儿童饮食行为也有关系。儿童在从乳类饮食过渡到固体食物的时期,家长在食物选择等方面的行为对早期儿童的饮食行为影响较大;随着家长营养知识的逐步丰富,儿童的饮食行为问题会减少。因此,学前儿童的养育者应提高营养知识以及自身形成良好的饮食行为习惯,从而在养成儿童健康饮食行为和改善饮食行为问题中起到良性效果。

（2）托幼机构环境与教育

托幼机构是学前儿童除了家庭之外的主要生活场所,特别2岁以后的儿童大多数会进入托幼机构学习与生活,儿童平均每天有7小时左右的时间在托幼机构度过,因此托幼机构的保教水平也会在很大程度上影响到学前儿童的饮食行为。根据现行的托幼机构的保教制度,托幼机构每天会给学前儿童提供至少一次午餐和两次点心,托幼机构的膳食营养状况必然会影响到学前儿童的健康,而且在此过程中,幼儿园教师在照顾学前儿童饮食的过程中与儿童的互动、对儿童的言传身教会对学前儿童的饮食行为产生影响。特别是幼儿园的健康教育课程,需要切实开展好膳食营养教育。

在托幼机构中,教师这一因素对学前儿童的饮食行为的影响应重点关注。特别是要关注幼儿园保教人员的营养知识和行为态度,如果保教人员对于营养素的食物来源等营养知识认知程度低,且自身的饮食行为也不符合健康的要求,当儿童出现不良饮食行为习惯时,教师就会缺乏教育的意识。保教人员能够纠正小朋友的不良饮食行为,并在合适的场合与机会将营养知识传授给小朋友,这必须建立在保教人员自身具备健康饮食意识和健康饮食行为的基础之上;同时避免在学前儿童进餐时使用斥责催促等语言。

（3）传播媒体

现代信息社会,学前儿童也面临着前所未有的信息爆炸,儿童可以通过各种各样的传播渠道获取多种信息,有些信息甚至对他们来说本应该是禁忌内容。在经济社会中,许多商家把学前儿童作为自己产品的消费对象来研究,因此会利用各种传媒手段传播产品信息,吸引学前儿童购买,如电视动画间隙的食物广告等。食品的广告内容多为零食信息,而且多数食品的营养价值很低,但广告媒介的狂轰滥炸会让缺乏判断能力的学前儿童面对食物时优先选择广告中的食物。

综上,影响学前儿童饮食行为问题的因素较复杂,当学前儿童出现饮食行为问题时,教师和家长应从多方面考虑问题产生的原因,并有目的地开展教育。

 互动设计

　　无论是指导家长工作,还是幼儿园中开展工作,教师都要面对一个老问题:幼儿挑食、偏食怎么办?你有多少种办法?

　　越是老问题,越是值得重视,说明它是需要我们掌握多种方法并解决好的。下面是一些教师的做法,还等着你来补充更多的办法。

办法1:认识食物,改善进餐行为

情景再现:

　　午餐的时候,许多幼儿坐在餐桌旁,对食物很有兴趣。有的幼儿会问老师:"老师,这是什么?"当告诉他们答案时,他们会很开心地吃着这些菜,好像发现了一个秘密、找到了很好玩的新玩具一样。

有的幼儿拒绝吃自己不认识的食物。对于以前没有吃过的东西,有的幼儿拒绝尝试。

教师的思考:

幼儿希望认识自己吃的食物,并且对食物的认识直接影响着他们进餐的兴趣。针对这类问题,我们在早操活动以后安排时间,带幼儿在保教老师布置的食物展示区,认识当天吃的食物,增进幼儿的进餐热情。

(城市花园幼儿园　杨谨屹)

办法 2:多点耐心,多点鼓励

情景再现:

午餐时,大部分孩子已经吃完了,在旁边的休闲区玩自己的玩具了。卞百淳的米饭差不多吃完了,他对着碗里的菜不吃也不说话。我走过去轻轻地对他说:"淳淳,像小老虎一样张大嘴巴,快吃呀,小朋友都吃完了。"他说:"老师,这个我吃不下。"我对他说:"淳淳不着急,今天的胡萝卜对身体很好的,我们也来吃一点吧。"我边说边把东西弄得碎一点,一口口地喂给他吃,慢慢地终于吃完了。

教师的思考:

淳淳本身体质较弱,爸爸妈妈对他非常宝贝,给他的食物都处理得比较细、软,所以他的咀嚼能力比较差。幼儿园的饭菜对他来说有点粗,吃起来有难度。

在上面的情景中,我知道保育员给他的饭菜并不多,他并不是真的饱了、吃不下,而是嫌菜大。因此,我没有让他"不吃就不吃",而是多一点耐心,多一点鼓励,等一等孩子,减少孩子的精神压力,针对孩子的实际情况进行指导。

(城市花园幼儿园　周　英)

办法 3:角色扮演,说话算话

情景再现:

宸宸是个非常聪明的孩子,但他挑食的情况非常严重,很多蔬菜不愿意吃。每次老师让他尝试吃蔬菜时,他都有各种理由来拒绝。

这天,宸宸在娃娃家扮演娃娃的爸爸,并为娃娃做了蘑菇炒西兰花,当他准备喂娃娃吃饭时,我在一旁模仿娃娃的声音说道:"不吃不吃,我不要吃蘑菇。"

宸宸抱着娃娃说:"蘑菇有营养的,小白兔也喜欢吃呀!"

我又说道:"我就是不爱吃蘑菇,宸宸也不吃蘑菇的。"

宸宸想了想,拿起小蘑菇假装吃了起来。

我说:"宸宸吃了,娃娃也愿意吃。"听了这句话,宸宸开心地喂娃娃吃饭了。

过了几天,午餐里有蘑菇,我特意将娃娃摆放在宸宸的座位旁,当宸宸要把蘑菇挑出去的时候,我便模仿娃娃的声音说:"宸宸说蘑菇有营养,娃娃吃了,宸宸也要吃的哦。"

宸宸听后,终于挑了一块很小的蘑菇放到嘴里,虽然干呕了一下,但还是将蘑菇吃了下去。吃完,他还对我说:"蘑菇还可以,不是很难吃的。"

教师的思考:

其实日常生活中很多道理,孩子们都有一定的了解,老师反复唠叨无济于事。我们首先要耐心细致地观察孩子,分析其特点,并且客观、冷静地审视和反思自己的工作,并为了孩子去调整、改进,这样才能让我们的工作真正落实到每个孩子身上。

(城市花园幼儿园　周　英)

办法 4:集体教学,改善"知"与"信"

请参见本章节末"思考与练习"中习题 5 所附的教学活动设计。

办法 5:行为塑造,循序渐进

现象:

很多家庭在抚养孩子的过程中,都会因为孩子的挑食、偏食问题而大为烦恼。教师在幼儿园中同样面临部分幼儿的挑食偏食问题。挑食偏食会引起幼儿营养不良,也会在进餐环节的常规方面造成教师的直接困扰。

很多教师和家长往往试图用"诱"、"哄"的方式来改变幼儿,比如:

"吃蔬菜,会让你变漂亮(或健康)!"

"吃水果会让你的脸白里透红!"

结果见效甚微,然后家长和教师可能会"威逼":"吃口菜还要哄来哄去,告诉你,下次再不吃,不给你买玩具。""不吃蔬菜(或肉),饭后没有自由活动。"进而,一些家长和教师开始放弃努力:"不吃也没什么大不了的。大人也是挑自己喜欢的东西吃。"

对策:

其实,我们可以家园合作,在讲述营养知识的基础上,采用行为塑造法,来有效改变幼儿的挑食偏食。但请注意,行为的改变不是一朝一夕之事。以不爱吃青菜的小桐为例,我们可以运用他喜爱的果汁(或奶酪)作为强化物,来制定一份如下的方案。

第一周:面前放一盘青菜,只要幼儿看青菜,没有皱眉等反感情绪,就给半杯果汁。

第二周:只要用筷子夹一下青菜,无需入口,就给半杯果汁。

第三、四周:只要尝一点菜汤,就给半杯果汁。

第五、六周:只要挑最小的青菜叶子吃下,就给他喝大半杯(如四分之三杯)果汁。

第七、八周:吃下一调羹或一筷子的青菜,就给他喝一杯果汁。

第九周:吃下一调羹的青菜,给他半杯果汁。

第十周:吃下一小份青菜(比如三调羹),给他大半杯果汁。

第十一、十二周:吃下一份蔬菜(比如幼儿园中的小半碗),给他喝一杯果汁。

至此,幼儿从心理到行为都对青菜完全接受,家长和教师要考虑将强化物撤除,使吃青菜成为幼儿的自然行为。因此,第四个月开始,当幼儿吃下一份青菜,给幼儿的果汁减至半杯,回到自然状态。

要注意的是,在整个行为塑造过程中,要确保作为强化物的果汁之类,不应该是幼儿可以从其他人那里、其他地方轻易获得的。具体时间进程,可以酌情调整,但不可操之过急。

四、饮食与营养教育的目标与内容

(一) 饮食与营养教育的目标

小班:进餐时保持愉快的情绪,愿意独立进餐;认识最常见的食物,爱吃各种食物,主动饮水。

中班:结合品尝经验,进一步认识各类常见食物,爱吃各类食物的同时,懂得要科学合理地进食,逐步形成良好的饮食习惯。

大班:初步理解不同的食物有不同的营养,身体需要各种营养;会使用餐具(如筷子);进一步养成独立进餐的习惯。

 互动设计

这里我们回顾了一下在饮食与营养教育领域,对不同年龄段的幼儿通常提出的要求。请大家思考一下,这些不同的要求,对你在班级管理、区域材料投放方面有什么启示吗?

提示:在学前机构中见习时,你看到老师们为了帮助小班的小朋友学习使用汤匙、中班的小朋友学习使用筷子,制作了哪些不同的区域教玩具?(比如喂小动物吃豆豆、夹弹珠、娃娃家里的开心厨房……)

在具体实施中,各个年龄段的具体要求,可以根据实际情况进行调整。比如,有幼儿园认为,"小班的饮食营养教育目标可概括为:(1)认识各种常见的食物。(2)知道一些简单的营养知识。(3)愿意亲近食物、接纳食物,喜欢吃健康的食物(体现在愿意尝试各种食物、能愉快进餐上)。(4)有良好的饮食行为(如,能使用小勺独立进餐,细嚼慢咽,一口饭一口菜地吃等)"[①]。

对幼儿进行饮食教育时应结合幼儿实际,尽量采用直观形象的教育方式,使幼儿对食品有直观和感性的认识,初步建立平衡膳食的概念,把吃饭的过程变成快乐的过程。

---

① 李徽:《如何在小班开展饮食营养教育》,《幼儿教育(教师版)》2011年第31期。

(二) 营养与饮食教育的内容

营养与饮食教育的内容非常广泛,如同其他的健康教育内容一样,也是从"知、信、行"三个方面来着手进行。

一般来说,饮食与营养教育的内容主要包括:

1. 让幼儿认识常见食物的名称、形状、色彩及作用等,如奶类、谷物、蛋、鱼、肉、蔬菜、水果等;学习简单、初步的营养知识,简单了解饮食与人体健康的关系,懂得适量、合理进食的道理;认识几种常见的调味品,如糖、盐、黄酒等;了解民间饮食文化及风俗习惯,如端午吃粽子、中秋吃月饼等;知道简单的处理和烹调食物的方法,如蒸、煮、炒、炸等。

2. 培养幼儿自我控制饮食的意识,认识到不良饮食习惯对自己身体的影响,不暴饮暴食,懂得选择食物应考虑营养摄入的全面。

3. 掌握餐具的使用和饮食的方法;建立良好的饮食和卫生行为习惯,如按时按量、细嚼慢咽、不挑食、不偏食、饭前饭后洗手、安静进餐等,进而养成健康文明的用餐礼仪。

五、幼儿营养与饮食教育的途径[①]

(一) 营造良好的饮食教育环境

清新、整洁、优雅的进餐环境和温馨、宽松的气氛,有助于幼儿餐前作好积极的生理和心理准备,有利于良好饮食行为习惯的培养。为调动幼儿进餐的积极性和主动性,达到愉快进餐,教师在幼儿进餐时要用亲切适宜的语言,将色香味美的各种菜肴介绍给孩子们,让幼儿通过视觉、嗅觉和味觉的享受,体会进餐的乐趣,从而专心进餐。幼儿进餐时,可播放一些轻快的音乐,提高幼儿消化系统植物神经的兴奋点,促进食欲。

(二) 进行生动有趣的课堂教育

要将简单的营养知识纳入课程,如主题墙上布置形象可爱的蔬菜宝宝、水果娃娃,再配以有关的儿歌并将其布置到活动室周围,活动区中布置"不挑食的宝宝"栏目,种植区中种植各种各样的蔬菜,特别是那些有营养但幼儿不喜欢吃的蔬菜。还可把蔬菜种到花盆里,形成盆景,让幼儿观察。当成熟的芸豆、西红柿、辣椒等挂满枝头时,不仅可丰富幼儿的知识,还会引起幼儿对蔬菜的兴趣。

(三) 开展幼儿参与的饮食活动

人们在劳动过程中会投入感情,格外珍视自己的劳动成果。幼儿也是如此。教师可以让幼儿体验食堂工作,如参观食堂,看营养师们如何工作,并适当让孩子们参与劳动,如每人剥几颗豌豆、掰一棵青菜等。幼儿进餐时会有"我吃自己理的菜"的成就感,他们不但吃得更起劲,还可

[①③] 边素珍、刘爱月:《幼儿营养与饮食教育要常抓不懈》,《教育导刊(幼儿教育)》2006年第7期。

以了解食品的处理方法。

案例

小班的一次挑食风波

小班中的一部分孩子特别挑食，尤其不喜欢吃蔬菜。

有一天午餐中有青菜，许多小朋友挑拣、拨弄着不愿意吃青菜，有些小朋友甚至把青菜偷偷藏在饭桌的隔板里。

我从教室里拿出了一个"小白兔木偶"，并用小白兔的口吻对小朋友们说："小白兔来了！你们在吃饭呀，让我看看，今天吃的是什么？哦，原来今天是我小白兔最喜爱吃的青菜呀，哪个小朋友也像小白兔一样喜欢吃青菜呀？他们一定是我最好的好朋友。"

孩子们一听"小白兔"的话，都争着想做小兔子的好朋友，连平时最不喜欢吃青菜的安琪也说："我也要做小白兔的好朋友，我也要吃青菜。"于是小朋友们都纷纷开始低下头吃起了碗里的青菜。虽然最后也没有全部吃掉，但是情况改善了。

分析与措施：

幼儿的健康进餐习惯不是一天两天就能够完全形成的。这次的小兔子角色扮演能够起到一定的效果，未必以后都有用。我们应该根据不同幼儿的生理和心理特点、具体的情况，采取不同的措施，帮助幼儿逐渐形成良好的常规习惯。我们希望习惯的养成不是对孩子的束缚和压迫，而是孩子在集体环境中自觉形成的。

怎样才能使孩子改变进餐方面的一些坏习惯呢？我们目前的措施是这样的。

首先，要调动起幼儿进餐的良好情绪。帮助幼儿调节好情绪，使他们在愉悦的情绪下进餐。在每次进餐之前，我们老师都会有意识地吸吸鼻子说："哇，今天的菜真香，快来闻闻呀！"

其次，鼓励进餐速度特别慢的孩子，不给压力。进餐特别慢的孩子对一大碗饭、往往会觉得有压力，还没吃就害怕吃不下，会看着发呆。我们在给他们盛饭的时候，就注意不要一下子把饭菜盛得太多太满，而是采用少盛多添的方法，等他们把碗里盛的饭菜吃完后再加一点。如果他们把饭菜全部吃完，我们会给予及时的表扬或奖励。

再次，对于进餐习惯比较差的孩子，我们就用故事来引导他们。比如，有些孩子在吃饭的时候总是把饭菜弄得满地都是，还有的孩子吃饭的时候不专心，总喜欢东张西望，还有的孩子习惯把饭含在嘴巴里不吞下去。我们就收集一些小故事来教育他们。另外，我们也教孩子们一些小儿歌，告诉他们用餐时的小礼仪。

（江 敏）

六、开展饮食与营养教育的注意事项

(一) 贴近幼儿的特点和需要

教育活动必须从幼儿的实际出发,贴近幼儿的生活及需要。小班幼儿独立生活能力较弱,挑食、偏食、厌食现象较多,饮食教育应侧重于兴趣的激发与方法的练习,内容浅显而富于情趣。如:在"娃娃家"里,用带拉链的塑料袋和娃娃头饰制作成"饿了的娃娃",让幼儿用餐具喂娃娃。这会令孩子们特别感兴趣,他们会认真地喂"娃娃",不时口中还念念有词。这样,幼儿不仅可掌握进餐技能,还能培养他们的爱心和同情心。中大班幼儿独立能力增强,饮食教育要加强认知性与操作性,了解食物与人之间的关系。

当然,饮食与营养教育内容的选择,应把幼儿的健康放在首位。对于幼儿喜爱和感兴趣,但不利于健康的某些食品(如油炸、膨化类食品),可列入教育内容,教育幼儿少吃或不吃。对因不会剔鱼刺而拒绝吃鱼、觉得咀嚼困难而不乐意吃肉的情况,应教会幼儿解决的方法。

(二) 保持家园一致性

不少研究指出,如果家长有不良饮食习惯,如挑食、偏食等,往往会对幼儿造成不良的影响,形成幼儿的挑食、偏食等问题。家庭饮食品种较单调,也是导致幼儿偏食、挑食的影响因素之一。对此,幼儿园和教师可通过讲座、宣传资料、网络交流等途径,帮助家长树立正确的饮食观念。通过家园合作互动,可以形成家园的教育合力,共同帮助孩子建立良好的饮食习惯。

(三) 营养教育与卫生教育相结合

对于幼儿的健康,营养是基础,卫生是关键。在饮食与营养教育方面,教师要帮助幼儿养成饭前便后认真洗手、不随便往嘴里放东西等卫生习惯。

对幼儿进行营养与饮食教育,不在于幼儿对营养知识掌握了多少,而在于通过建立健康的饮食规则,逐步形成人人讲营养、讲健康的饮食氛围,让幼儿从小培养自我管理、促进健康的能力,从而为孩子的健康发展奠定坚实的基础。

 思考与练习

1. 阅读下面三条身体保健教育方面的目标,请你把它们填进下面的表格中,并分析三个年龄段的目标体现了怎样的不同要求。

小班:了解身体的外形结构,认识并学习保护五官;能积极配合疾病预防与治疗。

中班:进一步认识身体的主要器官,逐步形成接受疾病预防与治疗的积极态度和行为;在成人帮助下学习处理常见外伤的最简单的方法,知道快乐有益于健康。

大班:进一步认识身体的主要器官及重要功能,并懂得简单的保护方法;了解有关预防龋齿及换牙的知识;注意用眼卫生。

	认知	情感态度	行为与能力
小班	了解身体的外形结构,认识五官	积极配合疾病预防与治疗	学习保护五官,配合预防与治疗
中班			
大班			

提示:

(1) 对器官的认识从外部到内部;

(2) 态度方面:从被动的配合,到接受预防与治疗,再到主动的自我保护;

(3) 行为与能力:从学习保护五官,到学习处理常见外伤,再到保护身体主要器官,身体保健的范围在逐渐扩大,从部分到整体,从外部到内部。

2. 为中班幼儿设计一个营养教育活动,目标是使幼儿懂得均衡摄入营养的重要性。

3. 以大班幼儿为对象,设计一个活动,内容是认识体内主要消化道。

建议:不要过度依赖动画视频等多媒体。我们可以运用拼板、欣赏文学作品、美术创作、游戏等形式来进行,还可以用磁铁等制作供幼儿操作的教玩具。

4. 教师摄制幼儿园"进餐"环节的一段或几段录像,或是由同学们进幼儿园见习,观摩幼儿园中不同班级的"进餐"环节,运用饮食与营养教育的相关知识,分析进餐组织过程中的好做法有哪些,其中存在的问题有哪些并提出正确的做法。

5. 下面是一个教学活动设计,请同学准备后开展模拟试教,可将试教过程拍摄下来。试教后,请大家点评试教同学的表现,好在哪里,需要改进的又有哪些;试教同学进行教学反思。

活动案例 3-1

活动名称: 样样都爱吃

设计思路:

说教的方式对于小班幼儿来说几乎没有作用。教师要把规则"形象化"、"趣味化",比如:幼儿忘记关水龙头时,可以说"水宝宝要哭了";幼儿鞋子没放好,说"鞋宝宝喜欢和好朋友在一起"等。在幼儿进餐问题上,教师要求幼儿样样都爱吃,但"讲道理"的效果不理想。因此,教师在活动中,融入幼儿喜爱的卡通形象和动画歌曲,让幼儿在故事情景中乐于表达,了解"样样都爱吃"的含义,并形成良好的进餐习惯,改善进餐行为。

适合年龄: 小班

活动目标: 1. 知道样样都爱吃身体才会棒。

2. 体验帮助熊小小的快乐。

活动准备: 1. 材料准备:小熊家的背景、照片。

2. 经验准备:知道常见的食物,了解双胞胎的特征。

活动过程:

一、认识熊大大、熊小小

1. 出示房子,观察并猜测是谁的家。

——这是谁的家?你是怎么知道的?(标记)

引导幼儿敲门,打招呼,开门,出现熊大大和熊小小。

2. 介绍小熊一家,观察比较两只熊的不同。

——请出熊大大和熊小小,它们是一对双胞胎。咦,我们幼儿园的双胞胎哥哥是怎么样的?(一模一样)

——那熊小小和熊大大好像不一样,小朋友看看,他们哪里不一样?(丰富词汇:大小、高矮、强壮、瘦弱)

——你们猜猜为什么这对双胞胎会长得这么不一样呢?

熊妈妈说:"其实他们平时吃得不一样,每次吃饭时,我都会煮好多好吃的,看看都有什么呀?"(青菜、鱼、肉、水果和米饭)

熊大大说:"这个我要吃,这个我要吃,这个我要吃,这个我也要吃,样样我都要吃。"熊妈妈说:"熊小小,你快吃啊!"熊小小摇摇头说:"我什么都不要吃,我只要吃肉。"

小结:熊大大样样都爱吃,所以长得又高又壮,力气也大。

熊小小只爱吃肉,所以长得又矮又瘦,力气也没有。

二、一起帮助熊小小

1. 小朋友想办法

熊妈妈真着急啊,你们想不想帮助熊小小改掉这个挑食的坏习惯?你们想对熊小小说什么呢?小朋友说了这么多,食物宝宝们也来帮忙,听听他们是怎么说的吧(巧虎音乐)。

2. 食物宝宝来帮忙

小朋友们呀,多吃蔬菜营养好,多吃水果不生病,多吃鱼让你长高,多吃肉让你长壮。

小结:原来每样食物都有不同的作用,我们应该样样都爱吃。

熊小小,你知道了吗?熊小小说:"谢谢大家,我明白了,一定会改掉挑食的坏毛病,我从现在开始也要和熊大大一样,样样都爱吃,吃蔬菜、吃鱼肉、吃米饭。"

过了几天,你们猜猜熊小小怎么了?看,熊小小不小了,也变成了熊大大,为熊小小鼓掌吧!

3. 说说自己(请平时挑食的小朋友说一说)

——熊小小变成了熊大大,那我们小朋友呢?要变熊大大还是变熊小小呢?

——怎么样才能变成熊大大呢？

三、迁移经验

1. 了解今天午餐的食物。

那让我们去看看我们今天中午吃什么吧。

——你看到有什么好吃的？

——你喜欢吃这些吗？有没有不爱吃的？

2. 和熊小小比赛，看看谁样样都爱吃，延伸至午餐活动。

（城市花园幼儿园　张婧）

第四章　学前儿童心理健康教育

　　儿童不是"小人",儿童的心理与成人的心理不同样,儿童的时期不仅作为成人之预备,亦有他的本身的价值,我们应当尊重儿童的人格,爱护他的烂漫天真。

——陈鹤琴①

随着社会文明的发展,心理健康在健康教育中的地位和作用越来越受到关注。学前儿童正处在心理成长的重要时期,其心理健康与否,将会对他们的认知、情感和个性有关因素等的发展,以及社会适应,产生深刻的影响。幼儿园阶段的心理健康教育是为幼儿一生的发展奠定基础的重要阶段。

第一节　学前儿童心理健康教育概述

 互动设计

> 请你回忆自己的童年,讲述一些童年的趣事,有些什么烦恼,有些什么开心事。

学前儿童正处在心理成长的重要时期,他们在心理上有许多"幼稚"之处,却也代表着他们具有巨大的发展潜力。他们有自身先天的发展倾向,也受到后天环境的影响。

学前儿童的心理健康关乎认知、情感、个性、社会性等方面的发展。有部分幼儿在成长过程中在这些方面表现出攻击性、孤僻、任性等种种问题。这都表明,幼儿的心理健康需要成人的呵护和引导。

无论是国际上的《儿童权利公约》《儿童权利宣言》等文件,还是国内的《幼儿园教育指导纲要(试行)》(以下简称《纲要》)、《3—6岁儿童学习与发展指南》(以下简称《指南》),都把维护儿童

---

① 陈鹤琴著:《儿童心理及教育儿童之方法》,《陈鹤琴教育文集》上卷,北京出版社1985年版,第8页。

的心理健康放到了极其重要的地位。

什么是心理健康呢？心理是动态的过程，心理健康应该是人的整个心理系统相对稳定、协调发展并与环境相适应的状态。心理健康是心理得以良好发展的条件，心理发展是心理健康的基本内容。

一、开展学前儿童心理健康教育的重要性

学前教育的内容领域中，"健康"一直是被放在首位的。但是，人们在理解"健康"含义的时候，以往多将重点放在身体健康上，主要是动作发展（或者说运动能力）以及良好安全的习惯方面。随着生理—心理—社会三维医学模式的广受认同，健康概念的重新界定，人们开始重视心理健康在其中的重要价值。

但学前儿童的心理健康究竟有怎样的重要性呢？

心理学家弗洛伊德非常强调童年早期经验，他认为很多心理障碍与心理疾病都可以追溯到童年早期（特别是五岁以前）所遭受的挫折。童年早期所经历的创伤若没有得到及时的解决，则幼儿今后的成长都会受到一定的影响。虽然，我们现在认为弗洛伊德的观点过于偏颇，人的一生都具有一定的可塑性，但我们必须肯定他对童年早期心理健康的强调。

日本的岸井勇雄先生讲述了这样一个案例：①

> 心理健康是非常重要的。小林登先生——临时教育审议会幼儿教育部的主查担当，在讲演中通过幻灯片图形让我们看到了一些具体例子。
>
> 该图形描绘了两个班级幼儿的身高、体重、胸围等表示身体发育的曲线。其中，一个班级的幼儿的这些指标一开始不断升高，到了某一阶段变化就很缓慢了；而另一个班级的幼儿的这些指标，一开始变化缓慢，但中途突然变得很快。两个班级的幼儿都在同一时期发生了变化。那么，究竟发生了什么呢？过一会儿，听了小林登先生的解说后，大家都不寒而栗。
>
> "因为带班老师替换了的缘故……"这太可怕了。仅仅由于带班老师的替换，幼儿的身体测定结果就会有如此明显的变化。这是在外国的幼教机构中，24小时服务的保育者与这些幼儿一直生活在一起的缘故。想不到竟会产生如此大的影响，其结果是如此地明显。

由此，我们可见学前儿童心理健康的重要性。心理健康教育是幼儿教师和家长应该并且完全可以提供给幼儿的最重要的早期成长援助之一。如果幼儿在成人的支持下能够获得健康和谐的心理基础，他们的终身幸福就有了最基本的保障。

---

① ［日］岸井勇雄著，李澎译：《未来的幼儿教育——培育幸福生活的能力之根基》，华东师范大学出版社2010年版，第36页。

> 对幼儿的教养者来说,了解幼儿的心理也会使保教工作事半功倍,能更好地满足幼儿的心理需求,如下面的例子:
>
> 某小班幼儿在活动场地旁边的台阶上摔倒了,嚎啕大哭。带班的年轻老师连忙跑过去检视,并安抚:"还好,没有受伤,不哭哦,不疼了。"该幼儿的哭声没有丝毫减弱。他们班另一位带班多年的老师走过来对他说:"摔跤了?不怕不怕,其实你是没想到会摔跤,吓了一大跳,倒是不怎么痛了,对不对?不怕哦!"这位小朋友的哭声很快由大变小并停止了。

二、什么是学前儿童心理健康教育

学前儿童心理健康教育,顾名思义,其目的是为了促进儿童的心理健康,从内容上来说,是指教师使用或创造条件,来呵护儿童的心理健康,初步培养儿童自我保护、抗挫折的心理能力,自己或联系专业人士来处理儿童的一些常见心理问题。

如何呵护幼儿的心理健康?

关于如何呵护幼儿的心理健康,许多人会侃侃而谈,讲出许多道理,比如:创设家一样的园舍环境、开展教学活动、发挥游戏的功能、积极的正面引导等。

这些都很对,但呵护幼儿心理健康的第一要素是保教人员是否接纳这些幼儿。接纳是爱的前提,有接纳,才有爱的开始。

1. 接纳是首要的

京都大学的河合隼雄先生是精神分析学专家,他曾应邀接受某幼儿园访谈。[①] 该幼儿园老师说,有一个幼儿一到幼儿园就会到厕所去,似乎想把自己关在厕所里。我们想他是不是肚子不舒服了,就去看他,结果发现并非如此,他只是在里面低着头。

河合隼雄先生分析的结果是,这孩子觉得他没有被带班老师接纳。

带班的老师并不是那种作弄幼儿的人,只是给人的感觉是比较严肃的。例如,当幼儿脱鞋时,这位老师会说:"鞋子脱在那里就行了,但要靠这边放。"给人很强的命令感。他虽然认可幼儿所做的事,但总希望他们做得更好。因为他觉得自己是老师,必须对幼儿教导些什么才好。听到老师说这类话,那些感觉比较迟钝的幼儿不会有什么反应,可是,上面案例中的幼儿是非常敏感的,他认为老师是在支使自己,所以总感觉到老师认为自己不是个好孩子,以至于觉得没有安身之地了。他不自觉地探寻能接纳自己可以任意行动的地方,结果发现了厕所。确实,在厕所里,他不管做什么都没有关系,都没有人来干预。

当时,有一家报纸报道了这一事情,还加上了一个引人注目的标题——"河合隼雄教授演讲——比厕所还差的老师",说得很尖锐,但确实如此。那老师差在什么地方呢?是在接纳幼儿的能力方面,还不如厕所。

[①] [日]岸井勇雄著,李澎译:《未来的幼儿教育——培养福生活的能力之根基》,华东师范大学出版社2010年版,第36页。

2. 如何去接纳幼儿

那么该怎样表现出对幼儿的接纳呢？

请设想一下：如果有一个深深陷入苦恼的朋友对你说："我觉得人生没有希望，大家大概都觉得我很傻，我都觉得自己笨死了，活下去还有什么意思呢？"这时候，你会怎么劝说呢？很多人会说：

"不会啊，没有的事。"

"胡说，睡一觉就好了。"

"你一点不笨，你要笨，那我岂不是更笨？"

……

大家可能习惯于这样的回答。但从心理辅导的角度看，第一步就错了。

我们首先要能够共情。在朋友说"大家都觉得我是傻瓜"时，我们要设身处地地感受他的心情，可以说："是啊，大家觉得你有点傻。"如果你说"不会啊，没有的事"，他会觉得你在哄他，就会不断钻在"大家都说我傻"这个牛角尖里，越来越强化自己的这种信念。

当你说"是啊，大家觉得你有点傻"，他会觉得你很明白他的烦恼，并且在认真倾听，从而稍稍打开心灵之门，他会感到"还是有理解自己的人的"。只有在第一步和他同感到了无生趣的苦恼，有了你的共情的托举，他才能继续想下去，才会引出他心底真正的想法："可是，如果可能、可以的话，我还是想好好地活着解决问题。"

心理辅导是要帮助他人自己树立起信心，鼓起勇气。如果强硬地要求他必须树立起信心、鼓起勇气，他越是没有勇气——他的生活，难道还缺少这样强硬的人物吗？那可能是他失去信心和勇气的原因之一。

幼儿的情况也是如此。如果说"那样做就可以了，但是这样做更好"这样的话，幼儿接收到的信息是：那样做其实不好，应该这样做。所以，首先要接纳幼儿，才可能使其保持身心健康。其次，我们要理解幼儿。

请看下面节选的案例。①

 案例

> 被黏土弄脏了脚的 4 岁的小朋友们排着队，一个接一个把脚伸进桶里进行清洗。这时，幼儿甲试图插进队伍中，按顺序排队、马上就要轮到的幼儿乙十分气愤，阻止甲说："不准你进来！"然而甲当没听见，若无其事地把脚往桶里伸。
>
> 乙去打甲，扯他的头发。于是，两人扭打起来。
>
> 老师对幼儿甲说："对面有干净的水。"（前面还有另一个桶）
>
> 老师同时制止幼儿乙道："不许动手打人。"

---

① [日]高杉自子著，王小英译：《与孩子们共同生活：幼儿教育的原点》，华东师范大学出版社 2009 年 9 月版，第 17 页。

> 但是老师显得难以决断。
> 最终，态度强硬的幼儿甲如愿以偿，而幼儿乙则气恼地哭了起来。
> **分析：**
> 这个事件的最终结果是态度强硬的幼儿甲如愿以偿，这是让人难以接受的，其后果也是不良的。
> 从事件过程的表面来看，教师是在信任与尊重幼儿，想让他们自己去解决问题，但实际上，教师对两个幼儿的劝说、袖手旁观的态度给人以逃避的感觉。这不是真正的尊重幼儿主体性。

遇到这样的事情，教师往往会对幼儿甲与幼儿乙的争执结果十分关注。为此，教师往往把目光盯在幼儿甲和乙的身上，试图阻止他们的争执、抢夺行为，教育他们采取正确的方法。但这样局限的做法，不会从根本上解决任何问题，最终也不会触及到幼儿的心灵，这根源于我们把幼儿的争执仅仅看作是外在于我们的他人世界，我们不理解幼儿。

教师应该要关注幼儿、关心幼儿、理解幼儿，以实现适应个体差异的个别化指导。所谓理解幼儿，就是要把握每一名幼儿的心理活动。要给幼儿温暖的关怀，要站在其立场考虑问题，不是把幼儿圈定在教师预设的框架中，而是接纳幼儿内心的想法及其行为。

前述幼儿甲急于清洗，试图插入队伍，无论如何都想插进去。尽管有两只桶，但他却盯住了乙的那只。为什么呢？也许是幼儿乙的阻止，让他变得顽固起来，强化了他的自我主张，导致矛盾激化。

三、心理健康教育的目标

这里借鉴《指南》中的目标和各年龄段典型表现，大家可以在参阅中，了解不同年龄段幼儿的不同目标。

表 4.1 幼儿心理健康教育的目标

目标2 情绪安定愉快		
3—4岁	4—5岁	5—6岁
1. 情绪比较稳定，很少因一点小事哭闹不止。 2. 有比较强烈的情绪反应时，能在成人的安抚下逐渐平静下来。	1. 经常保持愉快的情绪，不高兴时能较快缓解。 2. 有比较强烈情绪反应时，能在成人提醒下逐渐平静下来。 3. 愿意把自己的情绪告诉亲近的人，一起分享快乐或求得安慰。	1. 经常保持愉快的情绪。知道引起自己某种情绪的原因，并努力缓解。 2. 表达情绪的方式比较适度，不乱发脾气。 3. 能随着活动的需要转换情绪和注意。

目标3　具有一定的适应能力		
3—4岁	4—5岁	5—6岁
1. 能在较热或较冷的户外环境中活动。 2. 换新环境时情绪能较快稳定，睡眠、饮食基本正常。 3. 在帮助下能较快适应集体生活。	1. 能在较热或较冷的户外环境中连续活动半小时左右。 2. 换新环境时较少出现身体不适。 3. 能较快适应人际环境中发生的变化。如换了新老师能较快适应。	1. 能在较热或较冷的户外环境中连续活动半小时以上。 2. 天气变化时较少感冒，能适应车、船等交通工具造成的轻微颠簸。 3. 能较快融入新的人际关系环境。如换了新的幼儿园或班级能较快适应。

四、心理健康教育的内容

结合《指南》的目标，我们可以归纳出下列几个主要的心理健康教育的内容。

（一）环境适应教育

在幼儿的健康成长中，他们面临的一大挑战是要走出家庭，适应外界更广阔的环境，这需要他们有强大的、适应性的心理能力。成人需要对幼儿进行环境适应教育，培养和锻炼他们适应外界变化的环境的能力。《指南》建议教育者：

1. 保证幼儿的户外活动时间，提高幼儿适应季节变化的能力

- 幼儿每天的户外活动时间一般不少于2小时，其中体育活动时间不少于1小时，季节交替时要坚持。
- 气温过热或过冷的季节或地区应因地制宜，选择温度适当的时间段开展户外活动，也可根据气温的变化和幼儿的个体差异，适当减少活动的时间。

2. 经常与幼儿玩拉手转圈、秋千、转椅等游戏活动，让幼儿适应轻微的摆动、颠簸、旋转，促进其平衡机能的发展

3. 锻炼幼儿适应生活环境变化的能力

- 注意观察幼儿在新环境中的饮食、睡眠、游戏等方面的情况，采取相应的措施帮助他们尽快适应新环境。
- 经常带幼儿接触不同的人际环境，如参加亲戚朋友聚会，多和不熟悉的小朋友玩，使幼儿较快适应新的人际关系。

（二）社会性教育

幼儿在进行人生最初的社会化过程，幼儿需要学习与人相处的技能，学习被社会接受、认可的行为。幼儿在团体活动中，身处适合其年龄的社会生活环境中，逐渐培养起独立性、协调性、社会性等适应社会的能力。

我们的社会对人的社会化提出越来越高的要求,而现代幼儿互相交往的机会却比上一代少得多。在幼儿园阶段,幼儿走出家庭,面临着与同伴、与教师等不同对象的人际关系,教师需要相应地对幼儿进行社会性教育,具体内容包括:

1. 与幼儿建立良好的师生依恋关系

我们知道,亲子间的依恋关系对幼儿的成长具有非常重要的作用,它的生物意义在于幼儿可以从中获得关爱和安全感,得以更好地生存,而它的社会意义在于奠定了幼儿日后情感发展的重要基础。① 大量研究表明,早期依恋的性质对儿童后来乃至一生的认知、情感和社会行为的发展都有着密切的影响。

前些年,西方的一些研究者提出了多重依恋关系的假设。他们认为幼儿除了在家庭中和家人形成依恋之外,还可以在学校中与教师、与同伴形成依恋。师生关系会成为幼儿建立同伴关系的模式,而且,良好的师生依恋关系能够对安全性低的亲子关系起到补偿作用。②

因此,教师付出真诚的爱心,和幼儿建立互相信赖的、安全的依恋关系十分重要。教师应该摆脱居高临下的"施教者"心理。

2. 引导同伴交往

在幼儿的社会化过程中,最初的亲子关系奠定了基础,而同伴交往则起着更重要的作用。与同伴交往使幼儿逐渐去自我中心化,发展自我概念和人格;在同伴交往中,幼儿学习各种交往技能,形成社会知觉;在同伴交往中,幼儿更收获爱和归属感等情感支持。

幼儿在同伴交往中会遇到许多问题,需要教师善加引导。

 案例

> 某幼儿园中班。
>
> 小女孩朵朵是班级中非常受小朋友喜爱的伙伴。一天自由活动时间,她向老师"告状"说:"田田撞我。"老师问是怎么回事,朵朵说:"我就从过道走过去,他走过来撞我。"老师虽然对田田会撞到她觉得奇怪(因为过道比较宽),但还是先安慰她:"可能是他不小心吧。"
>
> 中午饭后,小朋友分区域结伴玩耍。朵朵反映:"田田又撞我。"老师想:一次是巧合,两次看来不是巧合了。
>
> 后来,快放学的时候,老师找田田耐心地聊天,循循诱导下,田田承认:他是故意撞朵朵的,因为喜欢朵朵,想和她玩。
>
> **分析:**
>
> 老师注意到,田田平时在语言表达方面的水平是有些滞后的,他还不会很好地使用

---

① 王振宇主编:《学前儿童发展心理学》,人民教育出版社 2004 年版,第 203 页。
② 同上,第 214 页。

> 语言来表达自己的需要、情感等。他还停留在以动作表达为主的阶段,他习惯于用动作表达,对他来说,动作表达是简洁、有效的。
>
> 从这次事件来看,田田在同伴交往方面缺乏应有的技能,比如不知道怎样表达好感、怎样要求加入别人的游戏等。
>
> 这两方面是今后需要加强个别辅导的。

3. 指导亲子关系的良性互动

家长指导工作是幼儿园教师的重要工作内容,家园的及时沟通和一致行动往往可以使心理健康工作取得更好的效果。教师可以通过家长园地、家长观摩活动、网上家教经验交流等方式,端正家长教育观念,改进家长教育方式,促进家长自身素质提高,帮助家长营造温馨的家庭环境,为幼儿形成良好心理品质打下扎实的基础。

(三) 情绪情感教育

学前阶段的幼儿,情绪情感正处于迅速发展之中,如何发展积极情感,培养开朗乐观的心性,避免消极情感,是幼儿心理健康教育的一个重要课题。《指南》建议学前教育工作者:

1. 营造温暖、轻松的心理环境,让幼儿形成安全感和信赖感

- 保持良好的情绪状态,以积极、愉快的情绪影响幼儿。
- 以欣赏的态度对待幼儿。注意发现幼儿的优点,接纳他们的个体差异,不简单与同伴作横向比较。
- 幼儿做错事时要冷静处理,不厉声斥责,更不能打骂。

2. 帮助幼儿学会恰当表达和调控情绪

- 成人用恰当的方式表达情绪,为幼儿作出榜样。如生气时不乱发脾气,不迁怒于人。
- 成人和幼儿一起谈论自己高兴或生气的事,鼓励幼儿与成人分享自己的情绪。
- 允许幼儿表达自己的情绪,并给予适当的引导。如幼儿发脾气时不硬性压制,等其平静后告诉他什么行为是可以接受的。
- 发现幼儿不高兴时,主动询问情况,帮助他们化解消极情绪。

(四) 幼儿心理问题的干预

当幼儿有心理问题时,教师需要在力所能及的范围内施加干预,或是帮助幼儿获得专业人士的心理矫治。每一个幼儿都会产生不同程度的心理问题,就如每个幼儿都会生病一样。对这部分幼儿的异常心理,不给予关注和帮助,忽视了整体中的这一部分,实际上就是没有面向全体幼儿。而对于幼儿的不同心理问题,需要提供有针对性的心理矫治服务。比如,对比较胆怯的儿童运用行为塑造法,可取得良好效果;对比较孤僻、被动的儿童可以运用认知行为疗法、暗示法等。

第二节　学前儿童心理健康教育的实施

福禄贝尔曾说:"假如儿童在(幼儿)这一年龄阶段遭到损害,假如存在于他身上的他的未来生命之树的胚芽遭到损害,那么,他必须付出最大的艰辛和最大的努力才能成长为强健的人。"①学前阶段,幼儿的习惯、技能、语言、思想、情绪等各方面的成长都需要在此时打好基础,否则,其健全人格的形成就不那么容易了。

心理健康教育的重要性,在许多年前已经得到反复强调。但是,在实践中,幼儿心理健康教育方面一直都存在一些问题,比较明显的问题是,虽然心理健康教育之于幼儿的重要性已成为社会的共识,一线教师和家长对心理健康的"实际重视度"仍不够,在保教活动中更多侧重生理保健。这可能是因为教师缺乏系统的心理健康教育知识,而且幼儿园课程中也没有明确地设立心理健康教育课程。

这里,我们简要探讨一下幼儿园中心理健康教育的实施,以期改变未来幼儿教师的教育行为。

一、心理健康教育实施的途径②

(一) 构建安全、温馨的环境

环境是重要的教育资源,也是一种重要的隐性教育,我们可以通过丰富的物质环境和宽松、接纳的心理环境,对幼儿产生熏陶、感染的作用,促进幼儿心理健康教育的实施。

物质环境主要是指环境设施、环境装饰以及游戏场地等。丰富而和谐的物质环境不仅可以激发幼儿的活动愿望,还可以满足幼儿的活动需要,带给幼儿愉悦的感受。

心理环境主要是指师生间和同伴间共同参与、相互影响的氛围。宽松、接纳的心理环境需要教师以平等的态度、积极的情绪来引导,让幼儿感受温暖、心情愉快,形成安全感、信赖感等。

案例

兰兰是某幼儿园小班新生,她上了两个星期后,不愿意上幼儿园了。家长很是困惑:难道是在幼儿园里受委屈了? 老师得知后也很不解。

老师和兰兰谈心良久,兰兰终于吐露实情:她觉得老师不喜欢她。老师大为惊讶:

---

① [德]福禄贝尔著,孙祖复译:《人的教育》,人民教育出版社1991年版,第34页。
② 刘晶:《幼儿园心理健康教育的策略研究》,《学理论》2012年第29期。

怎么会呢？她是班上生活自理方面相对较好、入园适应也比较顺畅的小朋友,老师只会喜欢,不可能讨厌的。

老师继续和兰兰谈心,为什么她会觉得老师不喜欢她呢？原来,兰兰看到老师总是抱、哄其他小朋友,但开学两周里,老师一次也没有抱过她。

分析：

在感情的表达上,幼儿比较外露,他们在理解感情联系时也更关注身体的接触等直观的表现。在入园适应阶段,老师往往更多关注哭闹的孩子,而忽视了适应较好的孩子,被忽视的孩子在感情上没有足够的安全感。

(二) 在各项活动中全面渗透

活动是幼儿园进行教育的载体,也是心理健康教育的一个重要途径。心理健康教育应当在各项活动中全面渗透。幼儿的心理状况、心理品质都会在各项活动中有所反映。教师可以在游戏、学习、生活和运动活动中广泛、真实地掌握幼儿心理健康的情况,并采取各种措施来提高幼儿的心理健康水平。[①] 比如,游戏是发现幼儿行为问题或情绪问题的一个重要突破口,更是治疗幼儿心理异常的有效手段或媒介。幼儿在游戏中有较多机会进行自主性同伴交往,当教师观察到幼儿有交往障碍时,必要时可进行引导,促进幼儿自主交往能力和解决问题能力的提升。

教师还可以开展专门的心理健康教育课程,通过游戏的形式,教给幼儿情绪表达、社会交往的方法等心理学知识和技能,培养幼儿积极的情感体验,强化健康的心理品质。在开展专门的集体教学活动时,往往无法很好地顾及不同幼儿的独特问题,因此教师还需要开展个别辅导,对不同的问题采取针对性的方法进行疏导与矫治。

教师还可以为幼儿建立心理档案,其中可记录幼儿的基本情况、家庭生活情况、生理状况,对幼儿心理有影响的重大事件,智能状况、个性特征等,促进幼儿个性化的发展。

(三) 形成合作共育的生态网络

幼儿园、家庭和社区共同构成了学前儿童的生态环境,它们彼此独立,却又紧密联系。幼儿的心理健康教育必须重视三者的联合作用。

幼儿园的影响,对内体现在两个方面。一个是环境,如前所述,幼儿园应该创设有利于幼儿健康心理养成的物质环境和心理环境；另一个教师要关注幼儿的心理健康,学习心理学知识,增强心理保健意识和技能。

对外,幼儿园起着心理健康教育的导向作用,联合家庭,与社区沟通。幼儿园应该主动对家长进行心理学方面知识的宣传,引起家长对幼儿心理健康的重视,指导家长的教育观念和教育

---

① 姚本先、邢贯荣、高英：《幼儿心理健康教育策略初探》,《中国教育学刊》2004 年第 5 期。

方式,促进家长自身素质提高。比如每周一次家教信息宣传单、网上家教交流平台等,帮助幼儿家庭与科学的育儿理念接轨,家园配合,呵护幼儿的心理健康。

幼儿园要争取社区的支持,借助社区的宣传普及幼儿心理健康知识,使人们关注幼儿的心理健康;与社区联合举办"我助人,人助我"等公益活动,使幼儿能形成合作、乐群等心理品质。

二、实施要点与案例学习

(一) 不要轻易给孩子"贴标签"

在讲学前儿童心理健康的呵护和教育引导时,有一个重要的问题值得再度强调,那就是不要轻易给孩子"贴标签"。先给大家说个真实的事情。

一位由我指导论文撰写、即将毕业的学前教育专业的学生,在选题阶段的时候,跑来对我说:"老师,我想写个自闭症的个案,因为我在见习的幼儿园看到一个自闭症的孩子。"

我听了就先问她:"你怎么知道他有自闭症呢? 说不定他不是自闭症呢?"

这位学生的表情表明她对我的提问很不以为然。她急切地大声反驳道:"他就是自闭症呀!他在班级里几乎都不说话,总是一个人待在角落里,不和小朋友玩。这不是自闭症吗?!"

我试图引导她思考一下:"你想过他为什么会有这样的表现吗? 你凭什么说他是自闭症呢?如果他真有自闭症,可能就不是在这个幼儿园里了……"

然而,这位学生不等我说完,就气恼地嚷嚷起来:"可是老师,他们班级的老师都是这么说他的,我们一起见习的同学也这么认为的,他是有点自闭症的,和老师、小朋友都没有什么话说,他们老师都有些嫌弃他。"

这种理直气壮的人云亦云,可能让人有点难以置信,但生活中这样的老师却着实不少。"就因为大家都认为他是自闭症,所以他就是自闭症了吗? 那你怎么不想想,可能有很多其他的原因,比如:他一开始在人际交往上是有些问题的,但老师没有耐心引导就嫌弃他;周围小朋友感觉出老师不喜欢他,所以不喜欢和他一起玩。他是会感觉到他不受欢迎、不被接纳的,时间长了,对老师、同伴都不抱希望了,所以索性总是一个人待着。你能体会这种被别人排斥在一个集体之外的感受吗? 他是从心里没有和其他小朋友一起玩的意愿吗? 你知道自闭症有哪些诊断标准吗? 我们不能随便下结论、贴标签的。"

经过一番分析探讨,这位学生终于承认自己没有考虑全面,我说的这种可能性其实很大,并说:"幼儿园的老师是喜欢说'这个小朋友有多动症'、'那个小朋友有点自闭'这种话,我们很多同学也喜欢这样说。"

……

经过了解,我发现幼儿园里类似的情况绝称不上罕见,以至于见习、实习的学生习以为常了。我把这件事讲给其他的教师朋友听时,他们沉默,而后感叹:"真是太可怕了。"我知道他们想说的是,目前很多一线的学前教育工作者有一种喜欢贴标签、下判断的浮躁心态,而他们面对的是没有什么自我保护能力的幼儿。这些幼儿在人生发展之初可能会受到严重的伤害,这是很让人忧虑的一种现状。

这种现象其实并非新发现,在许多学者、专家的著作中都有提及。或许在某些教师看来,"贴标签"是一种"理论知识联系了实际工作"的表现;又或者他们贴标签是为了"节省力气",因为明确孩子本身有问题比较简单,而不是老师引导不力的缘故。我很不愿意看到老师们这样往坏的方向去想孩子,虽然这是一种可能。

"贴标签"本身只是一种表面现象,究其原因,很可能是这一部分学前教育工作者缺乏足够的心理学素养,并且具有"简易化"的逻辑推理倾向,即简单地按某几种表现作出判断,因而在怎样看待儿童的问题上出现偏差。而有这一短板的教师,很可能不懂得怎样是真正地尊重幼儿,他们在教养实践中会产生的问题,远不止贴标签这一种。这种情况如果普遍,幼儿的身心健康得不到呵护,"满足幼儿的需要"、"根据幼儿的特点实施教育"都会是空谈,那各种学前教育改革的美好愿景又从何实现呢?

所以,我认为要呵护幼儿的心理健康,要引导幼儿的心理健康发展,首先应该要正确地理解幼儿,并接纳幼儿。我们在和幼儿打交道的时候,时刻牢记不要轻易给幼儿"贴标签",要用发展的眼光去期待他们的成长。

(二) 实施要点

在实施心理健康教育的过程中,教师需要注意以下一些问题:

1. 加强自身的心理素质建设

雅斯贝尔斯说:"教育意味着一棵树动摇另一棵树,一朵云推动另一朵云,一个灵魂唤醒另一个灵魂。"从中可见教师的心理健康对幼儿心理发展的深远影响。

在现实生活中,教师面临许多工作和生活上的问题,比如工作待遇、工作压力、竞争、家长的要求等,容易产生情绪情感上的波动甚至心理问题。如果教师不能处理好个人情绪情感和正确对待幼儿之间的关系,那么教师会对幼儿造成很大的伤害。因此,幼儿园要注意教师的心理健康维护,教师自身也要注意自我调控,通过学习心理学知识,保持心理健康,成为幼儿的良好榜样,科学调节和疏导幼儿的情绪等。[①]

2. 维护幼儿的权益

尊重幼儿应有的权益,其含义应该从比较广义的角度来理解,比如教师不随便给幼儿贴标签,尊重幼儿个性发展特点,用专业的素养去看待幼儿的问题等,这些都是幼儿应该享有的权益。在生活中,教师要注意维护每个幼儿的正当权益,比较典型的是要让幼儿学会拒绝别人,进行自我保护。请阅读下面这个案例,体会其中教师的教育作用。

---

① 《谈幼儿园在开展幼儿心理健康教育中存在的问题和解决方案》,http://www.yejs.com.cn/Yjll/article/id/34056.htm。

案例

绘里的项链[①]

"哎呀,这种做项链的材料还有吗?昨天我看见过,特别好看,我也想要一套。这是N老师的那份吗?"

坐在钢琴琴凳上的N老师站了起来。她刚才正在做着一条项链,这一条和昨天三岁班的孩子为母亲节和妈妈一起做的项链一样。N老师从钢琴上拿起一本家庭联系簿递给了我(本吉,即孩子称呼的"奶奶")。

在绘里的联系簿上绘里的母亲写下这样的内容:昨天,绘里说把在幼儿园做的项链送给了大班的郁代,没有带回家来。绘里竟然把和我一起做的项链随便地就送给了朋友。我和她外婆伤心得不知说什么好,忍不住都哭了。

年轻的N老师看到绘里的母亲这样写,出于不忍心,就用剩下的材料要为绘里重做一条项链。在我看联系簿的时候,很多孩子围在N老师周围看老师做项链。

"N老师,不要做了。这件事是教育孩子的好机会。"

N老师的眼睛里开始涌出了泪水,听到我和班主任老师对话的三岁孩子们对我喊:"奶奶出去,奶奶出去。"有的用脚踢我,有的用手推我。而绘里在这个时候大声地哭起来。孩子们在我面前站成了一排,把我跟绘里隔开来保护绘里。教室里顿时一片混乱。

"小朋友们,听我说,如果郁代不把项链还给绘里,奶奶会请N老师马上再给绘里做一条。小朋友们别担心,没关系的。小朋友们听奶奶把话说完好吗?"

教室里好不容易安静了下来,十几个小朋友坐在了椅子上。我开始问昨天绘里的项链是怎么回事。这时候绘里又开始抽噎着哭了起来。

"小鹿班的小朋友如果被狮子班的小哥哥、小姐姐借走东西,或者要走东西,心里会不愿意,很难过是不是?不过对比自己大的人,对大班的小哥哥、小姐姐又不能说'不行','我不借给你'这样的话。奶奶幼儿园里的小朋友也是这样的。三岁的小朋友还不能很勇敢地说'不行'。昨天,绘里和妈妈一起做了一条非常非常有意义的项链,可是在郁代说想要那条项链的时候,绘里还不敢说'不行,不给你'。是不是这样的?绘里?"

绘里眼睛里含着泪水,拼命地点头。"是这样啊。奶奶对这件事是这样想的。首先绘里要对郁代说'那条项链是一条非常有意义的项链,其实本来是不想给郁代的,所以请郁代把项链还给我',怎么样?试着说说看?""不敢说。"接着绘里又大声地哭了起来。

[①] [日]本吉圆子实录,无藤隆解说,刘洋洋译:《培养幼儿的成长能力:幼儿园教育活动指导实录》,华东师范大学出版社2013年版,第2—7页。

"绘里真勇敢,绘里现在不是敢说'不敢说'了吗?绘里哭着也能听明白奶奶的话,说出自己的心里话,奶奶小的时候可没有绘里这么勇敢。绘里能说'不敢说'真是了不起,太勇敢了。"

我离开哭泣着的绘里来到了大班,对郁代说了情况,让郁代来三岁班的教室。大班的小朋友和班主任老师也都来了。

我又重新把事情的经过从头至尾说了一遍,三岁的小朋友们非常安静地听着。

"对绘里来说,那是一条非常非常重要的项链,可是却不敢说'我不想给你'、'不行',因为不敢说才会伤心得哭起来。所以绘里和奶奶两个人想一起对郁代说'还给我',郁代能明白吗?"

郁代认真地听着。

"好吧,这么多小朋友看着会不好意思,绘里说说看好吗?"

大滴大滴的眼泪从绘里的眼睛里流了出来,绘里的声音哽咽着,肩膀抽动着说:"那个项链……妈妈……昨天,和绘里,两个人一起做的,是有很大意义的项链。然后,然后……"

绘里又开始哭,哽咽着:"然后,郁代说想要,可是,我不想给你,我不敢说不行!"

这时四岁班的小朋友和老师也都聚了过来,在有些趋于紧张的空气中,教室里变得十分安静。班主任老师哭了起来。小朋友和我都看着郁代。就在这个时候,郁代说:"绘里,对不起。我不知道是这样。今天我把项链放在家里了,明天我给你带来。"接着又说:"下次小弟弟、小妹妹给我东西的时候,就算他们说给我,我也要他们去问问自己的妈妈。如果妈妈也说可以我再要。"

大班孩子们的脸上也都是赞同的表情。"绘里,这下好了。绘里心里很难过,又伤心,又痛苦,奶奶还担心会让绘里为难。不过,绘里勇敢地说出来了。郁代也是好孩子。郁代说不知道是这样,郁代能把自己的想法说出来,让别人知道,这是非常重要的事情。奶奶要是也和绘里一样刚刚四岁的话,一定会哭得更多也还是说不出来。对绘里和郁代,奶奶心里真是充满了感谢。"

"那,奶奶要问问了,三岁的学学,要是大班的将太哥哥想要你手里拿着的小汽车玩具,说'这个真好,给我吧',你要怎么办呢?将太哥哥看上去可是很强壮的。"

"我会说:'不行,不给你。'"

"信辉会怎么做呢?"

"我也会说'这是我的宝贝,不行,不能给你'。""我也很喜欢,不能给你。""我也会说不行。"

"真的是这样吗?看上去很厉害的大班的小朋友或者是大人说想要,又做出很吓人的表情,也不会给他们吗?""不给。""说不行。""绘里刚才在奶奶说那些事情的时候,心里是不是不愿意?""是,下次我会说不愿意。"

郁代说:"奶奶,我明天不能忘了把项链拿来,我用笔写在手上。"

不能说"不"的孩子实际上很多。有一些情况还会发展成被欺负,在请我去的一所幼儿园里就经常发生这样的情况。那是四月初,我还没有把孩子们的名字都记住的时候(日本是每年四月开学)。"园长老师,我正和亚沙美一起玩呢,辉春、总一还有勉勉他们来了对我们又踢又打。"江美一边哭一边来向我告状。我过去一看,被叫作"万事通博士"的哲哉和女生领袖亚沙美正在吵架,哲哉因为说不过能言善辩的亚沙美,命令自己的跟班辉春来教训和亚沙美不相干的江美,和哲哉要好的勉勉、总一、谦太也参与到其中,对江美又是踢又是打。

我让在那里的九个小朋友都坐在地板上听他们说刚才发生了什么。

"总一,江美是什么样的女孩子呀?"

"好孩子。总是穿着漂亮的裙子。"

"那她有没有欺负过你,做你不喜欢的事呢?"

"嗯,从来没有。"

"那你为什么要踢她、推她呀?"

"哲哉是这样命令的呀。"

"谦太,江美是什么样的女孩子啊?"

"总是穿着可爱的裙子,还教过我翻单杠,是好孩子。"

"咦,江美这样好,为什么要对江美又打又踢的?"

"可是,哲哉下命令了呀。"

"哦,是这样。大家都是因为哲哉下了命令才来欺负江美的吗?那园长老师也下命令。总一你去婴幼班未满三岁孩子的班。把所有的小娃娃都打一遍再回来!谦太你去紫罗兰班从后面把小弟弟、小妹妹推倒。勉勉,去啊,这是命令!"

……

"不去,那样不好!"

"咦,如果是哲哉的命令为什么就去做呢?哲哉可能会成为一个坏总经理。自己什么也不做,只是命令自己的职员:'你去做坏事把钱赚回来。'总一和谦太去做小偷、去骗人,被警察叔叔戴上手铐抓起来。因为是总经理的命令,就可以打人,踢人,什么也不想就按命令执行吗?"

"下次哲哉再命令的时候,如果我不愿意,我会说不愿意。"

"我一定不会去哲哉当总经理的公司工作。"

"我从今天开始就不听哲哉的命令了。从今天开始我就不和他一起玩儿了。"

听到大家这么说,亚沙美小声说:"就是嘛,哲哉在和我吵架,自己来打我就好了嘛。"

大家都点头深表同意。

"江美,对不起。"谦太等几个孩子开始道歉。

我说:"大家只是听到了命令,并不是自己想去欺负别人,做坏事。好像还是有什么不对的地方吧。"

"我下次在不愿意的时候,我会说'不愿意'。就算是哲哉的命令,在我不愿意的时候我也不去做。"

"我也是,哲哉总是下命令,总是让我做小偷,我不和哲哉玩儿了。"

"我也是,我一定、一定说'我不愿意'。"

这样的场面其实非常多,不胜枚举。看着教育工作者的应对,很多时候都让人感到这样不能起到教育幼儿做人的作用。在幼儿期,能够自己意识到自己有"不愿意",经历这样的体验对于孩子的成长非常重要。

(本 吉)

解说:气愤是正义感的基础

叫绘里的孩子,周围的小朋友,还有班主任老师的善良都让我印象深刻。但是,本吉老师的做法恰恰相反,她严厉地质问:"这样做可以吗?""那么重要的东西,因为有人说想要,就给了别人,自己是心甘情愿这么做的吗?"本吉老师教给孩子能够说不,这和关爱、理解及同情别人一样重要。甚至可以说,善待自己比谦让他人更应该是成长能力的根基。老师把怒气表达了出来。"那样做对吗?""你敢说你做的是人该做的事吗?"非常不留情面,对孩子就像是在质问成人一样。……这可以被叫作如何做人的教育。

孩子不能够拒绝另一个孩子,用"不敢说"来拒绝老师的建议。在这个时候,本吉老师马上说绘里现在不是敢说"不敢说"了吗。这就表示自己(老师)的建议虽然被拒绝,但是没关系,在朋友提出不合理要求的时候也可以拒绝。本吉老师这般随机应变的做法让人茅塞顿开。

自己处在同样的情况会怎么样。本吉老师问别的小朋友会不会把自己特别喜欢的玩具给别人。这样的做法应该在幼儿园中十分常见。问的目的是,让周围的孩子对当事人的心情可以设身处地理解。这并不是与己无关,自己也会有和绘里一样面对同样情况的时候。让在场的小朋友认为这也是大家的问题。

仔细地观察事态,仔细地询问被命令而欺负别人的孩子,被欺负的孩子是什么样的孩子,为什么要踢人。让孩子们重新看清事态,细致地培养孩子的分析能力。

接下来,本吉老师讲道理,甚至提出不合理的要求。园长老师命令孩子去打别人。很难想象老师会真的这样命令,看起来又不像是开玩笑。被命令以后,想也不想就去服从是不对的,让做了错事的孩子们了解了事态,而且让孩子们感受到了压力,让孩子切身体会到不合理性。

孩子们开始把自己的想法和心情转化成语言。实录中老师引导孩子们进行逻辑性思维的场面也不断出现。那个叫绘里的孩子,说不定是个胆小的孩子。在老师的询问中,绘里终于敢和拿走项链的大班孩子"对抗",一边流着眼泪,一边说完了那条项链对自己来说是多么重要。

通过这个实录,让人感到体会气愤的重要性。教育工作者感受到气愤,并培养孩子们也能感受到。人们常常认为,气愤和拒绝的情感是消极的,是要避免表现出来的,最好能够不表现出来就息事宁人。但是,气愤和拒绝在善待自己的时候是不可缺少的,而且,正义感的基础就是气愤。再从关爱这个角度来看,只有拒绝不合理的事情,自己认为重要的事情才能够实现。

3. 贴近儿童心理实际

在开展心理健康教育时,教师尤其要摒弃传统的"学科教学"的思路,不能按部就班地按照"预定计划"开展。因为幼儿的心理,来自于他们鲜活的生活。我们的心理健康教育务必要贴近幼儿心理实际,在生活提供的各种教育机会中"自然地"培养幼儿良好的心理素质,让幼儿乐于接纳我们的"指点"。

案例

耍心眼能心安理得吗?!①

不放过培养诚实的机会:追求做人的正直,即使是孩子也不能容许其不诚实的行为,要让孩子思考什么是公正。但是,不能够自上而下地灌输或者责备。而是要提出几种可能性的解释,让孩子去辨别。

一、石头剪子布抓尾巴

最先出石头,石头剪子布!(在日本,石头剪子布的游戏,一般最先要出石头,然后才可以出想出的。)孩子们正在玩石头剪子布抓尾巴的游戏。我(本吉)看到这样的情景:"最先出石头。""啊,慎太郎输了。到后面去。"我吃了一惊,问站在旁边的年轻老师:"这样行吗?"可是那位老师不明所以,一脸茫然。

"你看见刚才雄介在做什么了吗?""看见了。""那你不想管管吗?""……""那请老师跟我来。"

我们两个若无其事地来到孩子们排成的长队最前头的雄介那里。我说:"最先出石头。"然后却出了布:"啊,雄介输了,到后面去。"

雄介低下了头。做什么都很优秀的雄介,被大家另眼相看的雄介,就是这个雄介,眼睛里涌出了泪水。

我问跟在身后的年轻老师:"怎么办,老师?""……"

---

① [日]本吉圆子实录,无藤隆解说,刘洋洋译:《培养幼儿的成长能力:幼儿园教育活动指导实录》,华东师范大学出版社2013年版,第9—13页。

这是在园内教研活动刚开始，我们一进活动室就看到的情况。

"雄介什么也不想说吗?"

"……"

一直排队等着玩儿的孩子们想知道发生了什么事，围拢了过来。

"奶奶刚才说最先出石头，却出了布。雄介出了石头。奶奶就让雄介排到队伍后面去，可是雄介快要哭了。"

……

"雄介是什么样的小朋友啊?"

"雄介什么都行。""很棒。""有好多玩具。""不过有时候也会说'给我玩儿，给我玩儿'，把我们的玩具抢走。""雄介知道好多事，很聪明。"

"是这样啊! 雄介什么都会，聪明，很棒。那，刚才的石头剪子布，怎么样? 小朋友们想一想。一边说着最先出石头的奶奶却出了布。雄介可是按规矩出了石头。不过奶奶想，出了布就是赢，奶奶让雄介排到队伍后面去，可是雄介不去，还哭了，这是为什么呢?"

"是不是因为奶奶出错了，可是奶奶是大人，雄介不敢对奶奶说最先要出石头，不能出布?"

"是吗，原来是这样。雄介，是这样吗?"

没想到，雄介却摇头，终于忍不住哭出声来。小朋友们都开始担心，感觉出有什么事不对劲。可是，还是不明白是怎么回事。一个小女孩在雄介的耳边说:"雄介，因为奶奶是大人不敢说吗?"雄介还是摇头否定。

这时候，我说:"原来雄介是个好孩子。知道什么是对的。奶奶知道雄介心里在想什么。雄介真棒，雄介心里有想要道歉的小朋友是不是?"

雄介点头。其他小朋友都是一脸莫名其妙的表情。

"雄介，小朋友们都在，是不是不好意思向那位小朋友道歉? 只留下你们两个人好不好?"

雄介再次摇头。

"那现在道歉吗?"

雄介把捂着脸而沾满泪水的手放下来，环视了一下周围，径直走到了四岁的慎太郎面前。

"对不起!"

慎太郎吓了一跳。眼睛瞪得大大的。周围的孩子们也都惊讶极了。

(本 吉)

二、接力

十点半之前有一个面向家长的演讲会。在演讲会之前还有点时间，我就去院子里看看孩子们。孩子们分成了两组正在玩接力。红队跑最后一棒的女孩跑得特别快。可是对手白队的最后一棒先接到了接力棒已经跑出去七八米了。我和孩子们一起加油，竟然发现红队的最后一棒越线从内侧超过了白队，最后红队在终点以微弱的优势赢了。这时候，年轻的老师像什么也没有发生过一样："红队万岁，请白队为红队鼓掌。""好了，我们准备去吃饭。"

我来这所大型的幼儿园是第一次，虽然我认识园长老师，其他的老师却不见得认识我。可是我不能对刚才的事情视而不见。我穿过院子追上正在教室门口换鞋（在日本，为了保持教室清洁，室外活动后要换上室内用鞋）的最后一棒的女孩。

"奶奶刚才看你跑接力，奶奶要是你妈妈一定会很伤心。"

突然出现了一个陌生的大人，很多孩子都围拢了过来。

"如果奶奶是小孩子，也像你一样跑最后一棒，也像你一样那么做，以后还能心安吗？那奶奶的心一定会变成黑的。所以奶奶不能装作没看见。你的腿像羚羊一样，非常漂亮也非常快。脸和身材也都长得很好，你是一个漂亮的孩子。奶奶相信你是好孩子。你那么做对吗？"

那个女孩哇地哭了出来。

"跑最后一棒要担负责任是不是？要是只有你和另一个小朋友两个人赛跑，你一定不会做刚才那样的事对不对？这么一想，奶奶觉得六岁的孩子真是了不起。要是自己的话可以输，可是跑最后一棒的话就不能输。你能这么想，奶奶觉得你真是了不起，真是长大了。不是想要滑而是为了红队，这要是三岁的孩子一定做不到。可是，再好好想一想，结果是白队输了。如果奶奶的孩子是白队跑最后一棒的，奶奶会很难过。奶奶觉得比起耍滑赢了的人，堂堂正正输了的人更值得尊敬。奶奶说的错了吗？"

女孩使劲摇头。

"明天还想再跑一次接力是不是？"

"是。"

"好孩子！明天一定再跑，堂堂正正地比。输了心里也舒服。"

"嗯，我要让心里舒服！"

开始吃饭的时候，我很容易就找到了那个女孩所在的教室，孩子们看见了我。"啊，她就是刚才把里奈弄哭的奶奶。"接着孩子们开始吵闹起来。我笑了，走到里奈坐的地方，坐在同一张桌的小朋友问里奈："是刚才这个奶奶说你了你才哭的吗？"里奈说："不是。"里奈否定了。

"那是因为这个奶奶很厉害你才哭的吗？"里奈听了，笑着摇了摇头说："不是。"小朋友们都觉得很奇怪。

我说："那些眼泪是因为心里变干净了、心情变好了才流的。"里奈听了重重地点头，说："是的。"

（本　吉）

解说：讲道理要结合孩子的心理

雄介在玩石头剪子布的时候耍滑赢了小朋友。针对雄介的行为，老师以其人之道还治其人之身，让雄介输了，让雄介成为了受害者。这时候，雄介的眼睛里盈满了泪水，看上去很可怜。

　　本吉老师的真正目的在这之后开始体现。不仅仅是让孩子认识到做错了事，更要反省。首先，把事态解释给周围的孩子们听。然后引出雄介很棒、很聪明，不过有时候还很任性。接着，老师说明自己刚才对雄介做了什么，听取孩子们的意见。接着等孩子们说出因为对方是大人，雄介不敢说的意见，再向雄介证实。但是，雄介否认了，老师让雄介清楚地意识到错在雄介自己，引导出雄介想要道歉的情绪，再让雄介道歉。

　　在后面的接力赛实录中，对耍滑而赢了比赛的孩子，先表扬她是一个好孩子，而且是迫于责任感而做了错事，再进一步说明就算耍滑赢了也不光彩，堂堂正正地做事就算输了也是值得尊敬的。先要肯定孩子，再对输了也愉快的心情表示支持肯定。

　　追求做人的正直，即使是孩子也不能容许其不诚实的行为，要让孩子思考什么是公正。但是，不能够自上而下地灌输或者责备。而是要提出几种可能性的解释，一一让孩子去辨别。

　　本吉老师的说明总是清楚易懂，同时，像难过、愉快这样的心情也都用语言和表情表现出来。语言和道理并不是硬邦邦的存在。如果是那样，由正直而产生的正义感对孩子们来说是无法理解的。其实，讲道理要结合孩子心理，我理解你的心情，如果是我也会那样做的，可是如果那样做的话，心里会不舒服，会觉得难过，所以不那样做。告诉孩子做了正直的事心里会很舒服。

　　我们常常在讲什么是好的、什么是坏的社会原则时，因为对象是孩子，就算他们有些许不诚实的举动也容易放任他们。又常常只用明确的语言命令孩子遵守规则，如有违反就命令孩子用语言来反省，这样做很容易。但是，正确的做法是，我们先要明确规则，让孩子清楚地意识到给对方造成了伤害，引导孩子自主决定不再那样做。为了达到这样的目的，我们必须读懂孩子心里的想法。

第三节　幼儿常见的心理问题

　　儿童的心理发展受到许多因素的影响。这些因素大致可以分为个人因素和环境因素。个人因素是指儿童的生物和心理特征，环境因素是指儿童的心理社会环境，包括家庭、学校、同伴群体以及参与治疗的机构。

　　婴幼儿和童年早期的心理问题，我们选择其中某些相对多见的障碍，作简要介绍；其中涉及的治疗方法，都来自有关专家的临床验证和著作，但不建议大家"拿来就用"。因为这一部分内容主要是为了让大家在掌握一部分常识的基础上，理解心理问题诊断、评估和治疗等方面的复杂性,以便大家在面对这些问题的时候,持更加审慎的态度,不要妄下论断。因为每个儿童都是独特的,需要全面的评估和有针对性的治疗方案,涉及某个儿童的具体诊断和治疗,请大家求助专业人士来进行。

一、睡眠问题

儿童睡眠时间随着年龄增加而减少。新生儿平均每天睡 16.5 小时;1 岁婴儿平均每天睡 13.75 小时;5 岁儿童每天大约睡 11 小时;到 10 岁时,儿童平均睡眠时间是 9.75 小时。不同儿童的睡眠时间存在相当大的差异,当然这种差异会随着年龄减小。平均而言,2 岁儿童每夜会醒来大约 3 次,但大多数儿童(大约 75%)具有自我安静的技能,能够在没有父母介入的情况下再次入睡。

美国精神疾病诊断手册(DSM-IV)区分出原发性睡眠障碍和继发性睡眠障碍,继发性睡眠障碍在某种心理状况、医学治疗或药物使用的条件下才出现。原发性睡眠障碍的分类,见下图。

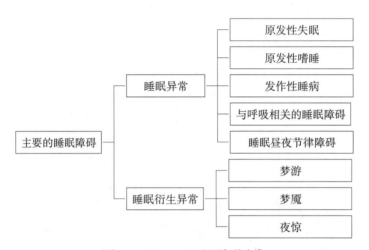

图 4.1 DSM-IV 睡眠障碍分类

睡眠异常主要表现在睡眠数量、时间或质量等方面。睡眠衍生异常则以睡眠期间出现的行为和生理失常为特征。15%—25% 的学前儿童患有夜醒问题,每周 5 个或更多个夜晚失眠。夜惊的发病率约为 1%—5%,其他几种的准确发病率尚无法确知。这里,我们简要介绍几种。

(一) 失眠

入睡困难和持续的夜醒(DSM 诊断为失眠)是迄今学前儿童最常见的睡眠问题,但为这种问题异常苦恼的不是儿童,而是父母。

1. 失眠的临床表现

① 入睡困难或难以保持睡眠状态,或睡眠质量差,这种状态保持一个月以上。
② 睡眠失调导致明显的苦恼。
③ 睡眠失调不是发生在其他睡眠障碍发病期间,不是发生在其他心理障碍发病期间(如抑

郁或焦虑)。

④ 失眠不是由于物质、药物或一般性躯体病症引起的。

2. 失眠的有关原因

与失眠有关的原因,主要是两组:一组是体质因素,包括围产期并发症、过敏症、哮喘、对外界刺激过敏或迟钝,以及困难气质。另一组是社会心理或人际互动因素,包括母子依恋困难、母亲的焦虑或抑郁情绪。

3. 入睡困难和夜醒的治疗

儿童的父母和治疗医师应该诚心合作,以便共同帮助儿童养成自我安静的技能。一般,我们建议采用渐变的形式,因为睡眠规律突然变化,婴幼儿的反应通常是大哭不止,很多成人很快就会放弃。每个儿童都需要针对性的睡眠疗程。通常,程序中要包括以下一些策略。

(1) 逐渐减少或取消白日睡眠

可以通过逐渐减少白日小睡的次数和每次小睡的时间,来减少儿童白日睡眠。成人可以组织一些使儿童愉悦的活动,来代替小睡;可以定时唤醒儿童。

(2) 逐渐减少或取消睡前喂食或喂水

如果儿童上床前要吃大量东西才能入睡,就要逐渐延长进食和睡觉之间的时间,对于夜醒后需要进食才能再度入睡的儿童,要逐渐减少喂食的次数和数量。

(3) 养成舒适的就寝规律,并逐渐提前就寝时间

舒适的就寝过程包括洗澡、换衣服、抱娃娃、讲故事和唱儿歌等,可以形成固定的程序。有睡眠问题的儿童通常拒绝早睡,对此,我们可以先在儿童最可能想睡的时间开始实行就寝程序,让儿童在脑海中形成入睡的"就寝脚本"以后,再逐渐提前实施就寝程序。

(4) 逐渐提供儿童自我安静入睡的机会

让儿童自己安静入睡,或夜醒后安静地再次入睡。这一目标要分步实现,大家可以参考如下的程序:

① 在腿上放毯子,让孩子在不怎么舒适的状态下入睡。

② 抱得松一点,让孩子在腿上或椅子上平躺着入睡。

③ 在抱一小段时间后,让孩子躺着入睡,父母紧挨在旁边拍抚。

④ 鼓励孩子在床上入睡,减少拍抚动作。

⑤ 坐在床边,在孩子入睡期间拍抚他。

⑥ 坐在床边,但不拍抚他。

⑦ 把椅子从床边移开一米,避免注视孩子。

⑧ 在孩子入睡期间,父母的座位在房间的另一端。

⑨ 在孩子入睡期间,父母在房间中孩子看不到的地方。

⑩ 在孩子入睡期间,父母在卧室房门外。

(5) 指导儿童学会放松技巧

3岁开始,儿童可以在临床医师或父母的指导下进行放松技能的训练。对三四岁的孩子来说,只要简单的四组肌肉放松训练就非常有效:

① 握紧拳头,放松拳头。

② 脚趾向上绷,然后放松。
③ 耸起肩头,然后放松。
④ 吸气后收紧腹部肌肉,呼气时再放松腹肌。

而后进行诱导睡眠意向训练,凡是能够降低唤起水平的意向都可以使用。比如:太阳下山,微风轻轻吹等。对于年幼的儿童来说,睡前进行数数等方法往往是提高了其唤起水平,因为数数需要他们集中注意力。成人可以播放特定的音乐或故事录音等,帮助他们入睡。

(6) 使用奖赏和消退训练

成人可以使用小红花之类的奖品,或是制作表格用笑脸记录睡眠情况等方式,强化儿童身上有利于睡眠的行为。成人可以使用忽视(不予理睬)的方法,消退儿童不利于睡眠的行为。

但无论是什么方法,成人要让儿童知道这些措施背后的道理,其目的是帮助他们学会自己安静地入睡,而不是惩罚"坏孩子",这样会大大增加得到儿童配合的可能,提高解决睡眠问题的可能。

(7) 注意食物过敏

有研究表明,大约10%儿童睡眠问题的临床门诊案例中,牛奶过敏导致的身体不适,也是睡眠问题的重要影响因素。有些儿童停止食用牛奶制品5周后,睡眠模式就趋于正常。

(二) 夜惊、梦游

1. 夜惊和梦游的临床诊断标准

夜惊的临床诊断标准:

① 在睡眠期间的前三分之一时间里突然惊醒,伴随着惊叫,周期性发作。
② 强烈的恐惧和由心动过速、呼吸急促以及出汗表明的自动唤起。
③ 在发作期间对安慰无反应。
④ 没有梦的记忆,对发作期间的事情失忆。
⑤ 导致明显的苦恼。
⑥ 失眠不是由于物质、药物或一般性躯体病症引起的。

梦游的临床诊断标准:

① 在睡眠期间的前三分之一时间里下床四处游走,周期性发作。
② 在梦游期间个体面无表情,反应迟钝,不易唤醒。
③ 唤醒后不记得梦游期间的事情。
④ 在唤醒后的短时间内认知功能无损。
⑤ 导致明显的苦恼。
⑥ 障碍不是由于物质、药物或一般性躯体病症引起的。

2. 夜惊和梦游的特点

夜惊和梦游发生在慢波睡眠期间(睡眠中快速眼动睡眠和非快速眼动睡眠周期性地交替出现,非快速眼动睡眠可分为四个阶段,其中第三和第四阶段是深睡期,脑电图以低频波形为特征,因此也叫慢波睡眠)。它们是发育性病症,经常有家族史,大多数儿童到青春期自然痊愈。

夜惊和梦魇是不同的。梦魇和焦虑有关,发生在快速眼动睡眠期间,一般在后半夜,而且发生梦魇时,儿童很少尖叫,通常对安慰有反应,对梦境的细节记忆得非常鲜明。而夜惊的儿童通常像受了惊吓,试图逃脱什么似的下床跑动,对安慰的反应迟钝,并对梦中细节无记忆。

3. 夜惊的治疗方法

治疗夜惊主要采用唤醒疗法。父母连续 5 个晚上观察儿童的睡眠,记录夜惊发作的时间。如果夜惊发作的时间比较固定,父母就在夜惊发作前 15 分钟唤醒儿童,并让儿童保持清醒 15 分钟。唤醒疗法要连续进行一周左右。如果发作时间不固定,父母应当关注夜惊发作前的自动唤起信号,信号一出现就唤醒儿童,同样持续一周左右。这一方法对 80% 的夜惊儿童都有效,在使用时还需辅以家庭支持和有关睡眠知识的教育。

二、排便障碍

一般来说,儿童到 4 岁时已经能够控制大便,到 5 岁时能够控制小便(包括晚上),女孩比男孩更快学会控制大小便。不同幼儿在学会控制大小便的年龄上是有个体差异的。因此,4 岁、5 岁可以作为判断儿童是否出现大便失禁或遗尿症的年龄分界点。

(一) 排便障碍的评估

排便障碍有许多不同症状,成人在对儿童的排便障碍进行评估时,首先要从这几方面来澄清。

① 遗尿和大便失禁可能只发生在白天,只发生在夜晚,也可能全天任何时候。遗尿症可分夜间型、日间型和日夜型。

② 原发性的遗尿和大便失禁,在出生时就存在;继发性的遗尿和大便失禁是在生长的某个阶段发生。

③ 对于继发性遗尿和大便失禁的儿童,要区分是无意发生的,还是有意为之的。

④ 就症状而言,大便失禁可能伴有便秘和便频,但也可能没有。

⑤ 排便问题可能只有大便或小便中的一种,也可能两者都失禁。

⑥ 排便问题可能是简单的,是单独的,只有某一两种症状;也可能是儿童某种复杂问题的组成部分;还可能是发育迟缓或躯体疾病的表现。

下面介绍的治疗大小便失禁的方案都是已得到广泛研究、十分有效的,如果实施环境非常有利,这些治疗方案的效果会进一步提高。如果儿童对这些治疗措施没有反应,那么可能是综合评估不够全面,还没有有利环境。

有研究表明,传统儿科治疗与心理治疗联合治疗大便失禁,治愈率可达 77%。治疗方案中主要措施包括:心理教育、清除体内粪便和肠道恢复。这里不作进一步展开阐述。这里主要介绍遗尿症的常规治疗。

(二) 遗尿症的治疗

如果遗尿症病因中有尿道感染之类的生理性因素,就要先治疗生理疾病,再进行心理干预。

对遗尿症,国外的常规方法是将遗尿警报器安装在床垫、内裤上,用尿湿后响起的警报声,逐渐使儿童在尿意和醒来上厕所之间建立起条件反射。这种治疗方法可使60%—90%的案例有所改进,持续时间12—16周,平均复发率为40%左右,在复发人群中,约有68%的儿童可以被重新治愈。[①]

成人采用其他治疗策略配合遗尿警报器的使用,可以使遗尿复发率降低至20%左右。这些配合策略包括:

① 心理教育。帮助父母和孩子把遗尿看成是一个发育迟缓问题。对继发性遗尿,要这样解释:生理和心理上的应激压力会使膀胱控制发生倒退,这是儿童所无法控制的。并解释遗尿会复发的问题。

② 排尿练习。让儿童在入睡前一小时,躺在床上数到50,然后去厕所,尝试排尿后再回到床上。在整个治疗过程中,只要儿童尿了床,就进行这一练习。

③ 清洁训练和奖励系统。清洁训练的目的是通过强化小便控制感、负责整理被褥,来减少儿童尿床的可能性。如果儿童没有尿床,就给予奖励。

④ 保持力控制训练。这一训练旨在让儿童在清醒的时候,增加正常的膀胱容积能力。训练时,儿童在规定时间里喝液体,想上厕所时要告诉成人。这时成人要求儿童憋一会儿再去尿。从3分钟开始,以后逐渐增加时间,比如第二次练习憋5分钟,这样直到憋45分钟。每当儿童能成功坚持规定的时间,都要给予奖励。

⑤ 超量学习。这一训练旨在帮助儿童在睡眠时增加正常的膀胱容量。在儿童连续两周没有尿床之后,让儿童在睡前15分钟喝大约110毫升水,如果连续两个晚上不尿床,水量再增加60毫升;如果仍然连续两天没尿床,水量再增加60毫升,直至正常膀胱容量(有许多不同估算法,大约为年龄加2然后乘以30毫升)。如果儿童出现了尿床,水量就减少60毫升。

⑥ 干床训练。干床训练的目的是将排尿练习、保持力控制训练、清洁训练等压缩到短时间内完成。治疗过程的第一个晚上进行强化训练:先进行20次排尿练习,而后让儿童喝水,带着警报器入睡。成人每个小时唤醒儿童一次,带其到厕所,并问儿童能否坚持一小时不尿,若能,则回床上,不能就让其排尿。无论排尿与否,都要儿童喝一定的水后再去睡。若儿童尿床了,成人会被警报铃声唤醒,监督儿童做好清洁训练,再做20次排尿练习。此后,若儿童不尿床,每晚叫醒儿童一次,不再喝水,叫醒时间每天延后半小时。如果一周内尿床2次,上述训练重新开始。

三、学习与交流障碍

学习与交流障碍,一般可以分为智力发育迟滞、学习障碍、交流障碍和脑创伤后获得性学习困难等。

---

① Kaplan, S. & Busner, J. (1993). *Treatment of nocturnal enuresis. In* T. Giles (ed.), *Handbook of Effective Psychotherapy* (pp. 135-150). New York: Plenum.

(一) 智力落后(智力发育迟滞)

1. 智力落后的诊断

智力落后是指智力功能出现实质的缺失,智力活动显著低于平均水平,IQ 测验结果等于或少于 70 分,并且症状在 18 岁之前出现,同时在以下几个适应技能中至少存在两个缺陷或损伤:
- 交流
- 自我照料
- 家庭生活
- 社交技巧
- 社区资源的利用
- 自我取向
- 功能性学业能力
- 工作
- 休闲活动
- 卫生和安全

2%—3%的人口可能出现智力缺陷。中度和重度智力落后的致病因素中有明确的遗传和器质性因素;轻度智力落后的原因,是多重遗传影响和心理社会逆境。

智力落后,需要进行评估的情况,通常有以下几种:初步诊断;在生活转折期作安置决策;进行技能训练或制定行为控制治疗计划。下面简要介绍初诊评估的一个四维系统。

2. 评估和干预

美国智力落后协会(AAMR)规定,在对智力落后者进行诊断、分类和鉴别时,需要从以下四个维度评估:

维度Ⅰ:确定个体在智力功能和适应技能上的状况

在初诊评估阶段,首先要对儿童的治疗状况、适应性行为进行评估,可根据上面的诊断标准,使用心理测验量表进行。还要对儿童是否存在感觉、动作或言语方面的缺陷给予特别关注,对此也可使用测验量表。

维度Ⅱ:确定个体的心理和情绪状态

要确立个体在心理和情绪方面的优缺点,除了利用会谈法和观察结果外,还可利用一些量表。

维度Ⅲ:身体、健康和病原学因素

儿童身体健康方面的功能,需要由儿科医学检查来确定。同时也要关注胎儿期、围产期、产后的生物医学病原因素和社会心理病原因素。

维度Ⅳ:环境因素

对儿童的实际家庭和学校环境,以及最适合该儿童的家庭和学校环境进行评估。评估重点是儿童的需要(融入正常群体的需要、掌握年龄段相应独立生活技能的需要)是否得到满足,以及如何能得到满足。

评估后需要说明每种状况需要怎样的支持,进而形成具体干预方案。智力落后儿童的家庭通常要由多学科治疗小组提供帮助,心理学家作为其中的成员,必须在以下5个大涵盖面的问题领域为儿童进行评估和干预,即心理教育、恰当的支持和定期检查、生活技能训练、应对问题行为,以及在生活转折期间提供咨询并帮助处理悲伤过程。

(二) 其他学习与交流障碍简述

1. 特定性语言发育迟滞

言语障碍可分为继发性语言迟滞和特定性语言迟滞。继发性语言迟滞由智力落后、孤独症、听觉丧失或其他类似病症引起;特定性语言迟滞可分为最常见的表达性言语迟滞和最难治疗的接收—表达混合性语言迟滞。

特定性语言发育迟滞多发生在5岁以下儿童身上,男孩多于女孩。遗传因素是主要的病原学因素。对这类儿童需要进行多学科的评估,并进行个性化的治疗。

2. 特定性学习障碍

约有5%的儿童患有特定性学习障碍,最为常见的是阅读障碍。遗传因素是重要的病原学因素,而心理社会因素主要是维持了学习障碍儿童的继发性行为问题和情感问题。

3. 脑创伤造成的获得性学习困难

脑创伤引起的学习困难,通常表现为不能记忆新信息,不能回忆旧信息。儿童可能表现出认知、学业和行为困难。

四、广泛发育障碍

广泛发育障碍是指一类障碍,它们会导致儿童出现严重的社会交往、人际沟通、认知和行为方面的问题。孤独症、Asperger综合征、Rett综合征和Heller综合征是主要的广泛发育障碍。大多数患有这类障碍的儿童成年后不能独立生活。孤独症和Asperger综合征通常从一出生就显现出来,但Rett综合征和Heller综合征要经过一段相对正常的早期发展后,到学前期才会表现出来。

(一) 孤独症的概况

孤独症亦称自闭症,是最常见的一种广泛发育障碍,其发生率为每一万人中2—5例,男孩患病率较高一些。目前的研究表明,孤独症更多的是一种神经发展障碍,而不是对家庭应激情景的情绪反应。

(二) 孤独症的诊断和临床症状

大多数孤独症儿童表现出社会性发展、言语和社会行为三种缺陷。孤独症儿童在婴儿期表现为不能进行眼对眼的线索跟踪,不能做出社会性、情感性的表情动作,不能进行社会互动,比如不能和父母形成安全依恋、缺乏共情能力等。孤独症儿童的言语发展通常滞后,很少参与社会性或情感性的谈话,并存在代词混淆、模仿语言等多种异常现象。孤独症儿童的行为是刻板的重复模式,限于有限的兴趣范围内,强烈拒绝变化,几乎不参与任何富有想象力的游戏或假装游戏中。下表是DSM-IV中对孤独症的诊断标准。

表4.2　DSM-IV对孤独症的诊断标准

DSM IV
在下列标准中至少有6项,并且第一组中至少有2项,第二、第三组中至少分别有1项: ● 社会交往中有质的损害,至少有下列2项表现: (1) 多种调节社会交往的非言语性行为,如眼睛的对视、面部表情、躯体姿势和手势的使用明显受损 (2) 不能建立与发育水平相称的同龄伙伴关系 (3) 缺乏自发地与他人分享快乐、兴趣或成就的能力 (4) 缺乏社交性或情感性互动 ● 言语交流有质的损害,至少有下列1项表现: (1) 口头言语发育延迟或完全缺乏 (2) 已有足够言语能力的个体发动或维持与别人的交谈的能力明显受损 (3) 刻板、重复地使用语言或有独特的语言 (4) 缺乏与发展水平相称的各种自发的假装游戏或模仿社交游戏 ● 行为、兴趣和活动模式具有限制性、重复性和刻板性,至少有下列1项表现: (1) 全神贯注于一种或多种刻板的和限制性的兴趣模式,兴趣的强度和集中程度是异常的 (2) 顽固地坚持一些特定的、无作用的常规和仪式 (3) 刻板的重复的怪癖动作 (4) 持久地全神贯注于物体的某个部分 3岁以前开始,至少有下述一项功能发育延迟或异常: ● 社会交往 ● 在社会交往中使用的语言 ● 象征性游戏或想象性游戏 障碍不能用Rett综合征和儿童瓦解性障碍来解释

(三) 孤独症的治疗

目前孤独症还没有根治的方法。最好的情况只是帮助孤独症儿童掌握一些技能,一定程度上增强其人际沟通能力,培养问题解决能力,并减少他们的攻击行为;帮助家长更好应对孤独症问题,尽可能过上正常的生活。对孤独症儿童进行尽早而准确的识别、评估和矫治是十分关键的。

孤独症儿童需要加以克服和治疗的一个主要缺陷,是学会基本生活技能。但治疗结果往往不够理想,近60%的孤独症儿童成人后不能独立地生活,只有4%的儿童能达到与正常儿童接近的水平。

五、注意力和多动症问题

案例

6岁的蒂姆不能安静地待在座位上,不能集中注意力完成自己的学习任务。他经常离开自己的座位,绕着教室边跑边叫,严重干扰了教师和其他小朋友的教学活动。即

> 使教师和他一对一谈话,他也很难集中注意力。小朋友们不喜欢他,因为他总是干扰别人的游戏,他不能遵守游戏规则,不能等待轮到自己。在家里,一醒过来就大喊大叫,没有安静的时候。

注意缺陷多动障碍(ADHD)是个十分严重的问题,因为注意困难、多动和冲动等症状,会导致儿童出现学业和人际关系等多方面的问题。儿童意识到自己的缺陷,这些缺陷导致自己在家庭、同伴中和学校里的失败,他们可能降低对自己的评价,并产生抑郁情绪。鉴于 ADHD 本身的缺陷及其导致的各种问题,ADHD 的治疗效果较差,三分之二的 ADHD 儿童的问题会延续至青少年后期,甚至成人期,三分之一在青少年期会出现明显的反社会行为。

表 4.3　DSM-Ⅳ对注意缺陷多动障碍的诊断标准

出现 1 组或 2 组症状:
1. 下列是注意力不集中的症状,出现其中 6 项或更多症状,症状持续 6 个月以上,并且达到适应不良、与所处发展水平不一致的程度。
注意力:
- 通常不能注意到细节或者在学校作业、工作或其他活动中粗心大意
- 通常很难集中注意参加游戏
- 通常不能遵循指示,不能完成学校作业、家务活或工作任务
- 通常难以组织工作和活动
- 通常逃避或延误要求保持注意的任务
- 经常丢失完成任务或活动所必需的东西
- 经常被外来刺激分心
- 在日常活动中经常表现出健忘

2. 下列是多动—冲动症状,出现其中 6 项或更多症状,症状持续 6 个月以上,并且达到适应不良、与所处发展水平不一致的程度。
多动:
- 经常在座位上坐立不安,玩弄自己的手或脚
- 经常在教室里或其他要求坐在座位上的情境中离开自己的座位
- 经常在不恰当的场合中乱跑乱爬
- 通常难以安静地参与休闲活动
- 经常保持运动或活动状态,就好像坐在发动机上
- 经常说很多的话

冲动:
- 经常等不到问题问完,就说出答案
- 通常难以安静地等候
- 经常干扰或侵扰别人

这些症状有的在 7 岁以前就会出现。由症状导致的损伤在两个或更多的情境中(如家里和学校里)表现出来。
在社会功能、学习功能和工作功能上表现出临床的显著损伤。
注意力不集中不是由其他障碍所导致,并伴有多动—冲动,划分为综合类;未出现多动的,划分为注意力缺损类;未出现注意力不集中的,划分为多动—冲动类。

ADHD 的注意力缺损亚类在临床中多表现为行动迟缓、毫无兴趣、爱做白日梦、容易分心并且学习困难;多动—冲动亚类通常是活动过度、有攻击行为和反抗行为,品行问题突出。如果

是综合类,情况较严重,通常难以进行治疗,预后也较差。

对 ADHD 儿童进行的多系统治疗方案中一般包括:心理教育法、心理刺激药物治疗、家庭干预法、矫正儿童在校学习困难和品行问题的学校干预法、儿童自控技能培训,以及儿童饮食的评估和干预。

 思考与练习

1. 通过学习,你应该知道,儿童的攻击性行为是外在的一种行为表现,它可能是某种情境引起的,也可能是由心理问题引起的。请你进一步查阅资料,说说面对幼儿的攻击性行为,你会采取些什么措施。

2. 在幼儿园托班有一个入园两周的新生,这个小朋友嘴角边常常流着口水,其他小朋友集体做室内操的时候,他一个人绕着教室里的柱子转圈圈;教师开展集体活动时,他也是想去哪里就去哪里,教师觉得他好像听不懂要求,和他无法沟通。请问,当你面对这一情况的时候,你觉得应该从哪些方面去进行观察和评估呢?

第五章　学前儿童的动作发展与体育活动

即使环境还不够丰富、完善，一旦幼儿积极地加以利用，环境的功效就会不断地扩大起来。相反，如果这些环境的使用方法让幼儿受到约束的话，环境的作用就不可能充分地发挥出来。换言之，唯有幼儿的自由感才使环境焕发出活力。不能仅仅只从空间角度来论及幼儿园的大小。

——仓桥物三

一般来说，人们认为研究动作发展，主要是从一生发展的角度来研究人类动作行为发生了哪些变化，以及这些变化是怎样发生的、有哪些影响因素。这两个方面是相互交织在一起的，发展与时间（年龄）有关，但不是时间（年龄）决定的。人们研究所涉及的内容如：胚胎期的发育对个体动作发展的影响，如爬行；功能性动作的发展，如绘画；运动或体能相关的研究主题，如竞技运动中的动作。

动作发展对于儿童的认知、情感和社会性发展具有重要意义，动作发展也是当前体育教育、心理学领域研究的重要主题之一。儿童期的动作发展是个体整个人生动作发展的重要阶段，儿童期个体大肌肉群动作和精细动作的发展水平对青少年、成年和老年期的动作发展都具有重要影响。[1]

第一节　学前儿童的动作发展

一、儿童动作发展的意义

个体的动作发展是神经、肌肉和骨骼等多种器官、系统协同作用的结果，因此，个体生理机能的生长发育水平制约着动作发展水平。儿童时期，个体在身高、体重、力量等身体素质上快速发育，这些变化为儿童期的动作技能发展提供了良好的生理基础。研究表明：动作和运动在儿

---

[1] 祝大鹏：《儿童动作发展的理论、方法、测评与发展趋势》，《南京体育学院学报（自然科学版）》2015年第4期。

童早期心理发展中起着积极作用。①

20世纪80年代以来,动作与脑、心理发展的关系成为科学研究的重要课题之一。动作技能的不平常之处在于它是可直接观测的。儿童心理发展的大多数领域是隐蔽的,儿童思维、知觉、情绪、动机、概念、记忆和言语表征的内容必须通过外显的动作行为,如言语、手势、面部表情和眼动来推测,或者,在技术更为尖端的实验室中从脑活动图像加以推测。儿童的动作发展与儿童智力发展之间的关系,是心理领域特别令人着迷的研究主题。

动作发展与智力发展相辅相成。蒙台梭利认为:"儿童有一种天生的欲望,就是能自由地支配他的运动器官。如果他不能这么做,他就无法表现他的智力。"②20世纪最伟大的儿童心理学家皮亚杰认为,心理既不是起源于先天的成熟,也不是起源于后天的经验,而是起源于动作,即动作是认识的源泉,是主客体相互作用的中介。③

在此阶段,儿童掌握了走、跑、跳、抓、握、伸、够、写、画等大肌肉群动作和精细动作。儿童通过训练和生活实践,可以将这些位移动作技能和身体控制动作技能逐渐迁移到日常生活中去,以应对生活、学习中的各种挑战。另一方面,动作技能水平的提高也促进了儿童的社会交往技能。

董奇、陶沙(2004)出版了国内第一部研究动作与心理发展关系的著作《动作与心理发展》,从发展心理学、教育心理学、神经科学、运动生理学和体育教育等多学科整合的视野出发,对个体动作及其与心理发展的关系问题进行了系统的、深入的探讨。书中详细讨论了动作的实质,阐述了个体动作发展的基本规律,分析了影响动作发展的主要因素,探讨了动作学习的过程,揭示了个体动作与其认知发展、社会性发展等的关系,并进一步澄清了生活中的动作教育与体育的区别和联系,同时重点介绍了促进个体发展的动作教育方案以及动作障碍的诊断与矫正的方法。

概括地说,动作发展对于人类个体心理发展的重要促进作用,主要表现为:④

1. 在反复的动作练习过程中,大脑相应区域不断受到刺激而被激活,长期的动作练习可以使大脑结构产生积极性变化,为个体早期的心理发展奠定良好神经基础。

2. 在动作练习过程中,机体各感官不断与外部环境相互作用,各种感官对外部刺激的感受性、敏感性和精确性不断提高,使感知觉精确化。

3. 婴儿期的动作发展是个体认知发展的重要基础,动作操作使婴儿的认知结构通过改组和重建而不断发展。

4. 随着新的动作的出现和原有动作熟练水平的提高,个体与外部物理环境、社会环境的互动模式也在不断发生变化,个体由被动的信息接收者变为主动的信息加工者。这种变化不仅促进了个体自主性、独立性的发展,同时也对个体的社会交往特点产生了深刻影响,进而推动了个体的情绪、社会知觉、自我意识等心理发展。

此外,动作发展对个体心理发展的更为关键的作用还体现在它扩大了个体与外部环境相互

---

① 祝大鹏:《儿童动作发展的理论、方法、测评与发展趋势》,《南京体育学院学报(自然科学版)》2015年第4期。
② [意]玛利亚·蒙台梭利著,霍力岩、李敏谊等译:《童年的秘密》,中国发展出版社2006年版,第85页。
③ 丁芳、熊哲宏著:《智慧的发生:皮亚杰学派心理学》,山东教育出版社2009年版,第6页。
④ 同①。

作用的范围,使个体能够全面、深入地探索其周围的物质世界与社会环境,显著促进了个体认知和社会性心理结构的发展。

二、婴幼儿的动作发展

儿童自出生之日起就有两种身体活动。一种是人类种系在长期进化过程中遗传下来的一系列的反射动作,如条件反射、觅食反射、抓握反射等。这是一种固定的反应活动,是个体对环境中特定刺激物的特定反应。新生儿正是运用了这种反应能力才与陌生的世界取得了最初的平衡。另一种是身体一般性的反应活动,如转头、扭动身体、腿和臂的活动。这是儿童自发性的身体活动,既无目的,也无秩序,涉及身体各个部位。正是这种自发性的身体练习活动,构成了日后动作发展的基础。

儿童的身体动作发展是有一定规律的:1. 由身体的上至下,先从头部开始发展,然后是身体躯干的发展,脚的发育最慢,例如发展的顺序一般为抬头—翻身—坐—爬—站—行走;2. 由接近身体的部位至远离身体的部位,自身体中央开始发展,越接近躯干的部位动作发展越早,离身体躯干越远的部位发展越慢,例如上肢动作为肩头和手臂—肘—腕—手—手指;3. 由粗大肌肉到精细肌肉,小肌肉的发展较为复杂,一般在大肌肉的发展之后,例如儿童先有大肌肉的动作——跑步、跳跃、滑步,进阶至大小肌肉统合的动作——投、接、踢、托。[1] 当然,发展会有个体差异,需要幼儿教师采用科学的观察与记录方法,来掌握每一位婴幼儿具体的发育情况。

婴幼儿动作的发育包括大肌肉动作和精细动作。大肌肉动作往往是指肢体、躯干的动作,而精细动作则主要指手的动作。大肌肉动作的发展要早于小肌肉动作的发展。我们先来看一些婴幼儿动作发育的常见表现。

(一) 0—1岁婴儿的动作表现

1. 大肌肉动作

(1) 1个月时微微抬头,到3个月时头竖得稳。
(2) 3个月时婴儿能稳定地俯卧,4—6个月能变换仰卧与俯卧的姿势并会侧卧。
(3) 4个月时能靠坐,7个月开始能独坐一会儿。
(4) 7个月后慢慢开始爬行,逐渐能爬到家具上,爬楼梯。
(5) 9个月左右开始能扶立,发展到扶走,1岁前后摇摇摆摆地走。

2. 精细动作

(1) 2个月内,手指有时会伸展,还不太放松。2个月起,会吮拳头。
(2) 3个月后,能伸手抓东西,但抓不好;到6个月,能双手合握奶瓶,双手之间递东西等。
(3) 7个月后,手指逐渐灵活,能拇指和食指相对取物,10个月左右能笨拙地使用勺子,掌握一些新的动作,比如垒积木等。

---

[1] 尚忆薇著:《儿童运动与休闲活动设计》,华东师范大学出版社2013年版,第25页。

(二) 1—2 岁幼儿的动作表现

1. 大肌肉动作

(1) 蹒跚行走,用手臂保持平衡(手臂不晃动)。
(2) 能蹲下捡东西,扶地站起。
(3) 喜欢扔东西。
(4) 喜欢攀爬任何可攀爬的物体;能分脚跳下一级台阶。
(5) 边走边跑,重心不稳。

2. 精细动作

(1) 叠积木数量增加,能从 2—3 块,叠到 6—7 块。
(2) 会用拇指、食指和中指捏物品,如蜡笔,会用勺子吃饭。
(3) 能捡取小物件放到瓶子里,会一页页翻书。

(三) 2—3 岁幼儿的动作表现

1. 大肌肉动作

(1) 行走自如,能前后脚同一台阶地上楼梯,3 岁时能双脚交替着一步一级下楼梯、攀高爬低。
(2) 会独脚站,会双脚跳下台阶,3 岁左右能较好地控制身体的平衡。
(3) 跑步时身体僵直,不易转弯或马上停下。

2. 精细动作

(1) 会穿脱短袜,能叠高 8—10 块积木。
(2) 能临摹画简单线条,如竖线和水平线。

(四) 4—6 岁幼儿的动作表现

1. 大肌肉动作

(1) 4 岁的幼儿身体迅猛发展,能够很好地控制自己的身体,会各种方式的行走:前进、后退、侧行、踮脚走、大步走、沿着直线走等等。5 岁时的行走和成人差不多。
(2) 能双脚交替上下楼梯。
(3) 跑得稳,自如地起跑或停下,4 岁偶尔会摔倒,到 5 岁很少摔倒,动作变得有力而敏捷。
(4) 弹跳较为熟练,5 岁后多数能够开始跳绳。
(5) 喜欢攀爬,能够单脚跳(女孩好于男孩),逐渐会抛球、踢球等。

2. 精细动作

(1) 会用剪刀,学会自己吃饭。
(2) 会解开和扣上比较大的扣子,会穿珠子,折纸,玩泥。
(3) 会模仿画出圆圈、形状,会模仿写出字母、数字和笔画简单的汉字。
(4) 会系鞋带。

三、婴幼儿动作发展的锻炼活动

对 1 岁内的婴儿,我们可以在适当的时候,根据婴儿个体情况,通过抬头练习、做婴儿操、拉坐、毛巾卷游戏、学爬等活动,帮助他们充满趣味地得到锻炼。相关知识和技能,我们务必要接受保健护理或是母婴护理等方面的培训,不可擅自操作。

4—6 岁的学前阶段幼儿,大肌肉动作的发展要求和锻炼活动将在后续体育活动的实施中进行介绍,其精细动作的练习可以贯穿在生活、学习、游戏和运动中。下面的案例有所体现。

 案例

摘青菜和青菜根冷了

我们小二班的小朋友或多或少都有动手能力差的表现,比如不会用勺子,不会穿衣服和鞋袜等。这可能是因为在家时家长对他们的关爱常常是无微不至的,孩子们缺乏练习机会,所以动手能力越来越差。

由此,我设计了"摘青菜"的区域学习材料,供幼儿个别化练习。材料准备很简单,一片片的青菜叶通过魔术贴粘在塑料积木墙上,下面是固定好的菜根。幼儿要将青菜叶从积木上"摘"下来,再把青菜叶正确地贴回到菜根上。这个游戏很简单,但是它对锻炼小班幼儿的手部小肌肉有很大的帮助,从而对幼儿用三个手指使用汤匙有促进作用。

幼儿在活动时,大多只是把青菜叶摘下,而后就把叶子放在篮子里,没有把青菜叶贴到菜根上。

在活动分享环节,我说:"你们今天玩了什么呀?"

小宸说:"玩了摘叶子。"

我说:"可是青菜根还是没有衣服穿。青菜根没有衣服穿会怎么样呀?"

小宸说:"会冷的。"

我说:"青菜根觉得冷了,该怎么办呀?"

小彤说:"给青菜根穿衣服。"

我说:"怎么给青菜根穿衣服呢?"

小彤说:"给它穿菜叶。"

我说:"你们把青菜叶都摘下来了,我们的篮子里有许多菜叶,你们可以把青菜叶贴到菜根上,这样它们就穿上衣服了,就会很暖和了。"

第二天的活动时间,不少幼儿都来到"摘青菜"的活动区域,帮青菜根"穿衣服"。练习机会增加了。

经过练习,幼儿在吃饭时掉汤匙的现象也在减少。

> **分析：**
> 在家庭中，家长不自觉地"剥夺"幼儿动手机会，往往是因为：孩子自己做动作慢，家长做可以节省时间；孩子做得不够完美，有时候弄巧成拙，家长自己动手还免了麻烦；有些家长纯粹是认为孩子太小，乐意为孩子效劳。
> 在"摘青菜"活动中，我以"青菜根冷了"，请幼儿帮青菜根穿衣服，引导幼儿将菜叶贴回菜根上。这样在锻炼幼儿的手部精细动作、手眼协调能力方面，提升了一层难度，增加了锻炼。

培养幼儿的动手能力，我认为还有以下途径：

(一) 在集体活动中目的明确地学习和练习

集体活动中，老师给予明确的指导，讨论细节和技巧，幼儿会掌握得更有效。

(二) 在区域活动中多加锻炼

区域活动是幼儿的一日活动重点，也是幼儿非常喜欢的活动。区域活动中的生活操作区、美工区、建构区等，都是锻炼幼儿动手能力的好地方。

在生活操作区，我们可以设置用镊子夹物品、用勺子舀豆豆、给小宝宝穿衣服等游戏，使幼儿在游戏中练习抓、夹、舀等动作。在美工区，幼儿的绘画、泥塑、剪纸、撕纸、揉纸、折纸等，以及手编、布工等丰富多彩的美术活动，无一不是在锻炼幼儿的手部精细动作。在建构区中，幼儿可以通过拼插积木、摆弄纸盒、瓶子等，在拼插、搭建的过程中，锻炼自己的手眼协调能力以及动手操作能力。

(三) 游戏活动中融合精细动作练习

在游戏中，幼儿的各种动作都能得到积极的锻炼，包括精细动作。如：抛接沙包游戏。

(四) 家园配合，共同培养

教师和家长要取得教养态度的一致性，经常交流，共同探讨培养动手能力的好做法。并且教师要坚持了解孩子在家中的情况，使家园步调一致。

第二节 幼儿园体育活动概述

近现代体育发轫于欧洲，勃兴于英美，传播至全球。随着社会的进步和体育事业的不断发展，近现代体育在内涵与形式上均发生了巨大的演进与革新，体育主体与客体、目的与功能也增加了新的内容。我国也产生了众多不同见解的体育定义。①

一、体育的概念

体育,最初是指与德育、智育并行的学校教育的组成部分,内容是身体活动,目的在于促进学生身体或体格、体型发育和保护。其实施主体是学校体育教师,客体是学生。现在,人们一般从"广义"与"狭义"的角度来了解体育的概念。当用于广义时,一般是指体育运动,其中包括了体育教育、竞技运动和身体锻炼三个方面;用于狭义时,一般是指体育教育。不少学者对"体育"的概念提出了一些解释,但比较趋于一致的解释为"体育是以身体活动为媒介,以谋求个体身心健康、全面发展为直接目的,并以培养完善的社会公民为终极目标的一种社会文化现象或教育过程"。体育的这一定义既说明了它的本质属性,又指出了它的归属范畴,同时也把自身从与其邻近或相似的社会现象中区别出来。

二、体育活动的意义

在国家层面,我国对幼儿园体育是相当重视的。

《幼儿园工作规程》中明确规定:"实行保育与教育相结合的原则,对幼儿实施体、智、德、美全面发展的教育,促进其身心和谐发展。""体"被放在了首要位置,不难看出体育在幼儿园教育中的重要性。

《幼儿园教育指导纲要(试行)》(以下简称《纲要》)对幼儿园体育有着着重且具体的要求。"幼儿园教育应当贯彻国家的教育方针,坚持保育与教育相结合的原则,对幼儿实施体、智、德、美诸方面全面发展的教育。""开展多种有趣的体育活动,特别是户外的、大自然的活动,培养幼儿积极参加体育锻炼的积极性,并提高其对环境的适应能力。""在走、跑、跳、钻、爬、攀等各种体育活动中,发展幼儿动作的协调性、灵活性。"

2012年教育部颁布的《3—6岁儿童学习与发展指南》中指出:"发育良好的身体、愉快的情绪、强健的体质、协调的动作、良好的生活习惯和基本生活能力是幼儿身心健康的重要标志,也是其他领域学习的基础。"幼儿良好的身体是语言、认知、情绪、社会性等方面学习的基础。幼儿有了强健的体质,愉快的情绪,才能精力充沛、积极主动地投入到外界环境的探索之中,才能与他人建立良好的社会关系。②

从这些文件中可看出国家对幼儿健康教育的重视。幼儿园体育活动是幼儿健康发展的重要保障。

2019年8月国务院办公厅发布的《体育强国建设纲要》指出,体育应"坚持以人为本、改革创新、依法治体、协同联动,持续提升体育发展的质量和效益,大力推动全民健身与全民健康深度融合",战略任务中包括"将促进青少年提高身体素养和养成健康生活方式作为学校体育教育

---

① 郭梦媛、彭昕:《体育概念模糊性致因的认知分析》,《运动》2019年第4期。
② 李季湄、冯晓霞主编:《〈3—6岁儿童学习与发展指南〉解读》,人民教育出版社2013年版,第56页。

的重要内容,把学生体质健康水平纳入政府、教育行政部门、学校的考核体系,全面实施青少年体育活动促进计划"。而学前阶段的健康教育和体育活动,是这一任务的重要基础和开端。

幼儿园体育活动之于儿童个体的意义,比如促进儿童身体的发展、心理的发展和社会性的发展的价值,很多教材中都有许多介绍,本书在上一点"儿童动作发展的意义"中也已经述及,这里不再赘述。

三、人们对学前儿童体育活动的常见误解

动作技能发展通常会影响学龄前儿童在成长过程中对体育活动的参与兴趣。然而,社会大众对于体育活动和动作技能有一些错误的见解,以下综合三点加以探讨。

(一) 学龄前儿童会自然参加激烈运动

近年来,许多研究指出大多数现代人属于久坐式生活形态,运动强度的层级较低,导致一些文明病的产生(例如心血管疾病、高血压、肥胖等)。适当的运动对于任何年龄层而言都是相当重要的。然而,许多人认为学龄前儿童天生好动,不需特别注意学龄前儿童的运动量。有些学龄前儿童属于被动式发展,4—7岁的孩子经常在家接触电视与电动玩具,缺少体育活动,以致出现各种身体疾病。

(二) 学龄前儿童会自然发展基础动作技巧

有些学者认为学龄前儿童的基础动作技巧是自然而然养成的,不需刻意设计动作技巧课程。近年来,儿童肥胖的问题越来越引起社会关注,动作发展不协调的儿童比例很高。因此,在学龄前阶段循序渐进地设计基础动作技巧非常有必要,可以改善儿童的动作协调能力。

(三) 体育活动浪费时间,强调其他领域的重要性

在我国,"万般皆下品,唯有读书高"的思想很有市场。在这种认识下,很多孩子的父母认为英语、数学、计算机等科目较为重要,这些学科的学习成果能够让家长获得成就感,他们认为体育不需要花时间学习。作为连锁反应,由此造成学校不太重视学龄前儿童的体育活动和肢体锻炼,导致学龄前儿童的身体发展较差。其实体育活动需要学习,而且能有效地与其他领域互相配合,不但能够促进儿童身体健康,而且可以增进儿童认知、情感和社会发展。

四、幼儿园体育活动的基本形式

(一) 主题式早操活动

早操活动是有一定目的性要求的日常体育活动方式,主要包括热身活动、队列队形活动、基本体操活动、体能活动及放松活动等。其目的是发展幼儿的动作、身体姿势练习、集体互动、提高运动体能。简单来说,早操活动是幼儿做广播体操和其他晨间身体锻炼活动的综合。早操的

运动量不宜过大,形式宜灵活多样,时间一般 15—30 分钟。

图 5.1　幼儿们在做早操

(二) 户外自主性体育活动

《幼儿园工作规程》要求:"幼儿每日户外体育活动不得少于 2 小时。"通常在上午和下午各安排一次户外活动。户外体育活动对幼儿运动系统、呼吸系统、循环系统、神经系统的健康发育尤为重要。

户外自主性体育活动是指在幼儿园的户外场地,幼儿借助园区户外活动器械、教师提供的材料、同伴,进行自主选择和活动的体育活动形式。户外自主性体育活动以分散的小组和个人活动为主,可以充分考虑和兼顾幼儿的不同兴趣、爱好和能力水平;幼儿可以自选活动项目和运动器械,在活动中发展自己的动作和身体素质,幼儿不会感到有压力,从而能轻松、愉快、自由地尽情活动。

户外自主性体育活动可以进行基本体操、游戏、各种固定器械和大小型器械的练习,爬山、在草地上奔跑等。

(三) 室内自主性体育活动

室内自主性体育活动是指教师在园所内部设置一定的体育活动环境,提供材料和内容,幼儿借助这些体育活动室、楼层过道、楼梯、墙面等室内物理环境进行自主的体育活动。比如许多幼儿园设置了专门的体育活动室、室内泳池、舞蹈房、体操房、海洋球池、感觉统合活动室等,在天气过冷过热、空气质量差、阴雨、沙尘等限制条件下,室内自主性体育活动是一种选择,是对户外自主性体育活动的重要补充。

(四) 集体体育教学活动

集体体育教学活动通常是教师主导的,有计划、有目的、有组织地对幼儿进行身体动作锻炼的体育活动形式。体育教学活动的类型是根据具体教学任务来划分的。由于体育教学任务较复杂,而每次活动的时间有限,形成了活动的多种类型。一般分为下列5种:引导课、新授课、复习课、综合课、考核课。

(五) 运动会和亲子活动

运动会是一种综合性的体育活动方式,组织形式多样。比较多见的有两类。

1. 主题运动会

主题运动会具有季节特点,并与社会活动紧密联系。比如以奥运为主题进行的"我做奥运健康娃"主题活动。充满了趣味性,也结合了幼儿园的体育课程。

2. 亲子运动会

亲子运动会是家园共育的一项内容,以趣味性和亲子活动为导向,旨在增进亲子的感情,达到幼儿园和家庭有效沟通的目的。亲子运动会上的游戏项目要适合幼儿的年龄和身体动作发展水平,以达到让家长了解幼儿身体动作发展水平,并且能在家庭中积极配合锻炼的目的。在游戏设计上互动性要强;在顺序上要动静交替;在比赛项目上,要既体现自主,又有部分引导。①

(六) 远足活动

远足活动是集体走出园外,走入大自然和社会,以增强身体耐力、拓宽视野、培养纪律意识为目的的体育活动。通过远足,可以促进幼儿适应社会、认识自我,培养勇敢、顽强、吃苦耐劳、克服困难、持之以恒等良好品德;培养交际能力及社会适应能力;提高幼儿的自信心、自控能力和良好的行为习惯。教师可以引导幼儿注意观察自然、社会等方面的变化,提高观察力、注意力;通过认识道路、文字、数字、交通、车辆、花草、树木、农作物、建筑物等,提高思维能力、认知能力、记忆力;通过口述远足路线、过程、感受等提高语言表达能力。

图 5.2 幼儿们的远足

五、幼儿园体育活动的任务

儿童通过参加体育活动,达到增强体质的目的。因为体质是健康的物质基础,健康是体质的外在表现。二者是紧密联系、不可分割的。体育学科中对体质的定义为:体质是人体的质量,它是在遗传性和获得性基础上表现出来的人体形态结构、生理功能和心理因素的综合的、相对稳定的特征。体质的范畴主要包括以下几个方面:

---

① 何成文主编:《幼儿体育活动的创新与实践》,北京师范大学出版社2010年版,第70—71页。

体格:包括人的体型、结构和生理机能的发展状况。

体能:指运动时体现出来的能力,包括身体素质和身体的基本活动能力。身体素质主要指力量素质、耐力素质和调整素质(如速度、灵敏性、柔韧性、平衡和协调能力);基本活动能力是指身体运动的基本动作和基本动作技能,这是体育教育中最重要的核心内容。

心理状态:表现在情绪、个性、意志等方面。

对环境的适应能力:对自然和社会环境条件及其变化的适应能力,和对疾病的抵抗能力。

通过体育活动,增强儿童体质,实质是以上几方面的综合培养。一般人们认为,学前阶段的奠基性体育活动,主要有以下几方面的任务:

(一)培养幼儿参加体育活动的兴趣和习惯。

(二)增强幼儿体质,提高对环境的适应能力。

(三)提高动作的协调性、灵活性。

(四)培养幼儿坚强、勇敢、不怕困难的意志品质和主动、乐观、合作的态度。

(五)提高幼儿自我保护的意识和能力。

第三节 学前儿童体育活动的目标

学前儿童的身体器官发育有着一定的规律:各器官组织发育不成熟,功能不完善。儿童动作的发展也有规律,大肌肉动作的发展要早于小肌肉动作的发展。儿童对事物的认识能力有限,无法预知危险,缺乏安全意识和自我保护能力。儿童形成体育运动习惯有困难,需要成人的引导和不断的提醒。总之,对于不同年龄的儿童,要根据其身心发展的规律,提出不同的发展目标。

一、学前儿童体育活动的总目标

如前所述,《纲要》对学前儿童体育活动的开展提出了明确要求:幼儿园应该"开展丰富多彩的户外游戏和体育活动,培养幼儿参加体育活动的兴趣和习惯,增强体质,提高对环境的适应能力","用幼儿感兴趣的方式发展基本动作,提高动作的协调性、灵活性";"在体育活动中,培养幼儿坚强、勇敢、不怕困难的意志品质和主动、乐观、合作的态度";"培养幼儿对体育活动的兴趣是幼儿园体育的重要目标"。

人们一般将《纲要》的指导思想整理为以下总目标:

第一,培养学前儿童参加体育活动的兴趣,形成体育锻炼的习惯。

第二,了解自己身体结构的功能,掌握锻炼方法,发展力量、速度、耐力、平衡、协调和灵敏等身体素质,具有初步的自我保护和安全意识。

第三,促进生长发育,增强体质,提高机体对环境的适应能力。

第四,逐步培养儿童拥有健康的心理,提高社会适应能力。既有活泼、开朗、乐观的性格,又有独立自主、勇敢、坚强、不怕挫折的意志品质。

二、《3—6岁儿童学习与发展指南》对幼儿动作发展目标的指导意见

《3—6岁儿童学习与发展指南》，对儿童的动作发展提出了三个目标(见表5.1)，或者说是在国家层面提出了对我国幼儿动作发展的期望，为幼儿园或者家庭进行相关教育活动指明了方向。

表5.1 3—6岁儿童动作发展的目标

目标1：具有一定的平衡能力，动作协调、灵敏		
3—4岁	4—5岁	5—6岁
1. 能沿地面直线或在较窄的低矮物体上走一段距离。 2. 能双脚灵活交替上下楼梯。 3. 能身体平稳地双脚连续向前跳。 4. 分散跑时能躲避他人的碰撞。 5. 能双手向上抛球。	1. 能在较窄的低矮物体上平稳地走一段距离。 2. 能以匍匐、膝盖悬空等多种方式钻爬。 3. 能助跑跨跳过一定距离，或助跑跨跳过一定高度的物体。 4. 能与他人玩追逐、躲闪跑的游戏。 5. 能连续自抛自接球。	1. 能在斜坡、荡桥和有一定间隔的物体上较平稳地行走。 2. 能以手脚并用的方式安全地爬攀登架、网等。 3. 能连续跳绳。 4. 能躲避他人滚过来的球或扔过来的沙包。 5. 能连续拍球。
目标2：具有一定的力量和耐力		
3—4岁	4—5岁	5—6岁
1. 能双手抓杠悬空吊起10秒左右。 2. 能单手将沙包向前投掷2米左右。 3. 能单脚连续向前跳2米左右。 4. 能快跑15米左右。 5. 能行走1公里左右(途中可适当停歇)。	1. 能双手抓杠悬空吊起15秒左右。 2. 能单手将沙包向前投掷4米左右。 3. 能单脚连续向前跳5米左右。 4. 能快跑20米左右。 5. 能连续行走1.5公里左右(途中可适当停歇)。	1. 能双手抓杠悬空吊起20秒左右。 2. 能单手将沙包向前投掷5米左右。 3. 能单脚连续向前跳8米左右。 4. 能快跑25米左右。 5. 能连续行走1.5公里以上(途中可适当停歇)。
目标3：手的动作灵活协调		
3—4岁	4—5岁	5—6岁
1. 能用笔涂涂画画。 2. 能熟练地用勺子吃饭。 3. 能用剪刀沿直线剪，边线基本吻合。	1. 能沿边线较直地画出简单图形，或能沿边线基本对齐地折纸。 2. 会用筷子吃饭。 3. 能沿轮廓线剪出由直线构成的简单图形，边线吻合。	1. 能根据需要画出图形，线条基本平滑。 2. 能熟练使用筷子。 3. 能沿轮廓线剪出由曲线构成的简单图形，边线吻合且平滑。 4. 能使用简单的劳动工具或用具。

三、学前儿童体育活动年龄阶段目标

在规划具体的体育活动之前，幼儿教师需要学习和参考年龄阶段目标。在学前儿童体育活动的年龄阶段要求方面，现在多数教师都喜欢参考下表中的内容，也建议大家以"年龄段典型表现"的角度来学习。

表 5.2　学前儿童体育活动年龄阶段目标

年龄班	体育活动年龄阶段目标	体育教育内容
小班	1. 能上体正直、自然地走和跑；能向指定方向走和跑；能在指定范围内四散跑、追逐跑；能步行 1 公里，连续跑约半分钟；能一个跟着一个走，走成一个圆；能较轻松地双脚交替跳着走。	基本动作：走和跑
	2. 能较轻松自然地双脚同时向前跳、向上跳；能从 25 厘米高处自然地跳下。	基本动作：跳
	3. 能双手用力将球向前、上、后方抛；能单手自然地将沙包等轻物投向前方。	基本动作：投掷
	4. 能在平行线（或窄道）中间走；能在宽 25 厘米、高（或斜高）20 厘米的平衡木（或斜坡）上走。	基本动作：平衡
	5. 能在 65—70 厘米高的障碍物（如绳子、皮筋、拱形门等）下钻来钻去；能手膝着地自然协调地向前爬；能倒退爬；能钻爬过低矮的障碍物；能在攀登架上爬上爬下，或从网的一侧爬越至另一侧（必要时教师可以帮助）。	基本动作：钻、爬、攀登
	6. 初步学会听各种口令和信号并做出相应动作；能边念儿歌或边听音乐做模仿操或简单的徒手操。	基本体操
	7. 会玩滑梯、攀登架、转椅等大型体育活动器械并注意安全；会骑小三轮自行车；会推拉独轮车；会滚球、传球、抛接球和原地拍皮球；会利用球、绳、棒、圈等小型多样的体育器材进行身体锻炼。	器械活动
	8. 喜欢并愿意参加体育活动；初步掌握体育活动的有关知识和规则，团结合作，爱护公物，能合作收拾某些小型体育器材。	兴趣、规则与合作
中班	1. 能听信号按节奏上下肢协调地走和跑；能听信号变速走、变速跑；能听信号变化方向走；能前脚掌着地走、倒退走；能跨过低障碍物走；能绕过障碍物跑；能快跑 20 米，走跑交替（或慢跑）200 米左右；能在一定范围内四散追逐；能步行 1.5 公里，连续跑约 1 分钟；能听信号切断分队走、一路纵队走。	基本动作：走和跑
	2. 能自然摆臂连续纵跳触物（物体离幼儿举手指尖 20 厘米左右）；能双脚熟练地向前跳或双脚在直线两侧行进跳；能立定跳远，跳距不少于 30 厘米；能双脚站立由 30 厘米高处往下跳，落地轻；能助跑跨跳平行线，跳距不少于 40 厘米；能单、双脚轮换跳，单足连续向前跳。	基本动作：跳
	3. 能肩上挥臂投掷轻物；能自抛自接低（高）球；能两人近距离互抛互接大球；能滚球击物；能左右手拍球。	基本动作：投掷
	4. 能在宽 20 厘米、高 30 厘米的平衡木（或斜坡）上走；能原地自转至少 3 圈不跌倒；能闭目向前走至少 10 米。	基本动作：平衡
	5. 能熟练协调地在 60 厘米高的障碍物（如圈、拱形门等）下较灵活地侧钻；能手脚着地协调地向前爬；能手脚熟练协调地在攀登架、攀登网或肋木上爬上爬下；能团身滚。	基本动作：钻、爬、攀登等
	6. 能较熟练地听信号集合、分散、排成 4 路纵队（包括切断分队）；能随音乐节奏较准确地做徒手和轻器械操。	基本体操：队列和基本体操
	7. 会玩跷跷板、秋千等各类大型体育活动器械；会骑小三轮车、带辅轮的小自行车；会用球、绳、棒、圈及其他废旧材料（如易拉罐、可乐瓶、报纸等）开展小型多样的体育活动。	器械活动等
	8. 喜欢并能较积极地参加体育活动，初步养成参加体育活动的习惯；能较自觉地遵守体育活动的规则；互助合作、爱护公物，能及时收拾小型体育器材。	兴趣、规则与合作

续　表

年龄班	体育活动年龄阶段目标	体育教育内容
大班	1. 能轻松自如地绕过障碍进行曲线走和跑;能快跑30米或接力跑;能走跑交替(或慢跑)300米左右;能步行2公里,连续跑约1分半钟;能听信号左右分队走。	基本动作:走和跑
	2. 能原地蹬地跳起连续纵跳触物(物体离幼儿举手指尖25厘米左右);能双脚熟练地改变方向(前、后、左、右、转身)跳;能从35—40厘米高处自然地跳下,落地轻稳;能立定跳远,跳距不少于40厘米;能助跑跨跳平行线,跳距不少于50厘米;能助跑跳远,跳距不少于40厘米;能助跑屈膝跑过高度约40厘米的垂直障碍,能连续向前跳跃多个高40厘米、宽15厘米的障碍。	基本动作:跳
	3. 能半侧面单手投掷小沙包等轻物约4米远;会肩上挥臂投掷轻物并投准目标(如直径不少于60厘米的标靶,投掷距离约3米);能抛接高球,或两人相距2—4米互抛互接大球。	基本动作:投掷
	4. 能在宽15厘米、高40厘米的平衡木上交换手臂动作(叉腰、平举、上举等)或持物走;能两臂侧平举闭目起踵自转至少5圈,不跌倒;能两臂侧平举单足站立不少于5秒钟。	基本动作:平衡
	5. 能熟练协调地侧身、缩身钻过50厘米高的障碍物(如拱形门等);能手脚交替协调熟练地在攀登架或肋木上爬上爬下,能在单杠或其他器械上做短暂的悬垂动作;能熟练地在垫子上前滚翻、侧滚翻。	基本动作:钻、爬、攀登等
	6. 能熟练地听各种口令和信号并做出相应的动作;能听信号迅速地集合、分散、整齐列队、变化队形;能随音乐节奏有精神地做徒手操和轻器械操,动作有力、到位。	基本体操:队列和基本体操
	7. 会玩低单杠、秋千脚蹬车等其他大型体育活动器械,会踩高跷、跳皮筋、跳绳50次以上;会运球、传接球、用脚踢(带)球;会用球、绳、棒、圈、积木、报纸、轮胎或其他废旧材料开展各种身体锻炼活动。	器械活动等
	8. 热爱体育活动,有积极参加各种身体锻炼的习惯;能自觉遵守体育活动的规则和要求,合作、负责、宽容、谦让、爱护公物;有较强的集体观念;敢于克服困难,能体验克服困难取得胜利后的愉悦;能独立或合作收拾各种小型体育器材。	兴趣、规则与合作

四、幼儿园集体体育教学活动的目标

体育教学活动目标是指向每一次具体的体育教学活动的目标。它作为体育活动的出发点和归宿,直接影响教师对体育活动内容的选择和编排,并影响活动的过程、方法,以及场地和器材的选择和利用,也影响着活动后对活动的评价。

幼儿园集体体育教学活动的目标是根据体育活动总目标、年龄阶段目标、上一单元活动的反馈信息,以及学前儿童的"最近发展区"等方面来制定的。并且,教师应根据班级幼儿的具体情况,对不同幼儿有不同的要求,即个体目标。活动目标举例:

给大熊送信(大班)

活动目标:

1. 能根据场景变化及时调整身体动作,发展跑、爬、平衡等能力,提高身体的协调性和灵活性。

2. 不怕困难,敢于挑战,能在活动中学习运用逃生基本动作技能。

 互动设计

请阅读本章节后所附的活页式体育活动案例,分析其目标的表述。

第四节 学前儿童体育活动的内容

学前儿童体育活动的内容主要包括基本动作、基本体操和队形队列、器械类活动和体育游戏。"按照国家运动和体育教学协会有关婴幼儿和学步幼儿体力活动指南的要求,学步幼儿每日至少有 30 分钟的正式体力活动,学龄前儿童有 60 分钟的有组织的体力活动,久坐不宜超过 60 分钟;应注意发展学步幼儿和学龄前儿童的活动技巧和大的肌肉活动。"[1]因此,体育活动内容围绕促进大肌肉发展进行组织。

一、学前儿童基本动作的发展和指导[2]

基本动作是学前儿童体育活动的重要内容,包括走、跑、跳、投掷、钻、爬和攀登、平衡等。通过基本动作练习,发展力量、速度、耐力、平衡、协调性和灵活性等身体素质;促使幼儿不断改进基本动作的质量;获得有关运动的粗浅知识,提高智力水平;培养勇敢、果断、灵敏、积极向上、团结友爱等优良品质。

(一) 走步

1. 走步的内容和基本要求

走步是一种以有氧代谢为主的身体运动,非常适合学前儿童。幼儿经常步行,可以有效地增强下肢部位的肌肉、骨骼、关节和韧带,发展下肢力量,提高身体的平衡能力和协调能力。在各种体能活动中,走步可以作为热身练习,也可作为主要环节内容。

走步的动作技能主要包括:全脚掌着地走、前脚掌走、脚跟走、侧向并步走、正向和侧向交叉走、高抬腿走、半蹲走、全蹲走、后踢步走、后退走、弓箭步走、顶脚走、转体走等。

2. 走步活动举例

● 小班:带领儿童快慢走、变向走、轻轻走、踮起脚尖走、持物走、推拉物品走等。还可以开

---

[1] 吴大童主编:《〈托儿所幼儿园卫生保健管理办法〉贯彻实施与幼儿园卫生保健医务人员岗位培训考核实施手册》,2009 年 8 月第 1 版,第 35 页。

[2] 汪超著:《幼儿园体育活动设计与指导》,复旦大学出版社 2018 年版。李君主编:《学前儿童健康教育》,科学出版社 2008 年版。[美]Janice J. Beaty 著,郑福明、费广洪译:《幼儿发展的观察与评价(第 7 版)》,高等教育出版社 2011 年版。

展动物模仿游戏:模仿大象、马、兔、袋鼠、蛇、乌龟的动作,请其他小朋友猜猜模仿的是什么小动物。
- 中班:用绳子开展交叉走、分腿走等;听信号变速或变方向走;学螃蟹侧向走等。
- 大班:双人背向走、踩高跷走、两人三足等。

(二) 跑步

1. 跑步的内容和基本要求

跑步是幼儿最基本的活动技能,也是重要的锻炼手段。跑步时几乎全身各部位的肌肉都参与活动。经常跑步,可以有效地增强下肢部位的肌肉力量,提高身体的速度、灵敏性、耐力及协调能力等身体素质,有利于积累有关时间与空间的经验。

跑步包括:直线跑、变向跑、往返跑、障碍跑、持物跑、协同跑、追逐跑;原地跑、后踢腿跑、侧身并步跑、小步跑、高抬腿跑;起跑、慢跑、冲刺跑、变速跑等。

跑步时上体保持正直并稍向前倾;两手轻轻握拳,两臂置于体侧,前后自然地摆动;要有蹬地、腾空阶段;脚落地时要轻;快跑时会用力蹬地等。

2. 跑步活动举例

- 小班:教师提供幼儿一些简单的跑步游戏,比如丢手绢;提供四散跑的游戏,比如追泡泡;伴着乐曲走跑交替的游戏等。
- 中班:绕障碍跑的游戏;接力跑、慢跑等。
- 大班:听信号的变速、变向跑;"警察抓小偷"类型的追逐跑和躲闪跑;沿着"狭长过道"跑、高抬腿跑等。

(三) 跳跃

1. 跳跃的内容和基本要求

跳跃对于发展儿童下肢爆发力、弹跳力、协调能力、灵敏性、耐力,增强下肢力量都有着很好的促进作用。

跳跃可以分为原地纵跳、向前跳、侧向跳、原地绕转跳、变向跳、向下跳及向上跳跃等。

2. 跳跃活动举例

- 小班:教师可以指导双脚跳,要利用善于跳跃的动物形象,激发儿童的兴趣,张贴袋鼠、青蛙、兔子、小鹿的图片,鼓励儿童模仿。比如"小青蛙跳荷叶"游戏。还可以结合头顶触物等跳跃游戏。比如跳跃击打悬挂气球、跨跳"小河"等。
- 中班:可以跳远、单脚跳、从上往下跳、单双脚交替跳等,如跳房子的游戏,练习双脚起跳投篮的游戏等。

图 5.3 幼儿在四散跑

- 大班:开展向各方向的变向跳、转身跳,跳绳、跳皮筋等都可以进行。

图 5.4 幼儿在双脚跳

(四) 投掷

1. 投掷的内容和基本要求

投掷是发展儿童上肢肌肉力量、身体协调能力及结合器械对投掷物进行有效控制的重要途径。投掷属于非周期性动作,一般分为掷远和掷准。

投掷的基本动作包括:单手肩上投掷(向前、向后、侧向等投掷);单手肩下投掷(向前抛掷、向前抛滚、侧身投掷);双手肩上投掷(正面向前投掷、背向向后投掷等);双手肩下投掷(向上抛掷、向前抛滚、向后抛滚等)。

2. 投掷活动举例

- 小班:可以采用沙包、羽毛球等物品,开展"打怪兽"游戏;投掷纸飞机;用纸球玩猫警察投老鼠窝(纸箱)的游戏等。

图 5.5 幼儿们在掷远和掷准

- 中班：两两组队进行抛接、投掷沙包或布球的游戏，用布球投篮，用多种投掷材料玩"猎人打狐狸"等。
- 大班：玩丢沙包；可以用长绳悬挂动物头像，让幼儿投掷纸球等材料去"喂小动物"等。

(五) 攀登

1. 攀登的内容和基本要求

攀登的动作能增强幼儿四肢肌肉力量的发展，尤其是手的抓握力量发展，能促进幼儿的平衡能力、灵敏性及协调能力等身体素质。

2. 攀登活动举例

- 小班：搭建一个小平台、小阁楼之类的木质结构，让幼儿用阶梯攀登上去。
- 中班：园中设置综合性滑梯设施，"勇敢者道路"之类的设施，融合了阶梯、栏杆、攀爬墙和绳网等，可以让幼儿攀爬。
- 大班：铺设一个障碍通道，可以利用木板、锯木架、水桶、梯子和盒子作为攀爬通道上的障碍物，并不时地进行重新安排。

图 5.6　幼儿们在攀登

(六) 钻、爬

1. 钻、爬的内容和基本要求

钻的活动可以增强幼儿腿部和腰背部的肌肉力量。通常分为正面钻和侧面钻。

爬也可以增强幼儿四肢肌肉力量以及背部肌肉和腹部肌肉力量，要求上下肢及关节的协调配合。爬的动作种类有很多，有手膝着地的爬、手脚着地的爬、肘膝着地的爬，还有匍匐爬等。

2. 钻、爬活动举例

比如钻山洞（桌子、轮胎或其他器械搭出来的山洞）；

让幼儿两两分组，或更多人分组，用身体搭造型，让别人钻或爬过去；

比较经典的一个游戏是幼儿两两组队,一对对搭起拱门相连,然后一对对按顺序通过,通过后再搭起拱门。

互动设计

正面钻和侧面钻,哪一种需要的空间更高、更大?
提示:正面钻需要的"洞"更高。

图5.7 幼儿们在钻和爬

(七) 平衡

1. 平衡的内容和基本要求

经常练习平衡动作,能促进幼儿平衡器官的发展,提高保持身体平衡的能力,同时也能培养勇敢、灵敏、沉着等良好的品质。

2. 平衡活动举例

比如放一长条布,或是布置平行线,让幼儿在中间走;

在斜坡上走上走下；

原地转圈；

两臂侧平举，单脚站立；

在间隔物体(砖、木板、硬纸板等)上走。

图5.8 幼儿们的平衡游戏

二、基本体操和队列队形

(一) 基本体操

1. 内容

基本体操主要是指身体各关节的运动，包括头颈部关节、上肢各关节、胸部、腰部、下肢各关节的动作，对应的运动可分为头部运动、上肢运动、四肢运动、扩胸运动、下肢运动、腰部运动、全身运动、跳跃运动及整理运动。

学前儿童体操在增强体质，促进身体的灵活性和柔韧性，塑造匀称的体型和优美的姿态，促进运动觉、平衡觉、动作控制的发展，促进观察力、形象和动作记忆力的发展，以及审美情感的发展等方面均有重要作用。

幼儿体操包括徒手体操和器械体操两种类型。前者如一般性徒手操、模仿操、拍手操、韵律操、武术操等。后者有轻器械操(有常规器械和自制器械，如哑铃操、球操、铃鼓操、红旗操、筷子操、棍棒操等)和辅助器械操(如椅子操、垫子操等)。[①]

---

① 汪超著:《幼儿园体育活动设计与指导》,复旦大学出版社 2018 年版,第 10—11 页。

2. 基本要求

在选择和创编体操动作时,需要考虑:(1)符合幼儿的年龄特点,(2)注重全身的动作训练,(3)音乐优美。

教师可以选择教育部门研发的幼儿体操(如幼儿广播体操《世界真美好》),也可以选择一些幼儿喜闻乐见的歌曲,来创编体操。

(二)队列队形

1. 内容

队列队形变化是指全体幼儿按照统一的口令,站成一定的队形,统一做动作。队列队形变化的练习,要求幼儿听命令、看指挥,调整自己的位置列队形,能够发展幼儿的空间知觉能力,也有利于培养幼儿的集体观念。

队列动作具体包括立正、稍息、向前看齐、手放下、原地踏步走、齐步走、跑步走、向左转、向右转、立定;基本队形变换包括走成一路纵队、走成圆圈队形、分队走、并队走等。

2. 基本要求

教师要让幼儿熟悉口令。明确一些口令没有预令,如"立正"、"稍息"。一些口令由预令和动令组成,例如"向前看——齐"中的"向前看"是预令,"齐"是动令。当听到预令时,迅速调整动作,听到"齐"时动作结束。

注意在队列队形的练习中,不要过分强调动作的规范和正确,因为儿童空间知觉有限、动作控制水平有限,也易受情绪的影响。过分强调会使练习走向单调和枯燥,失去趣味性。

三、器械类活动

儿童通过直接操作和摆弄器械,体验不同器械带来的活动乐趣。不同器械提供给儿童不同的运动方式,发展不同的身体素质。

幼儿体育运动器械包括固定性器械和中、小型可移动器械两种。固定性器械包括:滑行类,如滑梯;摆动类,如秋千;旋转类,如转椅;颠簸类,如跷跷板、小木马和弹簧玩具;攀登类,如攀登架、攀网;弹跳类,如弹跳床等。中、小型可移动器械包括小推车、平衡木、投掷架、垫子、皮球、羽毛球、塑料圈、绳子等器械。

四、学前儿童体育游戏

(一)体育游戏的内容

体育游戏,是为提高学生的兴趣,将某种体育活动加上情节或规则,或以活动的结果作为判断胜负依据的游戏。构成的基本要素是身体活动、情节、规则、方法、结果和场地与器具。可根据教学要求、学生的年龄特征作出不同的分类。如按有无情节、活动量大小、分队或不分队,以及按跑、跳、投等基本动作分类。

因此简单来说，凡是涉及动作训练的游戏，都可以称为体育游戏，包括粗大动作和精细动作的训练。粗大动作包括人体的姿势和全身的活动；精细动作是指手和手指的活动以及手眼协调的活动，如抓、手指对捏、翻揭、捡拾、捻压、揉搓、夹取、旋开等。

民间体育游戏作为我国文化的瑰宝，也是体育游戏中的一部分。幼儿园可以选择或改编那些质朴、诙谐、活泼的民间游戏。

表5.3 部分民间体育游戏[①]

层次 功能	小班	中班	大班
体能运动技能	老鹰捉小鸡、牵羊买羊	滚铁环、跳绳、同心结	踢毽子、跳房子、跳竹竿
社会认知技能	泼水乐、丢沙包	挑棒、背背摇	跺高脚、瞎子摸鱼
自我监控技能	放风筝、背背摇	点兵点将	挤油渣、跳皮筋、同心球
环境适应技能	捉迷藏、划龙船	打豆腐、斗鸡	打纸板、手手板、捉鱼

（二）体育游戏的特点

学前儿童体育游戏以游戏为活动形式，锻炼身体，训练思维。体育游戏具有趣味性和娱乐性、刺激性和竞争性、集体性和协作性、规则性和公平性、假象性和现实性等特点。

民间游戏具有鲜明的特点：1.具有娱乐性。内容生动、形象，形式活泼、轻松。2.时空限制小，材料依存性低。开展民间体育游戏，一般不受时间、空间等条件的约束，不需要完整的时间，也不苛求场地的大小。只要孩子有兴趣，就能三五成群自由玩耍。游戏的玩具及材料，一般都来自日常生活中的废旧物品，或自然材料及半成品，如水、石、沙、纸等。

图5.9 幼儿们在做游戏

[①] 曹中平：《民间体育游戏应用于幼儿健康教育的实验研究》，《学前教育研究》2005年第1期。

第五节 学前儿童体育活动的实施

一、开展体育活动的切入点与建议

提高幼儿的身体素质是幼儿体育活动的核心目标。为实现这一目标,可以从以下两个方面入手。[①]

第一,以幼儿身体素质为切入点,有目的、有计划地开展适合于幼儿的体育活动。这是幼儿教师最需要提升教育意识与专业知识、能力的地方。幼儿教师在以往的体育活动计划和组织中,通常是从幼儿基本动作的角度来考虑具体的发展目标,这种思维方式和做法需要进行适当的调整。

也就是说,我们首先应当思考要发展幼儿哪些身体素质来增强幼儿的体质,然后再围绕这些身体素质选择那些适宜的身体活动,同时也要考虑,所选择的身体活动要尽可能地丰富多样,以激发和保持幼儿对体育活动的兴趣,为幼儿提供丰富的运动体验,并使幼儿在经常性的练习过程中使相应的身体素质逐步获得提高和发展。

例如,为了提高大班幼儿协调能力和灵敏性的发展,我们可以选择追逐闪跑、助跑跨跳过障碍、匍匐爬行、攀爬攀登、相互抛接球、相互踢球、拍球接力、躲沙包、跳房子、跳绳、滚铁环等活动来实现。

第二,有目的地将幼儿基本动作的发展与身体素质的提高有机结合起来。在幼儿阶段,发展幼儿的基本动作(走、跑、跳跃、投掷、攀登、钻、爬、搬运、平衡)也是幼儿体育活动的重要目标,不仅如此,幼儿基本动作的发展也在一定程度上反映了幼儿身体素质发展的水平,两者之间具有密切的联系。

因此,一方面我们要重视发展幼儿的基本动作,尤其是要注意幼儿进行基本动作练习时的正确指导,不能只顾幼儿的兴趣而忽视动作发展上的指导。例如,幼儿在做由上往下跳的动作时,最重要的动作指导就是引导幼儿学会落地时屈膝缓冲的动作,这不仅能帮助幼儿获得身体的平衡,更重要的是能保护大脑和下肢关节部位免受较强的震动,这利于幼儿身体的健康。

另一方面,我们要注意在幼儿进行基本动作练习的过程中,将其与身体素质的提高有机地结合起来考虑,并将幼儿身体素质的培养作为最终的核心目标。例如,在指导幼儿进行掷远的动作时,既要指导幼儿如何把握好出手的角度和如何转体用力,学习和掌握正确的掷远动作,同时又要引导幼儿通过各种投掷活动发展自身的力量和动作的协调性,从而提高幼儿的身体素质。

以下是一些具体的建议:
- 允许儿童自由活动。
- 教师需熟悉感知教育,比如掌握运动觉和平衡觉的发展对儿童的意义。
- 教师为儿童提供形式多样的运动游戏。

[①] 李季湄、冯晓霞主编:《〈3—6岁儿童学习与发展指南〉解读》,人民教育出版社2013年版,第70—71页。

- 仔细分辨儿童的活动表现,提出个性化的要求。
- 利用多种活动发展身体平衡和协调能力。如:走平衡木,或沿着地面直线、田埂行走;玩跳房子、踢毽子、蒙眼走路、踩小高跷等游戏活动。
- 发展幼儿动作的协调性和灵活性。如:鼓励幼儿进行跑跳、钻爬、攀登、投掷、拍球等活动;玩跳竹竿、滚铁环等传统体育游戏。
- 对于拍球、跳绳等技能性活动,不要过于要求数量,更不能机械训练。
- 结合活动内容对幼儿进行安全教育,注重在活动中培养幼儿的自我保护能力。
- 开展丰富多样、适合幼儿年龄特点的各种身体活动,如走、跑、跳、攀、爬等,鼓励幼儿坚持下来,不怕累。
- 日常生活中鼓励幼儿多走路、少坐车,自己上下楼梯、自己背包。

二、体育课的实施

体育教学活动的结构一般分为:准备部分、基本部分和结束部分。

有些书上称体育课分为四部分,也没有错。因为为了加强组织教学,到小学、中学阶段,体育课可把准备部分分为"开始"和"准备"两个部分,而成为四部分结构的课,它和三部分结构的课没有本质的区别。一般都采用三部分结构的课。有些国家体育课的结构则没有严格的划分。

(一) 开始部分

开始部分约 1—2 分钟,主要任务是组织幼儿集合、整队,交代要求。

(二) 准备部分

准备部分约 3—6 分钟,主要进行两方面的准备。一是心理上的准备,引起幼儿的兴趣。二是身体上的准备,做热身运动,采用一些动作简单、运动量不大的活动,使身体机能进入运动状态。时间可以依照年龄、气候等作出调整,比如,天气寒冷时的热身运动,时间要稍长些。

(三) 基本部分

基本部分约为 10—22 分钟。主要任务是进行集体教学活动的教育,完成体育课的活动目标。一般来说,体育活动中新的内容,一般安排在基本部分的开始阶段,这个时候的儿童注意力较为集中,能以饱满的情绪和充沛的体力来学习。能引起幼儿高度兴奋和活动量较大的游戏活动,则应该放在基本部分的后半段。

(四) 结束部分

结束部分约 2—3 分钟,可以做一些让身体放松的游戏或动作,帮助幼儿降低大脑的兴奋程度,放松肌肉,消除疲劳,缓解幼儿高度的紧张状态。

结束部分通常最后还会提供反馈,其主要目的是复习所学的知识,以强化儿童的认知能力,并且了解儿童对于所教授的内容的理解程度,作为日后课程修改的参考。

体育活动的时间一般为：小班15—20分钟，中班20—25分钟，大班30分钟左右。在实施体育活动中，要适当注意教学的艺术，张弛有度，密切注意活动的密度和强度，促进儿童健康发展。

三、体育活动的材料投放

在幼儿的运动活动中，就和室内的区域活动一样，普遍存在一个问题：有的器材区域人满为患，有的器材区域无人问津……对此，我们要考虑：幼儿需要的是什么？教师该提供怎样的材料？

（一）根据年龄特征投放材料[①]

不同年龄的幼儿动作发展能力不同，兴趣爱好也不同。因此要根据小班、中班、大班幼儿的年龄特点和兴趣爱好，有所区别地投放材料，吸引不同特点的幼儿参与活动。

1. 小班：直观形象、简单安全

小班幼儿注意力易转移，容易受到生动活泼、直观形象的事物的吸引，因此投放材料时可以使用外形夸张或者带声响的材料。比如：设置小动物纸箱，让幼儿扔响铃球给小动物喂食；让幼儿用带铃铛的充气棒抽打"怪兽"。

小班幼儿的肌肉力量不大，持久性不强，动作也不协调，因此要投放简单安全的材料。比如：很多幼儿园会投放纸盒做成的小拖车，让幼儿用小拖车来回奔跑运载小玩具。

注意：小班幼儿喜欢独自游戏、平行游戏，所以同类玩具的数量要充足，最好是人手一份，以免出现争抢玩具现象。

2. 中班：形象生动、灵活多变

中班幼儿比较喜欢色彩艳丽、灵活多变、趣味性比较强的材料。因此，教师可以投放具有层次性、趣味性的材料。比如：摸摸装饰有可爱动物形象的大口袋，摸出来不同颜色的毛绒球，可以作为食物投掷到网兜、管道等动物大嘴巴里，毛绒球在管道里滚动一段，都很吸引幼儿。

中班幼儿动作的稳定性和灵活性逐步提高，可以设置具有一定的难度、需要一定的动作技能配合的材料。比如：拍皮球的时候，给幼儿设置一个"猪妈妈的家"，让幼儿通过椅子、轮胎等障碍道，把"小猪"赶回家。

3. 大班：难度适当，具挑战性

大班幼儿动作的协调能力、自控能力得到发展，幼儿开始喜欢挑战有一定难度、冒险性的动作。因此可以投放运动强度较大、难度较高的材料，材料若能一物多玩就更符合幼儿的需求。比如：教师提供跳竹竿、跳皮筋、跳鞍马等有一定跳跃难度的材料。

（二）根据动作发展需要调整材料

儿童的动作技能随着年龄不断发展，动作技能的教学和锻炼也需要按照动作发展的规律来进行，活动器材的投放也应有的放矢，以提高活动效果。

比如：小班幼儿钻爬动作发展较快，教师可以设置垫子和纸箱门，锻炼幼儿的手膝爬和正面

[①] 林金连：《运动区域活动中材料投放策略研究》，《福建基础教育研究》2017年第9期。

钻等；中班幼儿正面、侧面钻都比较熟练，教师可以设置高高低低的轮胎山洞，让幼儿探索和尝试新的钻爬；大班幼儿发展到侧身爬和其他高难度的钻爬动作，教师可以设置大型的攀爬网、攀爬木桩等运动器械，锻炼幼儿的动作技能和肌肉力量。

（三）材料投放的注意事项

1. 考虑幼儿的个体差异

"尊重幼儿发展的个体差异"是幼教课程改革中一直强调的。同一年龄段的幼儿发展速率、发展特点都存在差异，有的动作发展比较快，有的动作发展比较慢。教师在安排活动器械时，应当考虑到幼儿的个体差异，尽可能多一些可选择的活动方式，可以让幼儿自主选择和调整。比如：在投掷区，投掷的目标靶可以有大有小、有高有低，投掷的沙包或纸球可以大小不同，投掷的距离分几个等级，不同投掷水平的幼儿可以持续"进阶"投掷。

运送货物类的游戏中，货物数量可以有不同斤数的组合，幼儿可以自由选择。攀爬梯、网的器械设计有高有矮、有稀有密；钻爬的通道也有高有矮、有宽有窄，软硬不同；平衡木的高矮、宽窄不同……不同的幼儿都能获得成功的体验。

2. 发挥低结构材料的一物多玩性

苏联教育家乌申斯基说："最好的玩具是那些能够用各种方式加以变更的玩具。"幼儿园倡导一物多玩已有多年，近年来这种一物多玩拓展到不同年龄段的一物多玩。不止教室内区域材料可以这样，体育活动材料也可以注意挖掘多用性，实现一物多玩，变形重组。

比如，近年来已成为幼儿园常备项目的"玩轮胎"游戏，教师和幼儿们玩出了多种花样：双脚跳轮胎、拖轮胎、抬轮胎、滚轮胎等，用工具省力地运轮胎，轮胎与其他器械组合使用等。呼啦圈也是备受欢迎的一种多玩法材料。有的教师用一大块红布，就可以和幼儿一起开展"大红伞"、"踩蛇尾"、"跳过小河"、"挤饼饼"、"走小桥"、"打雷下雨"等一系列活动。

跨年龄段的一物多玩，主要也是低结构材料。比如绳子、垫子、球等。一物多玩可以有效激发幼儿对材料的探索热情，也促进了幼儿思维的发展。

四、体育活动器械的制作

幼儿体育器械的制作，是学前教育专业学生的一项基本技能。根据设计的体育游戏进行必备的体育器械制作，这种量身打造，能设计出更贴近幼儿兴趣和幼儿身体发展层次的游戏，教学内容选择性更大，更加地形象具体，大大提高幼儿参与的积极性。

我国很多幼儿教师在这方面积累了丰富的经验。

最简单的一类，是现有物品的游戏功能开发。比如练习走的游戏：小班活动"给小兔子送饮料"中，教师收集饮料瓶，用空饮料瓶装自来水；中班活动"运送轮胎回家"中，教师选用废旧的轮胎，让幼儿通过滚轮胎等方式把轮胎送回家；在大班开展"顶书竞走"活动，教师选用书本，让幼儿头顶书本进行竞走。

练习攀爬的游戏：小班的"小乌龟爬山洞"活动中，教师选用大箱子制作山洞；中班的"乌龟运粮食"活动，选用沙包做粮食；大班的"翻山越岭"活动中，使用轮胎堆积出小山。

其次,许多幼儿教师会充分发挥教学智慧,根据自己的教学需要,通过加工幼儿熟悉的物品,来制作出必备的幼儿体育器械。在发展基本动作的游戏中,这类经过再加工制作的体育器械数不胜数。比如,练习投的游戏:中班"抛纸球"活动中,把报纸揉成团,用透明胶粘紧;大班的"打保龄球"活动中,把矿泉水瓶子改头换面做成"保龄球";大班"打怪兽"活动中,教师利用报纸做纸团,用透明胶缠成球状,作为石头来打怪兽。

练习平衡的游戏:小班的"走窄道"游戏,教师用长绳做窄道的标志线;中班的"过独木桥"活动中,教师把收集的牛奶罐用透明胶粘在一起;大班的"梅花桩"活动中,采用听装可乐瓶、透明胶来制作出"梅花桩"。[①]

再次,幼儿教师们根据活动需要,使用材料进行全新制作。比如,练习跑的游戏:小班活动"老狼老狼几点钟"中,教师使用卡纸、颜料做老狼的头饰;中班"看谁先送球宝宝回家"活动中,教师使用报纸团贴卡纸做球。

练习跳的游戏:小班的"小兔采蘑菇"活动中,教师制作蘑菇图片;中班的"夹沙包跳"活动中,教师使用旧衣服和沙粒缝制沙包;大班的"跳长绳"活动中,教师将矿泉水瓶盖串连在长绳上,增加重量和声音,吸引幼儿兴趣。

五、体育游戏的创编

体育游戏是反映现实生活的一种体育活动,是发展儿童各项基本动作,提高儿童基本活动能力,锻炼儿童身体的主要手段。[②] 游戏活动能够促进幼儿参与活动的积极性,"玩中学"让幼儿在游戏中完成走、跑、跳、投、爬、攀等基本动作的学习和锻炼,增强身体素质;游戏的情境、游戏中的同伴合作与互动,能激发幼儿的社会认知、情感成长等。

教师运用体育游戏时,给予幼儿从"快乐的开始"到"愉快的结束"的体验是非常有必要和有意义的。除了使用现成的游戏,还有许多场景、材料需要幼儿教师们灵活创新,进行幼儿体育游戏的创编,以更好达成所需的教育目的。

有老师对原地拍球、接球、投掷、踢球四个动作进行了体育游戏的创编,[③]我们可以从其中学习和借鉴一下创编的经验。

1. 问题:"原地拍球"动作的要求中,有一条是"连续拍球,不移动脚",幼儿做不到。

教师的对策:开展"超级机器人"游戏,划定一个圆圈,让幼儿在圆圈内移动拍球,慢慢把圆圈缩小,最终促使幼儿只动手不动脚地拍球。

2. 问题:"接球"动作要求"肘部弯曲手放身体前侧做准备","球来时手臂伸出","只用手接球"。幼儿无法根据球的飞行轨迹来调整自身姿势接球。

教师的对策:设计和改变一些竞争性游戏。让中小班结合走跑完成地滚球、地滚球接球的游戏,大班可用球来进行类似打雪仗、丢沙包的抛接球游戏。小年龄幼儿接球时多采用"胸抱",球应该选用尺寸较大的软式球;随着幼儿年龄增长、动作熟练,球的尺寸应减小,过渡到使用硬球。

---

① 许向连、舒义兵:《学前专业学生幼儿体育器械制作活动的探讨》,《体育科技文献通报》2019年第9期。
②③ 张利芳:《动作发展视角下的幼儿体育游戏创编探究——以操作性技能为例》,《当代体育科技》2018年第21期。

接球路线方面,教师可以用海洋球开展"吃掉彩虹球"的游戏,让幼儿自抛自接,体会球在垂直抛接时的方向和高度变化。然后由教师抛出垂直方向的球,让幼儿向前跑动接球,体验移动时迎面接球的时机。最后,幼儿组队一人抛、一人接,体验不同方向的接球时机。

3. 问题:"投掷"动作的练习,中小班强调手臂的上挥角度,大中班重点强调全身的协调发力。

教师对策:针对角度问题,教师可让幼儿瞄准一定高度的物体,如在丢沙包、打怪兽等游戏中,中间拉起高度与幼儿身高相近的绳网,让幼儿的沙包、纸球等从网上面丢过去,再逐渐调整绳网的高度和远度,从而让幼儿的上手投掷达到一定的高度和远度。

对大班幼儿,强调动作要点是双脚对侧站立、手臂要从后往前拧转。教师可以采用带着长尾巴的投掷物,比如绣球,让幼儿看到抛球的路线,特别是抛出后的"送"的动作。

4. 问题:"踢球"动作中,幼儿对移动过程中的障碍物感到惧怕。

教师对策:开始时采用稍大的海绵球等没有威胁性的障碍物,在地上画上大脚印,让幼儿用踩点的方式体会"一大步或者跳跃去触球"的动作要领。

六、学前儿童体育活动的现有问题

幼儿期是幼儿快速生长发育的时期,体育活动是促进幼儿健康成长的有效手段。目前,许多发达国家已把学前教育作为推进社会公平和实现国家长治久安的国家发展战略。我国也相继颁布多个相关文件,指出体育活动对幼儿的重要性。但仍然存在一些问题,有待我们去解决。常见的困境有:[1]

(一) 幼儿体育教育观念相对落后

这里主要是指家长以及部分幼儿教师有"重视知识、轻视体育"的教育观念。这会造成幼儿园"观念上重视,行动上忽视"的现象。

(二) 一味游戏化,轻忽锻炼体质的目的

有些教师忽视体育活动的本质属性,一味追求轻松愉快,将体育活动全部游戏化,致使幼儿体育教学达不到科学锻炼的要求。这样的体育活动往往内容随意性大。

(三) 体育教学素养各有欠缺之处

目前绝大部分幼儿教师毕业于学前教育专业,他们属于"全科型"教师,未受过正规的体育专业培训与学习。[2] 若没有职后的学习,他们在体育教学的素养上可能有所欠缺。

还有一部分幼儿园的专职体育教师,多毕业于专业体育院校或体育教育专业,他们则欠缺幼儿体育教育方面的知识,对幼儿身心、动作发展规律不甚了解。

---

[1] 刘教晓:《从动作发展视角看幼儿体育教学的困境与出路》,《体育科技》2018年第4期。
[2] 邱赞、孙强:《四川省城镇幼儿园体育教育现状与发展对策研究》,《四川体育科学》2010年第4期。

(四) 教学场地、器械的配置不均衡

虽然《幼儿园工作规程》对幼儿园应拥有的场地、器械的规模和标准已作出明确的要求,但有些幼儿园不同练习用途的器械配备数量、比例不均衡。比如,城市中的幼儿园,往往发展幼儿的走、跑、跳、平衡等地面动作的球类、滑梯等器材数量较多,但发展幼儿攀爬、投掷等动作的户外大型器械较少。

  案例

图5.10　自主性户外体育活动的环境创设(拍摄于上海市黄浦区思南路幼儿园)

　　在许多幼儿教师的观念里,体育活动和活动玩具、材料、器械有关,和室内环境创设似乎有点距离。上图是我在上海思南路幼儿园看到的一个有代表性的环境创设,用于支持户外体育活动的自主性开展,展现了教师对幼儿自主性的尊重和培养。

　　教师用上方的头像+汗滴的图示直观地告诉幼儿:不同运动项目,运动量不同,分为"一滴汗"、"两滴汗"和"三滴汗"三个等级。下方的照片是教师和幼儿共同发掘的,呈现的是这些运动中需要注意的安全和自我保护事项;照片上有夹子,表示该图片是今天的晨间活动。右边是教师和幼儿一起确定的从教室通往运动项目地点的路线图:早上一到幼儿园就可以开展体育活动,老师和保育员在活动场地的不同区域照看运动中的幼儿,晚到园的幼儿,可以根据自己的运动需要,按照路线图自主选择活动项目,并前往。

　　这样的自主选择,既增进了幼儿对体育活动运动量和安全事项等的认识,也让幼儿的识图、理解、决策等能力都得到了锻炼。

思考与练习

1. 请学生分组准备一个民间游戏,展示具体的玩法。
2. 请在下园实践期间,收集幼儿教师在体育活动开展方面存在的疑问和困难。
3. 关于体育活动的自主性方面,你还有哪些设想?大家一起交流一下。
4. 请根据下面提供的体育活动案例,开展模拟教学,并进行反思。

 活动案例5-1

活动名称: 好玩的身体
适合年龄: 大班
活动目标:
  1. 体验各种肢体动作,促进肢体均衡发展。
  2. 增进同伴友情,体会合作的快乐,增强保护同伴的意识。

活动准备:
  90厘米边长的地垫12块。

活动过程:
  一、热身活动:"你说我做"
  1. 根据教师语言的提示,在教师的引导下,按要求做动作。
  重点关注:幼儿动作的力度和身体协调性、灵敏性。
  2. 幼儿两人一组,根据教师语言的提示,按要求合作做动作,完成热身操运动。
  二、重点部分:"敢闯敢做"
  1. "过小河"
  幼儿分两组,一组趴在场地上,间隔1米左右,作为"小河",另外一组幼儿鱼贯地从"小河"上跨过、跳过。
  活动几次后两组交换。
  规则:
  1)前后保持安全距离,依次出发。
  2)明确活动路径,知道起点和终点,并用不同的运动方式回到起点。
  3)注意避让,知道自我保护且能保护同伴。
  2. "小快艇过桥洞"
  分成男女两组,一组以俯卧撑,臀部抬起的动作形成一个"桥洞",另一组幼儿依次从"桥洞"中钻过。规则同上,注意安全。
  活动几次后两组交换。

3. "勇闯鳄鱼岛"

1) 教师设置一个起点一个终点,幼儿以跑的方式从起点到终点,并以原有规则通过一旁垫子返回起点,并避让"闸门"(教师扮演闸门放幼儿通行)。

2) 教师扮演鳄鱼,幼儿需要在不被"鳄鱼"抓住的前提下通过,并发现"鳄鱼"牙齿开闭规律且有序通过。

三、放松活动:"互帮互做"

1. 注意吸气、吐气方法,尝试不同方式舒展四肢。做一段缓慢的律动。
2. 同伴组合放松动作。

(大宁国际幼儿园　奚思捷)

 活动案例 5-2

活动名称:王者奇兵

适合年龄:大班

活动目标:

1. 在桌子游戏中,主动尝试和探索各种玩法,提高灵敏性、协调性。
2. 敢于挑战,在活动中能积极动脑。

活动准备:

木制长桌子 6 张,椅子 4 个,防滑垫 6 张,海绵垫 3 张。

活动过程:

一、热身活动:"空降奇兵"

根据教师动作的提示,在教师的引导下,按要求做动作。

重点关注:幼儿动作的力度和身体的协调性,灵敏性。

二、重点部分:"全军出击"

1. "穿越火线"

规则:幼儿排队依次从桌子摆成的长桥上用自己喜欢的动作过桥。

教师:鼓励幼儿尝试用各种不同的动作(走、跑、跳、爬、跨等)。

可以将桌子空开一些距离增加活动难度。

2. "翻越山丘"

规则:两张桌子斜面立起紧靠,两张桌子各横放斜桌两边(先用椅子,后用桌子作为支撑点,提高难度),孩子们站在一边,听老师信号,依次按照自己的方式,尝试安全到达对面。各进行一次。

教师:鼓励幼儿探索不同的翻越方法。

3."勇攀巅峰"

规则:一张桌子竖面立起,两张桌子各横放竖桌两边,孩子们站在一边,听老师信号,依次按照自己的方式尝试用手吊在竖桌边,身体悬空通过,安全到达对面。进行一次。

教师:引导幼儿探索如何安全通过竖桌子挑战。

4."飞越极限"

规则:孩子排队依次从桌子摆成的长桥上用跑步的方式通过长桥并且飞跃过障碍物到达指定终点。

教师:引导孩子用最快的速度通过长桥,并且探索什么样的动作可以飞跃至终点。对于能力强的幼儿,可以把障碍物离桌子空开一些距离增加活动难度。

三、放松活动:"王者归来"

提醒幼儿注意吸气、吐气方法,尝试不同方式舒展四肢。做一段律动。

(大宁国际幼儿园　奚思捷)

活动案例 5-3

活动名称:球球快滚

适合年龄:中班

活动目标:

1. 充分体验小肌肉动作,促进肢体均衡发展。

2. 增进同伴友情,体会运动游戏的快乐,增强同伴关爱合作的意识。

活动准备:

直径 60 厘米健身球 4 个,直径 40 厘米球。

活动过程:

一、热身活动:"齐心协力"

幼儿四人持球听信号变换动作。

走、快走、慢走;下蹲起立、下蹲走;左右旋转、跳跃、疾跑急停。

注意同伴间的互相支撑,维护皮球平衡不掉落。

二、重点部分:"球球快滚"

1. 球球快滚 A 规则:

幼儿二列横队俯卧于地上,两位教师将皮球从幼儿背部快速滚过。

幼儿俯卧姿态于地上,教师将皮球用向下击打的方式从幼儿背部弹射球。

幼儿二列横队以俯卧姿态于地上,教师将皮球快速滚过。

幼儿俯卧姿态于地上,教师适度将皮球用向下击打的方式弹射球。

2. 球球快滚 B 规则:

教师将皮球从两侧幼儿头部轻轻拍击过去,幼儿努力保持相互牵手队形。

教师将皮球从幼儿手拉手组成通道中轻轻推拨过去,幼儿协力保持相互牵手队形。

教师将皮球从通道中推压过去,幼儿协力保持相互牵手队形。

教师将皮球从通道中左右上下拨打过去,幼儿克服不适保持队形。

三、放松活动:"立场坚定"

幼儿排成迎面二队横列,一组上身倾斜手臂支撑于同伴,承受皮球打击臀部。

(大宁国际幼儿园　奚思捷)

活动案例 5-4

活动名称: 浮棒跳跳乐

活动领域: 偏健康领域

适合年龄: 中班

活动目标:

1. 尝试用不同方法跳过一定高度的浮棒,积累跳高的经验。
2. 乐意参与挑战,体验成功的快乐。

活动准备:

浮棒若干、PVC 管子若干。

活动过程:

一、浮棒玩玩乐——引导幼儿与浮棒互动,活动四肢,激发运动的兴趣

1. 活动导入。

● 师幼一起拉圆圈。

● 看,今天我们要和浮棒一起做游戏,好吗?

2. 热身一:浮棒摸高。

● 浮棒到你头顶上,请你跳跳摸到它。

3. 热身二:躲避浮棒。

● 浮棒从你脚下过,请你跳跳躲开它。

4. 小结。

● 长长的浮棒,一会高一会低,浮棒跳跳跳真好玩。

二、浮棒跳跳乐——尝试用不同方法跳过一定高度的浮棒,积累跳高的经验

1. 浮棒造桥。
- 要求:两个朋友、一根浮棒、两个桥墩造小桥,造好小桥和朋友跳一跳。
- 听到哨声,游戏开始,再次听到哨声,游戏结束。
2. 跳过小桥。
- 幼儿自由合作搭建小桥。
- 幼儿自主探索跳过小桥的方法,教师观察指导。
3. 交流分享。
- 请个别幼儿分享跳的方法。
- 小结:原地跳、跨跳、助跑跨跳的方法都能够帮助我们跳过小桥。

三、浮棒大挑战——尝试用助跑跨跳的方法跳过更高的浮棒,体验挑战成功的快乐

1. 变高的桥。
2. 跃过小桥。
- 幼儿合作造高桥。
- 幼儿尝试用助跑跨跳的方法跃过小桥。
3. 交流分享。
- 哪一座小桥是高高的?谁来试一试?
- 小结:用助跑跨跳的方法,助跑的距离远一点,跑的速度快一点,靠近小桥时一个脚抬高跨跳过去,后面脚跟上就可以跳过更高的小桥了。
4. 分组跨越黄色小桥。

四、身体放放松——跳跃活动后放松双腿,整理运动器械

1. 肢体放松。
2. 整理材料。

(闵行区莘庄幼儿园　蒋晓峰)

活动案例 5-5

活动名称: 球球大作战
适合年龄: 中班
活动目标:
1. 在运球游戏中锻炼幼儿手眼协调能力,提高身体灵活性。
2. 在不断挑战中,体验与同伴相互合作的乐趣。

活动准备:
物质准备:软式棒球球杆12根、皮球16个、呼啦圈16个。

经验准备:幼儿有过踢球的经验。

活动过程:

一、热身活动——棒棒动起来

1. 进行报数分组,报1、2的小朋友拿黄色棒子(黄队);报3、4的小朋友拿蓝色棒子(蓝队)。

2. 热身运动。

二、第一次游戏——球球大作战1.0

重点:1. 幼儿遵守规则完成游戏。

   2. 掌握运球的基本姿势和方法。

玩法:1. 教师将若干个皮球放在球场中间,两队球员用棒子将球运送到自己的呼啦圈内。

   2. 每个呼啦圈内只能运进一个皮球。

   3. 比赛结束后呼啦圈内皮球多的队为优胜。

规则:1. 接触皮球的只能是棒球杆,如有发现脚、手等部位进行运球就扣除一个进球。

   2. 听到口哨信号就游戏结束,回来排队。

提问:1. 小朋友们游戏规则都清楚了吗?

   2. 小朋友们这轮游戏哪队获胜了呀?

重点提问:我来采访一下胜利队,你们用了什么方法赢得了比赛呢?

请小朋友上来演示一下运球方法。

小结:手握棒子的方式、身体要侧过来……这些好的方法可以帮助我们更快地运球。

提问:除了这些方法外还有一点也很重要,小朋友们有没有想到呀?

小结:原来只要掌握了正确的方法加上不犯规就能赢得比赛。

三、第二次游戏——球球大作战2.0

重点:1. 幼儿运用棒球杆将皮球运到相对应的呼啦圈内。

   2. 要求幼儿分工合作。

玩法:1. 黄蓝四个呼啦圈,两队球员将皮球运到颜色相对应的呼啦圈内。

   2. 两队球员可以抢对方呼啦圈内的皮球,对手运球过程中不能抢球。

   3. 每个呼啦圈内都要有皮球,哪队皮球多就为胜利。

规则:1. 接触皮球的只能是棒球杆,如有发现脚、手等部位进行运球就扣除一个进球。

   2. 听到口哨信号就结束游戏,回来排队。

提问:我请胜利方的小朋友说说用了什么方法赢得了比赛。

提问:当对方球员来抢球时,该怎么办呀?

小结:小朋友你们发现了吗?比赛中分工是赢得比赛的关键。

四、第三次游戏——球球大作战3.0

重点:两队进行对抗比赛,体验团队合作的乐趣。

玩法:每队自主商量分工后开始游戏,将球运到自己的呼啦圈内。

规则:1. 接触皮球的只能是棒球杆,如有发现脚、手等部位进行运球就扣除一个进球。

   2. 听到口哨信号就结束游戏,回来排队。

提问:1. 谁来介绍一下你们为什么得分这么高?

   2. 你们是怎么分工合作的呢?

小结:在比赛中不单只有分工,还要有团队合作才能赢得比赛。

五、放松活动——球球按摩

教师:我们坐下来相互按摩一下吧。

六、整理物品

(闵行马桥启英幼儿园 徐 敏)

活动案例5-6

活动名称:海盗大冒险

适合年龄:中班

设计思路:

  一次自由活动中,孩子们跑过来问我:"沈老师,你能这样吗?"然后他们纷纷开始单脚跳起来。我发现,他们中并不是所有人对单脚跳这个技能的掌握都能够达到《指南》的要求,部分孩子的下肢耐力和平衡能力都有待提高。通过查阅文献资料,我了解到4—5岁孩子正好处在平衡能力发展的快速增长期。因此,期望通过创设单腿海盗这样的情境,帮助孩子们将枯燥的平衡练习变成有趣的集体游戏。从平地站立,到在不同高度物体上的站立,最后到负重站立,难度层层递进。同时结合跑步换位的活动,提高平衡锻炼时的运动量。融入紧张的音乐,帮助孩子们营造游戏的氛围。不仅仅为了提高他们的下肢耐力和平衡能力,也为了在进行平衡挑战过程中发展勇敢、自信、沉着等心理素质。

活动目标:

1. 能够在不同物体上单脚站立,锻炼下肢耐力和平衡能力。
2. 在海盗情境中体验集体游戏的乐趣。

活动准备：

物质准备：呼啦圈若干、礁石（轮胎、高跷、椅子、彩虹桥）、宝藏（沙袋）。

经验准备：对海盗这个角色有一定的了解。

活动过程：

一、热身（在情境中进行热身，为后续运动做准备）

跟随教师进行热身训练。

过渡：传说，只有单腿海盗才能登上黄金岛，夺得宝藏。记住变身的口令：啊哈！

二、海盗大冒险（尝试单腿站立，掌握保持平衡的技巧）

1. 变身单腿海盗

（1）听口令换脚站立

（2）听口令换船单脚站立

小结：抬头、挺胸、腿绷直能使变身的时间更长，记住这个好方法哦。

2. 登岛准备（尝试在不同物体上单脚站立）

过渡：黄金岛周围布满了礁石，只有单腿站立通过这些礁石，才能登岛哦。

听口令变换礁石单脚站立。

小结：失去平衡时，不要慌张，张开双臂改变上身姿势，重心移到支撑腿很关键。

3. 黄金岛夺宝

过渡：恭喜你们已经成为了合格的单腿海盗，接下来我们就要正式登岛了，在登岛之前先要听清楚登岛规则：

（1）听到哨声，从你们的船出发向前前进一格。

（2）拿到宝藏，再一格一格回到你的船上。

记住时间有限，音乐结束，黄金岛就关闭了。祝你们成功！

小结：恭喜你们，变身成为了勇敢的单腿海盗，夺得了这么多的宝藏。

三、放松（在音乐情境中放松四肢，回顾游戏中的快乐体验）

1. 跟随教师进行放松、拉伸。

2. 回顾动作要领，体验成功的乐趣。

（中福会浦江幼儿园　沈　杰）

第六章 学前儿童生活习惯与生活能力教育

……应该利用一切机会,甚至在可能的时候创造机会,给他们一种不可缺少的练习……这就可以使他们养成一种习惯,这种习惯一旦培养成功之后,便用不着借助记忆,很容易地很自然地就能发生作用了。

——洛克[①]

学前儿童的生活习惯与生活能力教育,《3—6岁儿童学习与发展指南》(以下简称《指南》)中给出的目标是:①具有良好的生活与卫生习惯,②具有基本的生活自理能力,③具备基本的安全知识和自我保护能力。根据目标,我们将幼儿园中相应的健康教育内容分为生活常规教育和安全生活教育两节来阐述。

第一节 生活常规教育

学前期是为幼儿一生幸福与发展奠定基础的重要时期。在这一时期,为幼儿创设良好的生活环境,帮助幼儿养成良好的生活与卫生习惯,培养幼儿掌握生活自理能力,是最为根本的。许多资深幼儿园教师都认为,学前阶段最重要的事是培养幼儿的习惯,主要是生活与卫生习惯,包括学习习惯。这些习惯的养成,能促使幼儿在其一生中都会自觉地选择健康的生活方式,防范疾病,保障自身的健康发展。而生活自理能力的培养,有助于幼儿的责任感、自信心以及解决问题能力的建立,对幼儿今后抗挫折、适应新环境等都有重要影响。这两方面的内容贯穿于幼儿园一日生活始终。

可以说,幼儿园的生活常规教育不仅能够培养幼儿的生活习惯,而且培养幼儿在集体环境中应该具有的规则意识和自控能力,最终是要帮助幼儿学会生活、学会学习、学会交往,这些都是生活能力的体现,是幼儿生存和持续发展的基本素质,因此,生活常规教育至关重要,可以说是幼儿园阶段的核心内容。

---

① [英]约翰·洛克著,傅任敢译:《教育漫话》,教育科学出版社1999年版,第37页。

一、生活常规教育的概述

(一) 生活常规教育的概念

什么是常规和常规教育？无论是查找词典中的释义，还是从日常教育行为中归纳出的理解，人们通常认为，幼儿园常规是指幼儿园保教过程中沿袭下来的、幼儿在日常生活和活动中经常使用的规则或习惯。幼儿园常规教育则是指教师根据社会的要求和幼儿发展的特点、需要，引导幼儿接纳这些规则、养成这些习惯的教育过程。根据幼儿在园生活的内容，可以将相应的常规划分为一日生活常规和活动常规，后者往往包括在学习活动、运动和游戏中的常规。

值得注意的是，常规是幼儿经常使用的，教师是根据社会与幼儿的需要加以引导，实施某些常规教育。那么，很重要的一个问题就是：常规是怎样形成的呢？常规应该是教师和幼儿在共同生活的过程中共同建立起来的，而不是仅仅由教师单方面制定的。有许多常规在实践中反复被证实是有效、必要的，因而沿袭下来。这些常规对教师来说是耳熟能详的，但对一批批的幼儿来说都是新的规则。教师要把自己所熟知有效的常规，转化为幼儿有选择地接纳、有一定灵活性地遵循的行为规则，这不代表所有的常规都应该是"让幼儿必须接受和遵守"的。学前阶段的幼儿能理解一些规则，但实际上是根据自己的规则系统行事，并且常根据自己的需要改变规则。应当让幼儿有机会探索、参与常规的形成。

(二) 生活常规教育的作用

1. 有助于建立良好的安全感

马斯洛(Maslow)的需要层次理论广为人知，且为众人所接受，在各层次的需求中，马斯洛指出："几乎一切需要都不如安全需要重要，有时甚至生理需要也是如此。"安全需要是指人们"对安全、稳定、依赖的需要，对免受恐吓、焦躁和混乱的折磨的需要，对体制、秩序、法律、界限的需要，对于保护者实力的要求等"[①]。

从中可见人的心理安全感之复杂，但我们可以确定安全感与生活的稳定、可预期、可控制等有关。也就是说，幼儿的生活需要有一定的规律性，让幼儿觉得稳定有序、人际和谐有序，如此才能形成安全感。而许多心理学家都认为，心理安全感是决定心理健康最重要的因素。合理的常规就是在为幼儿营造稳定有序的、和谐的生活。

2. 有助于培养规律的生活作息

幼儿园沿袭下来的常规往往是根据幼儿身心发展特点和需要制定的合理安排，以动静交替、有张有弛的节奏来使幼儿的身体和心理得到有益的调节，又能使幼儿积极愉快、精力充沛地参加各种活动，有利于身心健康。

在幼儿园张弛有度的生活安排下，幼儿生活在其中，能逐渐养成规律的生活作息，并从中受益。

---

① [美]马斯洛著，许金声、程朝翔译：《动机与人格》，华夏出版社1987年版，第45页。

3. 有助于适度锻炼自控能力

常规中包括许多规则和要求是需要幼儿共同制定和遵守的,比如:在学习活动中要专心,控制玩耍的念头;在用餐、午睡、盥洗等生活活动中要讲究一定的秩序,不吵闹,克制自己想抢先的想法等;在游戏和运动活动中,正确使用教玩具、器械,不强抢他人的玩具等。

这些规则和要求,幼儿在遵守的过程中,需要在缺少外界监督的情况下,适当地控制、调节自己的行为,抑制冲动,抵制诱惑,坚持不懈地保证目标实现。这种自我控制能力是自我意识的重要成分,是一个人走向成功的重要心理素质。

4. 有助于促进和谐的社会交往

社会交往是幼儿发展的基本需要,也对幼儿今后发展具有重要的影响。幼儿在幼儿园阶段的生活中,发展同伴之间的社会交往,逐渐习得合作、友好交往的技能,对其活泼开朗的个性培养,今后适应社会集体生活的环境都大有裨益。

在与同伴交往、与教师互动的过程中,幼儿需要懂得自身需要和他人需要之间怎样取得平衡,有许多共同活动的顺利开展需要遵循基本的社会行为规则,比如轮流、合作等,而这些交往技能和规则也是常规教育的一部分。

5. 有助于教师实施班级管理

生活常规教育是非常重要的工作内容,许多教师对此深有体会。因为生活常规教育的好坏不仅直接影响到幼儿的健康成长,而且关系到班级各项活动的顺利开展,生活常规教育与班级管理是相辅相成的。

在日复一日的共同生活中,教师引导幼儿遵守合理的活动规则、养成健康合理的生活卫生习惯、使用社会行为规则来规范自己的行为,形成良好的班级活动秩序,这本身是班级管理内容的有机组成部分;常规的养成也使得班级管理能够有序展开。

练习

【2015年上半年教资真题】实施幼儿园德育最基本的途径是(　　)。

A. 教学活动　　　　　　　　B. 亲子活动
C. 阅读活动　　　　　　　　D. 日常生活

答案:D。

【2013年下半年教资真题】有研究者对幼儿园园长、教师做了一个调查,调查题目是"要全面真实地了解你园的保教质量,你认为最好什么时间段到你园",调查结果如图所示。请从幼儿一日生活的意义和角度,阐述你对这一结果的看法。

参考答案:
由图可知,多数幼儿园园长、教师认为要想全面真实地了解幼儿园的保教质量,应该上午入园进行考察。

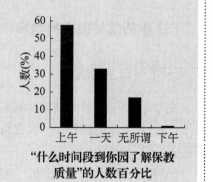

"什么时间段到你园了解保教质量"的人数百分比

> 因为下午幼儿午睡、吃点心,稍微活动一下就离园了,教师上午带班更费"心血"。这种想法是错误的。对幼儿园保教质量的考核认定需要从幼儿园一日生活整体着手,一日活动的各个环节均不可偏废。

二、生活常规教育的目标

《幼儿园教育指导纲要(试行)》(以下简称《纲要》)中在生活常规教育方面的要求是"生活、卫生习惯良好,有基本的生活能力"。《指南》在此基础上,将目标的表述分为两点,并给出了各年龄段的典型表现:

表6.1 幼儿生活常规教育目标

目标1 具有良好的生活与卫生习惯		
3—4岁	4—5岁	5—6岁
1. 在提醒下,按时睡觉和起床,并能坚持午睡。 2. 喜欢参加体育活动。 3. 在引导下,不偏食、挑食。喜欢吃瓜果、蔬菜等新鲜食品。 4. 愿意饮用白开水,不贪喝饮料。 5. 不用脏手揉眼睛,连续看电视等不超过15分钟。 6. 在提醒下,每天早晚刷牙、饭前便后洗手。	1. 每天按时睡觉和起床,并能坚持午睡。 2. 喜欢参加体育活动。 3. 不偏食、挑食,不暴饮暴食。喜欢吃瓜果、蔬菜等新鲜食品。 4. 常喝白开水,不贪喝饮料。 5. 知道保护眼睛,不在光线过强或过暗的地方看书,连续看电视等不超过20分钟。 6. 每天早晚刷牙、饭前便后洗手,方法基本正确。	1. 养成每天按时睡觉和起床的习惯。 2. 能主动参加体育活动。 3. 吃东西时细嚼慢咽。 4. 主动饮用白开水,不贪喝饮料。 5. 主动保护眼睛。不在光线过强或过暗的地方看书,连续看电视等不超过30分钟。 6. 每天早晚主动刷牙,饭前便后主动洗手,方法正确。
目标2 具有基本的生活自理能力		
3—4岁	4—5岁	5—6岁
1. 在帮助下能穿脱衣服或鞋袜。 2. 能将玩具和图书放回原处。	1. 能自己穿脱衣服、鞋袜,扣纽扣。 2. 能整理自己的物品。	1. 能知道根据冷热增减衣服。 2. 会自己系鞋带。 3. 能按类别整理好自己的物品。

三、生活常规教育的内容

(一)一日生活流程

在幼儿园中,一日生活流程都是相对稳定的,了解一日生活流程和各生活环节的具体常规要求,对教养工作的顺利进行具有重要的作用,尤其对新入行的学前教育工作者来说,更是"上岗必备"。

《幼儿园工作规程》根据幼儿的身心发展特点和发展需要,对幼儿生活作息作出了一定的规定:"两餐间隔时间不得少于3.5小时。在正常情况下,幼儿户外活动时间每天不得少于2小时,寄宿制幼儿园不得少于3小时,高寒、高温地区可酌情增减。"幼儿园都在参照这些规定的前提下,制定一日生活流程。

所谓一日生活流程,主要是让幼儿保持有规律的生活,养成良好的作息习惯,通俗地讲,就是在一日生活中,教师按照时间顺序要带领幼儿进行的主要事项,主要包括来园、盥洗、区域活动、学习活动、喝水、户外活动、进餐、午睡和离园等环节。比如,下表是幼儿园一日生活流程表样例,可供参考。具体到不同幼儿园、不同班级,教师可以根据实际情况对各生活环节的时间、内容加以调整。

表6.2 幼儿园一日生活流程表样例

时　　间	生活环节	时　　间	生活环节
7:20—8:30	入园、晨检、盥洗	11:40—12:00	餐后自由活动
8:00—9:00	区域活动	12:00—14:30	幼儿午睡
9:00—9:20	教育活动	14:30—15:00	起床
9:20—9:40	室内操	15:00—15:30	间点
9:40—10:00	间点及准备	15:30—16:00	户外活动、游戏活动
10:00—11:00	户外活动、游戏活动	16:00—16:15	离园准备
11:00—11:10	餐前准备活动	16:15—16:30	幼儿离园
11:10—11:40	幼儿午餐		

(二) 一日生活中的常规要求

一日生活中的具体常规要求,既是为了培养幼儿良好的生活和卫生习惯,也是为了培养其生活自理能力。这里,我们将幼儿的生活环节分为生活活动和其他活动(主要是学习活动、运动和游戏,以及自由活动)两大部分,来讨论其中的常规要求,即探讨在这些生活环节中,对幼儿的要求和指导是什么。

1. **生活活动环节**

在生活活动环节方面,常规要求主要涉及饮食习惯、休息和睡眠习惯、穿衣习惯、排泄习惯、清洁习惯、收拾习惯等的培养。而清洁、收拾等习惯,不仅在生活活动中有,在游戏活动中同样有。

(1) 饮食习惯

饮食习惯方面,包括饮水和进餐在内。其注意点是:

- 保教人员要合理安排餐点,帮助幼儿养成定点、定时、定量进餐的习惯。
- 帮助幼儿了解食物的营养价值,引导他们不偏食不挑食,少吃或不吃不利于健康的食品,多喝白开水,少喝饮料。
- 吃饭时不过分催促,提醒幼儿细嚼慢咽,不要边吃边玩。

对幼儿来说:

- 喝水时不说笑打闹,不浪费水,喝完后会将杯子归位。
- 能够安静、愉快地用餐,并逐步学会独立进餐,分阶段学会使用餐具。

- 注意进餐的文明行为,如:进餐时要细嚼慢咽;要注意桌面、地面和衣服的整洁卫生;骨头等放在指定的地方;吃完饭后将椅子、餐具分别归位,做好漱口、擦嘴等个人卫生工作。
- 进餐后不激烈运动。

(2) 排泄和盥洗习惯
- 学习和掌握洗手、洗脸的方法和步骤。小班幼儿可在教师帮助下进行。
- 盥洗时遵守秩序,不拥挤,动作迅速和认真。
- 学会在有排便需要时告知保教人员,并懂得排便是人体正常的现象。
- 逐渐学会上厕所排便时自己脱、穿裤子,逐渐学习自己擦屁股。

(3) 休息与睡眠

休息,通常在餐点或大量活动之后实施,时间每次 3—5 分钟左右,休息的地点则视活动需要,教室内外均可进行。比如室内趴在桌上休息 3 分钟,户外活动时在活动场地边缘休息 5 分钟等;休息时,可以给幼儿欣赏节奏和缓、宁静优美的乐曲,运用音乐培养幼儿安静的习惯。

午睡,全日制幼儿园一般每日 1—2 小时的午睡时间,需要在室内进行,还需要有寝具,通常是小床,也有的幼儿园采用地铺形式。午睡环节的注意点:
- 午睡也是进行良好生活习惯培养的时机,比如叠衣服、叠被子。
- 对于不肯入睡的幼儿,只要不打扰他人,不宜勉强,这一理念在越来越多的幼儿园中得以贯彻。值得注意的是,"不宜勉强"不应当成为保教人员就此不帮助幼儿入睡的理由——保教人员应当耐心地鼓励和指导,使幼儿逐渐养成午睡的习惯。
- 在唤醒幼儿时,不论是用音乐还是其他方式,都应该是让幼儿渐渐地清醒,有缓和的几分钟时间。

无论是短时间的休息,还是较长时间的午睡,保教人员都应该在旁照顾,并应保持安静,不应当在此期间聊天等。要注意安全、卫生。

对幼儿的要求:
- 首先要懂得休息和睡眠是人体保持健康所需要的节律。
- 保持安静的情绪,不嬉笑、喧哗。
- 学习和掌握睡眠的前期准备事务,比如:睡前上厕所,掌握脱衣服的顺序,从脱鞋袜,到脱裤子和上衣,并将衣服折好、放置好;不带细小的物品上床等。
- 起床的时候,学会正确的穿衣顺序,一般先穿上衣,而后是袜、裤和鞋子等。
- 逐步学习整理床铺,主要是叠被子。

(4) 穿衣习惯
- 逐渐学会脱、穿不同的衣物。一般是先学习穿和脱鞋、裤子与衣服;从学习拉拉链、解开搭扣和纽扣,到会拉上、扣上等。这部分生活自理能力,在午睡的环节中,涉及到大量的动作技能的练习机会。
- 随着儿童年龄的增长,逐渐懂得根据气温变化加减衣服。

(5) 清洁和收拾的习惯

生活和各种活动中都涉及到清洁、收拾习惯的培养,在生活活动中,主要让幼儿注意:
- 清洁习惯方面,注意个人卫生,懂得洗澡的好处,并乐意勤洗澡、换衣服、剪指甲等,注意饭前便后要洗手;饭后要漱口,学习刷牙并逐渐养成早晚刷牙的习惯,医学建议从小要注意幼儿的口腔卫生,刷牙习惯从1岁半就可以开始培养,当然最初是由成人帮助刷牙。
- 收拾习惯方面,小班幼儿就应该懂得在玩好玩具之后要把玩具送回家。
- 小班幼儿午睡的时候要注意摆好鞋子,中班开始,幼儿应该学会将睡觉前脱下的衣服叠好后放好。大班应该已经形成自觉的自我要求。
- 学习擤鼻涕、擦屁股的正确方法。
- 保护环境卫生。
- 保护五官,如不乱挖耳朵、鼻孔,看电视时至少保持3米左右的距离等。

案例

不送玩具的孩子

随着"收玩具"音乐的响起,孩子们渐渐地围坐在老师旁边,"娃娃家"那里只有李婵娟一个人在收拾,之前一起玩的其他4个孩子,在听到"玩具宝宝送回家"的时候,马上离开了,没有想到收拾。

这个情况,在班级里比较普遍,尤其是游戏活动时间,幼儿取放材料比较自由,往往会拿出许多材料,到游戏时间结束时,幼儿为了领先别人一步坐下来,就"忘记"收拾了。

分析与对策:

在"玩具宝宝送回家"的环节,教师通常关注送好玩具的幼儿,而对于正在整理玩具、根本没有送回玩具的幼儿则关注得不多,因此产生了一批"不送玩具的孩子"。

对此,我们决定在收拾玩具环节,一位教师的站位定在活动区,指导幼儿整理玩具,并提醒"送玩具的孩子"不要着急,老师会等你们的。另一位老师在讲评之前要留有足够的过渡时间,并提醒已经坐下来的孩子:"你的玩具送回去了吗?"

第二天继续实施,效果比较好。相信通过长期的坚持,幼儿物归原处的意识会增强。

(城市花园幼儿园 周 英)

(6) 坐、立、行、卧的习惯

在日复一日的师幼共同生活中,教师要帮助幼儿养成良好的坐、立、行、卧的习惯,正确的姿势必须从小练起,对幼儿的不良姿势,教师应该注意纠正。良好的坐立行卧习惯不仅反映一个人的精神面貌,而且可以让幼儿在一生中得到保健、健美的益处,在时时刻刻的坐立行卧中养生。否则,不但外形不美,还会引起驼背、O形腿等不良体态,严重者甚至会使内脏受到压迫,影响其功能。

- 坐姿习惯的常规要求:

端坐时,身体重心落在臀部,抬头,挺胸,收腹,肩部放松下垂,背部挺直。正确坐姿不可缺少3个直角,即手臂在肘关节处要形成直角,大腿与后背要形成直角(后背应紧靠椅背),双腿在膝盖处形成直角。

随意坐时,两腿可以放得自由些,但不要分得太开,也不要跷"二郎腿"。

学习时,如坐在桌前看书时,上半身可略向前倾,但不应俯胸弯腰,甚至腰部向左或向右扭曲。坐凳的高度,以略高于人体膝部高度为适宜。桌子的高度,应使人坐在凳上时,两腿与桌面上书报距离在三分之一米左右为好。

- 站立习惯的常规要求:

站立是人体的一种基本姿态。平衡是正确站姿的第一大要义,要让身体各部分均匀受力。

站立姿势正确,人的骨骼、肌肉就都处于正常的生理位置,比如脊柱的4个生理弯曲,即颈部向前凸、胸部向后凸、腰部向前凸、骶骨向后凸,就会保持良好状态。

站立时要挺拔,抬头,两眼正视前方,脊柱要保持在垂直状态,背部、腰部要直。双肩舒展,两臂自然下垂,双肩、双骶、双下肢的左右两边应保持在同一水平线上;双腿伸直。

注意:"军姿"不是最好的站姿,因为肌肉过于紧张。"站如松"还有"轻松"的含义,站立时可以双腿微屈,两手自然平放。

- 行走姿势的常规要求:

正确的行姿是在正确的立姿基础上形成的。教师要努力让幼儿走得符合保健要求,而又动作协调,需要注意纠正内、外"八字脚"。

行走时举步要轻快,移动正直平稳。头部抬起,目光向前,背部挺直,可以略向前倾。腹部向上内收,肩部下沉后收,两臂自然下垂,协调摆动,两膝灵活,富于弹性,两足步幅均匀,与手臂摆动协调向前,脚尖保持向前。

- 躺卧姿势的常规要求:

看电视、睡眠时,甚至看书时,都涉及到正确的卧姿问题。蜷缩在沙发椅里、四脚朝天仰卧、双手搭在胸前、"青蛙式"地趴着,都不是正确的卧姿。这些姿势可能会导致呼吸不畅,给脏器、肌肉等增加不必要的负担,甚至影响睡眠质量,从而引发更多的健康问题。看书时尤其不能侧卧,会造成两眼的眼压不同,会致使视力快速减弱,并造成较大幅度的两眼视力差。

仰卧、左侧卧和右侧卧都是正确的睡眠姿势,但从有利于肌肉放松和内脏功能来看,右侧卧是最理想的。

2. 学习活动的常规要求

- 在教育活动前,幼儿能够逐渐进入安静的状态,能够集中注意力关注学习内容。
- 在活动中,积极思考,学会手脑并用参与学习活动,踊跃发言和提问。
- 学会倾听,会当"文明的小听众"。
- 注意学习活动需要的秩序和规则,不影响活动的正常进行,不干扰其他人的学习。
- 养成良好的阅读习惯,会正确地一页页翻书,爱惜书本,不撕书。
- 中大班,要学会正确的握笔姿势,会保持良好的坐姿。

3. 运动和游戏常规

在运动和游戏活动中,教师要激发幼儿参加体育活动的兴趣,养成锻炼的习惯。如:

- 为幼儿准备多种游戏和体育活动材料,鼓励他们选择自己喜欢的材料开展活动,并保证充足的活动时间,让幼儿有机会自主选择和自由活动。
- 经常和幼儿一起在户外运动和游戏,鼓励幼儿和同伴一起开展体育活动。
- 和幼儿一起观看体育比赛或有关体育赛事的电视节目,培养他们对体育活动的兴趣。

此外,幼儿应该遵守以下常规要求:
- 会正确使用玩具和材料,爱护玩具和材料,会收放、整理玩具和材料。
- 户外活动时,不到处乱跑,在教师划定的场地内活动;在室内活动时,要注意压低说话和动作的声响,不高声喧哗,不影响他人。
- 需要变换游戏时,要注意轮流、交换、事先征得同意等交往规则。
- 在游戏中,尊重其他小伙伴,学习友爱、谦让、合作和互相帮助。

4. 自由活动

自由活动往往发生在环节的转换、过渡时期,比如,午饭后、点心后让幼儿自由活动,玩自己携带的玩具、看书等。让幼儿愉快地参加自己喜爱的游戏活动、体育活动或其他活动。活动应在老师视线范围之内,注意安全。

四、生活常规教育的有关反思

当前,有不少研究者注意到,幼儿园中的学前教育工作者对生活常规教育的理解,都是很相似的,比如,"常规,具体来说就是教师将幼儿一日生活流程中的各个环节制定出一系列行为规范,让幼儿固定地执行,从而形成良好的行为习惯和生活秩序。如,幼儿睡眠、起床、进餐都有固定的时间;幼儿玩好玩具后应该放回原来的地方;吃饭要洗手;水杯应该放在贴有标志的地方等"。有不少幼儿园教师将常规的养成称为"做规矩"。在这样称呼的同时,教师们的教育行为转变了,"借助各种管理技术完成对儿童的管理与控制,将儿童规限在常规生活的框架之中",比如规定座位、固定队列、细致的生活制度等。于是,在教育过程中,幼儿学会遵守的大多数规则是教师教给的,是幼儿从教师那里接受来的,在教师要求下遵守的。

如此一来,儿童基本上就只是常规教育的客体,而不是主体,其主动性得不到发挥。原本,常规教育应该是儿童生理、心理特点与社会文化的自然结合,是为了促进儿童健康快乐地生活;而上述的不当做法却使常规教育压抑了儿童的自由和快乐。给予儿童多少自由度、对儿童施加多少的影响(或控制),是常规教育的一个难题。说到底,这还是涉及到是否具有"以儿童为本"、"以儿童为中心"的教育观念的问题。

(一)"规定动作"的硬伤

很多幼儿园教师都喜欢这样要求幼儿:"老师讲话的时候,两只手放在膝盖上(背在身后,或是放在桌上),不要乱动,嘴巴拉上拉链,小眼睛看老师!"这还算是比较温和的。

有的教师为了保证自己的令行禁止,会"威胁"或是惩罚幼儿,比如,对调皮的某幼儿:"还吵?!户外活动的时候,你在旁边'休息'。"又如,某男孩入睡困难,教师伸手一把将小男孩拽出午睡房间外,同时还呵斥:"你不睡觉,就给我在外面站着。"(网络上类似报道不在少数。)

这种教师制定的"规定动作"对幼儿的发展是种妨碍。不少教师从工作方式的便捷性出发,不给任何理由、不知限度地予以各种约束,那么,幼儿的爱、信赖感、自立感、自律感及效能感都被压抑了。由于强制幼儿进行各种各样的活动,幼儿被支配,幼儿成了持不信任感、他律感、无能感的孩子了。

更可怕的是,教师的"规定动作"是以让幼儿自我约束的形式进行强制的,幼儿"人在屋檐下,不得不低头",从此对约束、规则等产生了负面印象,幼儿对压抑他的社会规则和人产生敌意。即使幼儿阶段能够强制成功,但到中学阶段、成年阶段他们可能不再惧怕了。于是问题会外显出来。日本东京都立教育研究所几年前的调查报告表明,发生青春期问题的青少年中,从他们的成长经历来看,多数是"在幼儿期自我表现少的孩子",即很"乖"、"温和"的孩子,同时也是"家长的育儿态度有问题的孩子"。其中,多数孩子受到过威逼或过度保护。①

幼儿期应是幼儿自我充分发展的时期,日常生活中的威逼或过度保护都是不应该的,这会让幼儿的自我受到压抑,影响其身心的诸多方面。

(二) 引导幼儿理解规则

如果不是"蛮横"地管理,而是从正面引导,使幼儿知道规则的必要性,那就会完全变成另一种情况了。

一方面,很重要的一点,是要让幼儿经历体现规则重要性的、有正面体验的活动。让幼儿通过体验到"需要规则"来改变对规则的认识和态度。

例如,许多幼儿争夺一只球的时候,谁都玩不好。这个时候,需要教师加以建议和引导,让幼儿想解决办法。如果用"石头、剪刀、布"来决定先后顺序的话,那就可以轮流玩,谁都有机会玩了;还有其他的玩法,如在地面上画一个圆圈,可以玩"掷球击人"的游戏等。由此可见,确定一些约束和规则并不是妨碍自我发挥,并不是令人讨厌的事,相反,规则对于保证某些活动能愉快地进行来说是十分必要的。②

另一方面,就是在行为习惯的养成上,不应该是通过"逼迫"幼儿服从的方式管教出来的,而应该是和幼儿共同探索、用幼儿乐于接受的方式引导出来的。

在这一点上,教师手中掌握的行为改变方法极度匮乏,可能是造成前面现象的重要原因之一。比如,笔者曾以前文中教师惩罚不睡觉的幼儿、吓唬幼儿的案例,询问部分学前教育工作者的看法,她们的说法都是相似的:"这种做法当然不好,可是老师怎么办呢?没有办法呀!"

对此,我们将在"行为改变技术"中作专门的讨论。这里我们先学习一个与午睡有关的案例,看看一位老师的努力。

 案例

"痛苦"的午睡

小二班有几位小朋友在午睡上比较困难。

---

①② [日]岸井勇雄著,李澎译:《未来的幼儿教育——培育幸福生活的能力之根基》,华东师范大学出版社2010年版,第93页。

王佶是一个乖巧听话的孩子,各方面能力都不错,但午睡时她每天都难以入睡。老师陪在她旁边摸她的头,拍她的身体,看着她闭上眼睛一动不动,以为是睡着了,可是老师一走开,她马上又睁开了眼睛。

坤坤每次睡下不到十分钟就开始叫:"老师,我要小便。"老师不信:"好好睡觉,睡着了下午才有精神活动呢!睡觉前每个小朋友都小便过了,才一会儿怎么又要去呢?""老师,憋不住了!"声音变大了许多,而且不断重复。老师只好让他去了,结果不到20分钟他又叫:"老师,我要小便。"就这样,他一直没有睡着。

还有一些孩子会翻来覆去、自言自语、手舞足蹈,或者和邻床交谈,其他小朋友的睡眠质量也因此受到一定的影响。

午睡对于这些小朋友来说似乎是很痛苦的事情。

我的观察:

对不愿意睡觉的幼儿,我经过观察,对他们的表现方式作了归纳:

1. 安静型:自己玩或躺着,不影响别人。
2. 吵闹型:自己一个人做游戏,或是和伙伴做游戏,发出声响,影响别人。
3. 繁忙型:不断要求尿尿,引起老师对他的关注。

那为什么这些孩子不愿意睡觉呢?

我的分析:

通过与家长沟通了解情况、观察幼儿特点,发现幼儿不睡觉的原因主要是:

1. 作息不规律,精力充沛。幼儿晚上睡得晚,早上起床晚,因此到幼儿园午睡时间,幼儿没有任何睡意。比如,上面提到的坤坤就是这种情况。

2. 比较敏感。这类幼儿要求有非常安静的入睡环境,周围有任何声响,都会影响他们入睡。上面案例中的王佶就比较敏感,老师或保育员说句话或走动一下,她就会马上睁开眼睛。

3. 睡前过于兴奋。有的幼儿会因为睡前做了过于兴奋的活动,或是入睡时新发现了特别感兴趣的事情,难以平静,从而影响午睡。

4. 缺乏安全感。还有的幼儿因为最亲近的人或物不在身边,缺乏足够的安全感,所以难以入睡。

当然,睡眠的物理环境温度是否适宜、空气是否清新、是否安静等,都会直接影响到孩子睡眠的因素。

我的做法:

根据班中幼儿的实际情况,同时对照着"幼儿园一日活动保教结合主要操作要求与提示"我采取了以下措施:

做法一:家园同步,调整作息

与坤坤的家长沟通后,我们建议坤坤妈妈帮坤坤制定作息时间表,在家也要养成良好的睡眠习惯,定时起居,按时入睡。坚持了两个星期后,坤坤的午睡有了很大的改善。

做法二：优化环境，帮助睡眠

● 关注睡前如厕，消除幼儿顾虑

针对案例中的繁忙型幼儿，教师需要提醒他们睡觉前如厕，并暗示已经上过厕所，你可以安心睡觉了。然后教师可以采用亲切柔和的态度，拍拍他的背、摸摸他的头，使幼儿自然地安静下来。

● 播放轻音乐，帮助进入午睡状态

舒缓的轻音乐有利于幼儿静心进入午睡的状态，长时间坚持会形成条件反射。近期我们在午睡前放一些摇篮曲，幼儿听到后会轻轻地从厕所走入教室。

● 制作遮阳板，创设易于入睡环境

我们发现睡在教室前端的幼儿总是入睡较晚，应该是受到光线的影响，教室前端的圆形窗无法装上窗帘。于是我们制作了遮阳板。

做法三：关注细节，尊重个体

幼儿存在着个体差异，躺下后不可能"一、二、三"一起睡着，入睡晚的幼儿在"寂静"的环境中也是不好受的，对于这类型的幼儿我们可以采用：

● 悄悄话提示，安抚幼儿情绪

走近他们，在帮助他们盖好被子的同时，轻轻抚摸，慢慢稳定幼儿情绪，并在耳旁悄悄地提醒：闭上眼睛，你马上就能睡着咯。

● 创设"星星书吧"，帮助幼儿进入睡眠状态

提供图书和音乐耳机供入睡晚或难以入睡的幼儿在书吧中休闲，当他们有睡觉需求时再进行午睡活动。

● 制作午睡提示板，完善交接工作

由于老师中午需要培训或开会，午睡环节要与保育员做好交接，为免忘记或忽略，班级里设置午睡提示板，在上面可以清晰地显示有多少幼儿已经入睡、有哪几个幼儿身体欠佳需要特别关注、哪几个幼儿入睡晚需要陪伴，便于保育员给幼儿必要的关注。

我的感悟：

午睡是每天都在进行的活动，想要提高幼儿的午睡质量，我们必须要从幼儿的立场出发，从烦恼"孩子们不愿意睡觉"转变为"为什么孩子不愿意睡觉"，根据不同的情况提供形式多样的策略，满足幼儿的不同需求，真正地将"痛苦的午睡"转变为"愉快的午睡"！

(城市花园幼儿园 张 婧)

五、学前儿童生活常规教育的实施

 练习

【2017年下半年教资真题】教师对幼儿说"不准乱跑、不准插嘴、不准争吵"这样的话语,所违背的教育原则是(   )。

A. 正面教育　　　B. 保教结合　　　C. 因材施教　　　D. 动静交替

答案:A。

从上述反思,我们应该明确,在实施生活常规教育时,需要注意一些要点,比如:

(一) 教师应该是幼儿成长的伙伴

生活常规教育实施的重点在于引导幼儿从内心接受规则的必要性,认可规则的合理性,从而产生行为的规范性。教师如果不能正确认识到这一点,势必会以"规定行为模式"作为常规教育的"真谛",但这是走向歧路的理念。

规则的存在是为了师生都生活得更健康快乐,规则的形成也不应该是痛苦的,而是共同探寻出来的。幼儿园教师应该认可自己是幼儿的大伙伴,在平等融洽的环境中与幼儿共同讨论对他们的要求。请阅读下面的案例,感受教师的应对态度。如果是你的话,你会怎样应对呢?

 案例

指导孩子养成收拾整理的生活习惯①

孩子们来到幼儿园以后是要把书包、帽子挂在衣柜里的,可是不知道为什么小诚从来没有好好挂过。

不管是和蔼地提示还是严厉地命令,小诚依然如故。今天小诚也是把书包扔在游戏室里,鞋子丢在晒台上,帽子也不知道搞到哪里去了。

今天雨停了,从早上开始气温不断上升,晴天。太一从昨天开始就一直在念叨"我们去抓蜗牛吧",我想这是一个机会,就说"去抓蜗牛的小朋友要戴好帽子哦",然后往园门走。果然是小诚一个人没有戴好帽子就来了。"小诚,不戴帽子会中暑的,你就留在教室里好了。"我若无其事地说。小诚听了哇的一声哭了出来:"我也去,我也想去。"他一边跺脚一边哭。"怎么办呢?"我问别的小朋友。静香说:"小诚真可怜,我们帮小诚

---

① [日]本吉圆子实录,无藤隆解说,刘洋洋译:《培养幼儿的成长能力:幼儿园教育活动指导实录》,华东师范大学出版社2013年版,第49—52页。

找帽子吧。"我想这下糟了！事态的发展出乎了意料。由于静香好心的一句话孩子们开始找帽子。大班和婴儿班的老师也帮着一起找。大班的春树在活动室的积木箱里找到了。我用小诚可以听到的声音,向春树道了好几次谢,带着孩子们去抓蜗牛。

红薯田、防水堤……我们找了好久,却没发现一只蜗牛。正觉得为难的时候,遇见了时常给幼儿园送花的奶奶。奶奶说"等一下啊",然后拿来了两只大蜗牛。因为帮小诚找帽子耽误了时间,一直在炎热的天气下找蜗牛的孩子们高兴极了。急急忙忙回幼儿园吃午饭。

早上,我让做饭的师傅少做小诚一个人的饭。

肚子已经饿扁了的孩子们,纷纷说着"我吃了"(在日本吃饭之前要先说"我吃了"才用餐),开始吃饭。今天也像往常一样,小诚去找自己的书包(在日本的一些幼儿园,吃饭的筷子和水杯是要自带的,筷子盒和水杯收在书包里)。这时候,我也急忙坐下来开始吃饭。小诚拿着书包回来,找自己吃午饭的位置,发现没有自己那份的时候对我说:"老师,没有我的饭。"吃着饭的孩子们都惊讶地看向这边。

"老师今天去抓蜗牛前,数了挂在柜子里的书包,告诉做饭的师傅'今天是15个人'。要是小诚的书包当时没有挂在那里,就没有小诚的饭。""……""这下怎么办呢?老师把自己的饭分给小诚一些,小诚去借个盘子来吧。"就这样,我把饭分给了小诚一半。总是吃得很慢的小诚一会儿就都吃完了。看到小诚这样,静香和友也都说:"这个给你。"把自己的饭分了一点给小诚。"小诚真幸运。今天大家一起帮小诚找了半天帽子,中午饭大家也分给小诚吃,大家都是好心的小朋友。老师也觉得高兴。"

总是不听话的小诚,总是剩下青菜偏食的小诚,今天却连南瓜沙拉和酱汤里的茄子也都吃了。从来都是筷子和水杯也不收拾就去玩的小诚,却很少见地把筷子和水杯收拾到了书包里。看着小诚把自己的书包挂到柜子里,我觉得他特别可爱。

千绘、勇气、凉太几个小朋友也是每天把筷子盒、水杯放在桌子上不收拾就去玩,今天也是如此,一眨眼工夫就跑到沙坑玩去了。我把凉太那个可爱的米老鼠筷子盒放进了我的书包里,把我的筷子盒放进了凉太的书包里(我在家长联系簿上给家长写明了情况)。

从第二天开始,小诚把书包、帽子都挂进柜子,一直坚持到期末。在这第二天,凉太垂头丧气地来到幼儿园。我告诉孩子们凉太的筷子盒不见了,孩子们又像昨天一样开始帮凉太找。孩子们就像自己丢了东西一样,非常认真地找,最后找到筷子盒的是小诚。

在找到的凉太的筷子盒上贴着一张纸,上面写着:"我是米老鼠筷子盒。凉太总是不把我收拾好,好伤心啊。我想当总是把筷子盒收拾好的小浩和学的筷子盒。"孩子们听我念了以后,从那天开始,凉太、千绘等小朋友都能把筷子盒和水杯收到书包里了。

(本 吉)

解说:建立在老师诚挚应对基调上的策略

日本幼儿园,室外、室内用鞋是分开的。有不会收拾整理、不利索的孩子,不管鞋子脱在了什么地方,书包放在了哪里,帽子和衣服随便乱扔着就去玩了。这既和孩子的性格有关,也有家庭教育的问题。尽管如此,作为幼儿园教师还是有必要下功夫去教育孩子改正。

对孩子来说,在生活的自立方面,收拾东西、在固定的地方挂衣服等等,的确是麻烦。吃饭也是,吃完了就不再关心,心情已经转向了游戏。就算是这样,老师也有必要实施教育,帮助孩子在生活上自立。不停地批评,同样一件事每天都重复说,会弄得大人和孩子都很烦。孩子对于大人说的话也就不再当回事。而且,恐怕在家里,饭后的收拾都是由家长包办的。

对于孩子来说,收拾东西等生活行为是必须切身体验的。的确,总是要做的事,每天固定的习惯,逐日切实地执行,渐渐形成习惯。但是有的孩子就是不能养成习惯。遇到这样的孩子,用语言解释为什么要收拾东西是解释不清的。就算当时认错了,马上就会又犯。

午饭的时候,少算了一个人。因为人数是根据柜子里挂着的书包来算的。如此这般,是老师故意设计的,当然,孩子们是当真的。如果只是这样,就好像是老师有意欺负孩子,看到孩子为难的样子,老师马上把自己的饭分给孩子。不是和做饭的师傅再要一份,而是分老师的饭,这一点真正触动了孩子。显而易见,说是数了书包才弄错了人数,很容易被识破是老师故意的。但是,老师愿意分自己的饭,老师也只能吃一半。是老师这样的牺牲触动了孩子。

与其让孩子由于自己的错误受到惩罚,还不如把老师的心意传达给孩子的效果来得好。还有,周围的孩子不是也把自己的饭分出来了吗?小诚也一点没剩地把饭菜都吃光了,饭后也都收拾干净了。

不仅如此,小诚知道别的小朋友丢了筷子盒也帮着一起拼命找,最后帮忙找到了。从来在班里都是要别人来帮助的孩子,现在变成帮助了别人。孩子的成长取决于老师以诚挚为基调的策略。

(二) 教师应引导幼儿在实践中自主发展

教师应尽最大的耐心和努力,给幼儿充分的实践机会,让生活常规成为幼儿自主的需要,这样自主发展起来的常规教育才是会生根发芽的,才是会惠及幼儿一生发展的。在这里,教师必须克制住"要教给孩子"的冲动,应该给孩子时间,给他们犯错误和探索的机会,让他们自己去发现常规的必要性。比如,本章节末"思考与练习"中的案例《去买铅笔》很好地体现了教师"隐蔽"的引导作用。与这一案例有着相似本质的,是下面这两个案例,我们可以通过多给幼儿一些自主的、作选择的空间,更好地发挥幼儿的主动性,让幼儿自己去发现"我该这样做的"。

案例

幼儿进餐活动的自主性

图 6.1　自主性进餐活动的环境创设
（拍摄于上海市黄浦区思南路幼儿园）

左面图片中的环境创设用于支持幼儿进餐活动的自主性。从图中我们可以看到，教师把幼儿的餐桌分为大口桌、进步桌和干净桌等类别。幼儿到幼儿园之后，可以选择今天中午在哪个桌子上吃午饭、吃点心，选择和谁坐在一起吃。

教师给予幼儿自主性选择的自由，幼儿逐渐感受到自主、自立、自信，能力扎根得更坚实，也更会有意识地去关注并做到相应的常规要求，比如要保持餐桌的干净，饭菜不要洒出来。

 案例

"我想晚点睡"

午睡是幼儿在幼儿园中重要的生活活动内容之一。正如前面的案例《"痛苦"的午睡》中提到的，午睡对有些幼儿来说是件很痛苦的事情。教师往往想了各种办法，也还是收效甚微。

对此，教师也设身处地地为幼儿考虑，了解幼儿的一些想法后，提供了又一种选择（见右图）：当幼儿玩具没玩够、今天心情有点差……的时候，幼儿可以选择晚几分钟睡，晚5分钟、晚8分钟或是晚10分钟上床。缓解了幼儿入睡的压力，他们对睡午觉的接受度、适应度提高不少。

图 6.2　午睡活动的自主性
（拍摄于上海市黄浦区思南路幼儿园）

右边的两张图是床边置物篮、置物袋的选择，幼儿可以根据自己的喜好，选择一种悬挂，用来放纸巾、发卡之类的。他们在物品的睡前收纳习惯上，表现得更好。

(三) 教育方法和形式多样化

生活常规教育的实施,除了本书前面介绍的一些组织方法之外,还可以灵活运用许多其他的方法和形式,多样化可以起到良好的效果。比如,要讲究家园合作;要在教育活动中使幼儿的多种感官参与活动等。

可以运用儿歌。学前阶段的幼儿,对长句子不甚熟练,他们更喜欢有节奏、有韵律的短句,教师可以将常规要求编成顺口溜、儿歌之类的,朗朗上口,便于幼儿记忆。而且,顺口溜和儿歌往往是将动作要领等进行了浓缩,更有利于幼儿掌握。有不少幼儿园教师都采用儿歌等形式来优化常规教育的实施。

案例

儿歌《包饺子》的妙用

小朋友的衣服穿得多了,小便后塞裤子可不容易,老师会说:"小朋友,棉毛衫塞到毛裤里,肚子包包好。"有的小朋友会主动塞裤子,有的只是把裤子往上一拉就算好。怎样让孩子养成主动塞裤子的习惯呢?

我就用儿歌《包饺子》,帮助幼儿学会塞裤子的关键步骤:

卷呀卷呀卷白菜(把上衣卷起用下巴压住),

剥呀剥呀剥白菜(外裤脱到膝盖处),

装呀装呀装饺子馅(棉毛衫塞到棉毛裤中),

捏呀捏呀捏饺子(外裤提上),

盖呀盖呀盖锅盖(上衣一件件拉下来)。

等孩子们熟悉塞裤子的步骤后,不再需要老师再一遍遍提醒。

培养幼儿生活自理能力时,用儿歌让幼儿了解动手做的具体方法,激发幼儿愿意尝试的愿望,比重复提醒要有用得多。

(城市花园幼儿园　仇景霞)

还可以自编儿歌,有的教师将洗手的步骤编成儿歌:"卷好衣袖开龙头,打湿小手擦香皂,搓搓手心、手背和指缝,冲掉泡泡擦干净。"

在让幼儿学习扣纽扣的时候,幼儿往往会扣错扣眼,针对这个难点,有的教师会编个小谜语:"兄弟四五个,各进各的门,要是走错了,出门笑死人。"

又如,音乐是最打动幼儿心灵的艺术,采用音乐作品来辅助幼儿常规的学习,是幼儿园教师常用的一种行之有效的手段和方法。很多教师让幼儿听音乐开始活动和结束活动,听音乐收拾玩具,听音乐起立或坐下等。

案例

漱口水变臭了

情景再现：

一次午餐后，我找了两个空碗放在桌上，把孩子漱过口的水放在其中一个小碗内，并在另一个碗内放入清水。然后让幼儿们过来观察，他们议论开来："这两碗水不一样，一个很干净，一个很脏。""那个盘子里的水里有东西了。"我问："这些东西藏在哪儿啦？"他们说："藏在小朋友的嘴里，因为这是小朋友漱过口的水。""藏在舌头底下。""是粘在牙上的。""藏在牙缝里的。"

孩子们观察完，我便把那个装着漱口水的碗放在饮水桶上，等下午2点过后，再让幼儿仔细观察漱口水的变化，苇苇捂着鼻子说："这个水真难闻！"听到这句话，孩子们围着这碗漱口水纷纷议论开了："是什么呀？真臭。"原来漱口水已经变臭了。见孩子们一脸的惊讶，我问："你们想一想，这些东西在嘴里会怎么样？"孩子们有的说："也会变得这样臭，生出许多细菌来。"有的说："嘴里有了细菌，牙齿就会生病。牙齿病了可难受了，什么东西也不想吃。"还有的说："原来我们的牙齿就是这样被弄坏的！那吃完饭快把嘴漱干净。"

我的思考：

通过这件小事，我觉得把日常生活中抽象的知识和道理，转化成直观的、易被幼儿接受和体验的东西，其效果要比老师空讲大道理强得多。所以，在日常生活中，我们应给孩子创设一个能让他们亲自去感知、去操作、去体验的环境，把教育要求巧妙地转化为幼儿的切实需要。这样，幼儿才能真正体验到养成良好生活习惯的重要性，并逐渐把这种认识变成自觉的行动。

（城市花园幼儿园　周　英）

（四）教师真心的投入最重要

在实施教育的过程中，教师以施教者的身份引导，重视方法和形式，也需要注重许多细节问题。比如，常规教育需要反复练习；经常进行检查督促和个别辅导；要注意向幼儿解释一些常规要求的积极作用等。

幼儿的语言理解能力有限，在解释常规时，教师应用正面、具体的语言来表述，以便于幼儿理解。如，对于新入园的幼儿，教师说"不要用别人的杯子喝水"，可能见效甚微，不如说"用你自己的杯子，上面有你自己的大头贴"，后者更具体、更正面，幼儿更容易理解。

而要做好这些细节，需要教师真心的投入，只有真心地投入，这些常规教育才不再是"让人头大"的琐事。这是真正最大程度地影响常规教育成败的。请阅读下面的例子，从中可看到教师（不论中外）对幼儿的真心关怀。

案例

你漱口了吗 VS 你漱干净了吗?

情景再现:

午餐时,张梓涵第一个吃完了午餐,开心地对我说:"老师,我吃完了!"我说:"那你去漱口吧!"说完,我继续喂别的小朋友吃饭。张梓涵漱好口后,正准备去玩玩具,我随口问他:"你漱口了吗?"他说:"我漱过了!"我又问:"你漱干净了吗?"他没有说话。我说:"那么你嘴巴张开让我看看吧。"检查发现,牙齿上还留有一些食物残渣,我又让他去漱口。这次,我发现他只是喝口水吐出来,并没有漱口的动作,我当时就边说儿歌边指导他正确地漱口,强调咕噜咕噜的动作。

我的思考:

餐后漱口是幼儿午餐后生活料理的内容之一,一方面有助于幼儿个人卫生习惯的养成,另一方面也有助于保证幼儿口腔清洁,减少蛀牙等问题的发生,保护幼儿身体健康。老师虽然有了提醒幼儿漱口的意识,但是常常一句"去漱口"就结束了。其实小班孩子由于年龄特点,常常忘记步骤,或者方法不对,漱是漱过了,但是并没有漱干净,并没有让漱口发挥应有的作用。这个案例告诉我们,其实漱口和束裤子一样,束裤子老师是要检查帮忙的,那么漱口的时候,老师只要多问一句,多看一看,就能让漱口的效果更好一些,实现保教结合的目的。

(城市花园幼儿园　周　英)

案例

说谎的翔太的变化[①]
——教育工作者认真的应对将会使孩子改变

下午差不多该吃点心做离园准备的时候,孩子们发现了本吉老师,兴奋地跑到了老师的身边。准备接受本吉老师指导的我从早上到现在一直紧张着,可是孩子们却完全不同,当听到有客人要来看他们,他们都特别高兴,围在本吉老师的周围:"奶奶,你也到我们教室来吧!"拉着本吉老师就往教室里走。

本吉老师在桌旁的椅子上坐好,孩子们也在桌子周围坐了下来。本吉老师和孩子们自然地聊起桌子上放着的男孩杂志,跟孩子们说喜欢的书、喜欢的玩具,可以很明显

[①] [日]本吉圆子实录,无藤隆解说,刘洋洋译:《培养幼儿的成长能力:幼儿园教育活动指导实录》,华东师范大学出版社 2013 年版,第15—18页。

地看出孩子们都被本吉老师的话题吸引了。翔太也很高兴本吉老师能够来到大家中间，紧靠着本吉老师，想让老师注意到自己，很乖地讲自己和自己的家人。这时候本吉老师说："翔太穿着的这件条纹衬衫真好看。给翔太买这么漂亮的衬衫，翔太的妈妈真有眼光。""这个，不是妈妈给我买的。""我自己有很多钱。""我的爸爸没有工作。"一句接一句翔太说着一些有的没的。翔太在班级里处于中心地位，带领着别的孩子玩儿，自己的想法和心情也能很清楚地表达出来。可是，这些似真似假的话却能很顺嘴地说出来，他很会夸大其词。

本吉老师没有放过这样的翔太，用很严厉的口气说："奶奶最讨厌说谎！你是说谎的孩子，翔太。"翔太吃了一惊，一时愣在那里没有明白老师在说什么。其他的孩子们也都一下子安静下来屏息注视事态的变化。看到这种情况的我也开始紧张起来。为了掩饰凝重气氛带来的尴尬，翔太不自然地笑起来。面对这样的翔太，本吉老师紧盯着翔太的眼睛毫不留情地说："我不想和说谎的翔太说话，你去那边玩儿吧。"翔太垂头丧气地走到柜子旁边蹲了下去。

看到这样的情景我的心里感慨万千。到今天为止我已经接受过很多次本吉老师的指导，也听过和现在一样情况的事例。也像本吉老师那样对翔太说过"老师最讨厌说谎的人"。可是我有像本吉老师般认真地对待翔太吗？我难道不只是模仿了一个表面的形式吗？如果是我的话，我可能会去安慰受了打击而垂头丧气的翔太，让事情不清不楚地结束。我把从以前直到现在工作中不清不楚结束的事情在脑海里过了一遍。

本吉老师就像什么也没发生一样问其他孩子："你家有几口人啊？""八口人。""是吗！有八口人，真好啊。"对话愉快地继续着。我本来以为翔太会从蹲着的地方跑出去躲开。可是翔太没有跑出去，蹲在离大家很近的柜子那儿，专心地听大家说话。一会儿翔太插嘴："听我说，听我说，我们家……"本吉老师马上说："奶奶不是说了不和说谎的翔太说话吗？"本吉老师的态度一点也没有变化。

到了离园时间，孩子们急急忙忙吃完点心，一个又一个孩子被叫到名字让家长接走，人数渐渐少了下来，翔太终于开口了："这个衬衫，其实是妈妈给我买的。""哎呀，真遗憾，老师以为翔太到最后都要做说谎的翔太呢。现在不是说谎的翔太了。"本吉老师笑着说。翔太像心里放下了石头，好像要补救刚才没有参加对话一样，让本吉老师问了他很多问题，开心极了。然后，"我给奶奶画一张头像！"翔太从自己的柜子里拿出蜡笔，一会儿工夫就画好了一幅画，画的是有着可爱表情的本吉老师，脖子上还挂着一条又漂亮又大的项链。

从这天开始翔太变了，不再吹牛，不再说谎了。

在我们的幼儿园里有两只家长赠送的松鼠，由大班的孩子们负责照顾。松鼠被放在鸟笼一样的笼子里，搁在走廊上。有一天，大班的孩子在喂食的时候忘记关笼门了，一只松鼠跑了出来。好容易把松鼠赶进了教室，可是松鼠的动作太快根本抓不着。实在没办法了，孩子们拿来了网子（捕昆虫用的）抓松鼠。没想到，网端的铁丝重重地打到了松鼠的后背和腿，让松鼠一下就气息奄奄。

"糟了！老师,我们怎么办？""得送到医院去。"幼儿园里一片混乱。从幼儿园到医院非常远,不能马上送去医院。我赶紧通知了园长老师,和大班的小朋友们商量该怎么办。这段时间,松鼠看上去很是痛苦,一看就知道受了重伤。"老师,送松鼠去医院吧！"孩子们央求着。"可是去医院是要花钱的,怎么办呢？"园长老师问。"今天没有,可是我会带钱来的。""我也带钱来。"翔太也说。我想翔太是不是又像以前一样在胡说。"翔太,怎么能那么简单就说把钱拿来呢？"园长老师也这么问。翔太的眼睛里马上涌上了泪水:"我,已经不是说谎的翔太了。"听到这样的话,我和园长老师都不约而同眼睛湿润了。翔太真的变了。翔太懂事了,我的心里实在是太高兴了。翔太想帮助受伤的松鼠,真心地想从自己的零花里拿钱出来。

后来,翔太的母亲也喜悦地说:"老师,最近翔太变了。他不再像以前那样说谎了。"

(中上由纪子)

解说:抓住时机,毫不掩饰地将成人的认真传达给孩子

翔太也许是想取悦别人,也许是想炫耀,有时不惜说谎也要编一些有趣的话题。本吉老师到幼儿园,和孩子们说话的时候,翔太也是如此。因为是孩子,大人不去计较,或者也许有的大人喜欢这样的孩子。即使是在孩子和孩子之间,就算觉得奇怪,也有孩子会接受,或者就算是胡说但是有意思,也有孩子会允许这样的谎话。

但是,老师不能这样。当然,如果是开玩笑可以不必那么认真。可是,如果孩子说谎是为了让自己在别人面前看起来很行,想炫耀,想要引起别人的注意,就要对孩子严厉地指出不可以说谎。不仅仅是用语言来批评,而且还要以认真的态度,指名道姓,明确地说老师讨厌这样的孩子。一定会有人想,为什么要这般严厉。一想到孩子会因为这样的批评而受到打击,就更难简单地去指责孩子。但是,不可思议的是,孩子并不离开老师的身旁,而且最后向老师说了实话。

大人以认真的态度对待孩子,这样的态度里有温暖,同时,也有严厉。这样的严厉是为了让孩子明白道理,改正孩子的错误,就这一点来说孩子是能够理解的。这不只是表面上装装样子。老师是认真的,不听之任之,老师认为这个孩子的做法不对。

接下来,当孩子说实话的时候,老师马上改变态度,微笑着应对,与一开始的态度形成鲜明的对比。在之后的记录中,翔太说"翔太已经不是说谎的翔太了"。这会对这个孩子将来的成长产生巨大的影响,在这么短的时间内翔太就发生了变化。这并不是什么奇迹,也不是因为老师的什么绝技而发生的变化。我们即使不能够在同一个水平上模仿这样的做法,也会从实录老师的应对中得到某些启示。我想这些技巧完全可以应用到我们日常的教育工作当中去。

首先,要抓住时机,不可以放过正在发生的事情,在事发现场进行教育,而不是等事后再进行教育。

其次,不论那件事情是否微不足道,我们也要注意判断当事人是否能从中获利,而且将来是否会反复发生相同的行为。

> 当然,就像我刚才已经说过的,要用简洁的语言明确地表达出孩子什么地方做错了。不需要长篇大论讲道理。其实,孩子很清楚自己做错了什么。
>
> 最重要的是,老师认真的态度有没有直截了当地传达给孩子。冷静严肃的批评是教育时的关键。让孩子感到这样的行为是不被允许的,老师是希望孩子能够正确地成长。

第二节 学前儿童安全生活教育

安全是人类最基本和最重要的需求,与生命息息相关。有调查显示,意外伤害已成为世界各国0—14岁少年儿童的第一"杀手",中国儿童每年有20%—40%的人因为意外伤害就医,而且这个数字每年还在攀升。这其中有多方面的原因,如何防范、处理儿童意外伤害事故成为家庭、教育机构、社会共同关注的问题。幼儿园是学前幼儿生活学习的集体教养机构,尤其需要防范幼儿意外伤害事故的发生。但幼儿不仅仅是被保护者,我们必须培养起他们的安全自护意识和技能,锻炼他们的自我保护能力。

一、幼儿园意外伤害事故的原因

> **案例1**:某幼儿园的暑假班,幼儿在盥洗室因为插队问题发生摩擦,一位幼儿的脸被抓出了一道痕。
>
> **案例2**:某中班幼儿午后显得很没有精神,大家都玩得起劲的时候,他趴在了桌子上。老师问他,他迷迷糊糊地说浑身发冷。请保健老师一检查,原来已经发高烧了。
>
> **案例3**:教师违反规定在教室内吃话梅,还顺手递给了一名幼儿吃。结果,幼儿不慎呛入气管,咳嗽许久才将之咳出,幸好没有发生窒息。

这几个案例,哪几个是意外伤害呢?要回答这一问题,首先要明确什么是意外伤害。

意外伤害是指突然发生的各种事件对人体所造成的损伤,包括物理、化学和生物因素。常见的儿童意外伤害主要有交通事故、溺水、跌落伤、烧烫伤、机械窒息、切割、中毒和动物咬伤等。学前儿童意外伤害事故多数发生在儿童每日活动最多的场所,依次为家庭、幼儿园、路上和游戏场所。幼儿园中发生意外伤害事故的原因,大致分为以下几个方面。

(一) 儿童本身的原因

儿童作为意外伤害的主体,自身的性别、年龄、心理—行为特征、身体状况以及认知水平等特点,对其安全生活方面都会有影响。

1. 性别

一般认为男童是儿童意外伤害事故的危险人群。男童意外损伤的死亡率高于女童,且随年龄增加,这种比例加大。[①] 低龄儿童普遍比较好动,精力旺盛又对事情充满好奇,相对于女孩,男孩可能更乐于挑战和展现自己,喜欢跑动等游戏,成人通常也更纵容男童的"冒险",这也使得男童安全意识比女童低,更易发生危险。

2. 年龄

由于不同年龄阶段的儿童身体发育情况和活动范围不同,儿童的年龄或发育水平与意外伤害的类型、发生率密切相关。一般来说,幼儿园中的意外伤害事故主要为碰撞、切割伤和跌落伤。

3. 心理—行为特征

儿童作为意外损伤的主体,身体与心理发育水平是影响发生的重要因素。比如,有研究发现多动的儿童易冲动、注意力易分散、活动较多、不注意周围环境状况,因此比正常儿童更易发生误食中毒等意外伤害。美国明尼苏达州大学在对托儿所儿童进行的心理研究中发现与正常儿童相比,容易发生意外伤害的儿童,多表现为情绪不稳,粗暴易冲动,大胆冒失,富有冒险心理,好奇心很强,遇事有强烈的情绪反应。[②]

4. 身体状况

学前儿童的大肌肉迅速发展,他们的运动能力在迅速提升中,加上他们对这个世界充满了好奇心和求知欲,因此,学前儿童具有爱玩、好动的特性。同时,学前儿童的精细动作的水平还比较低,且行为活动带有明显的随意性,儿童的生理发展水平有限,因而不能很好地控制自己的动作,这也是造成意外伤害的原因。比如,动作发展较迟缓的儿童,可能会因为平衡感差,在走平衡木或攀爬时,身体不稳而跌落摔伤。年幼儿童的骨骼、肌肉、关节尚未发育成熟,若运动过量,易发生运动伤害。

5. 认知特点

从心理学角度看,学前儿童的思维具有自我中心的特点,很多时候都不能脱离具体的动作和事物形象来思考问题,认识不全面、不深入,因而难以客观地认识和判断危险,不能预见行为后果,对危险情境往往认识不足。比如,儿童在马路边嬉戏,他们看得到车里的人,就以为车里的大人也一定看得到他们。情绪情感方面,学前儿童的调控能力还有待发展,比较冲动,加上学前儿童缺乏生活经验,对成人灌输的安全常识,也常难以真正理解,自觉规避危险就更难了。

(二) 保教人员的因素

在幼儿园中,保教人员是否具有责任心和敬业精神、工作努力程度、安全意识和应变能力如

[①②] 向伟、丁宗一:《儿童意外损伤危险因素分析》,《中华儿科杂志》1999年第11期。

何等,都对儿童的安全有影响。这一影响主要体现在对意外伤害事故的防范上。幼儿园的安全工作不能等着意外伤害发生再来亡羊补牢,那往往为时已晚。

在安全意识的指引下,保教人员会在幼儿园活动中对各种有可能危害自己或儿童的外部条件保有戒备和警觉的心理状态,排除隐患,执行安全操作制度,对意外伤害事故的影响因素防微杜渐。如果保教人员缺乏责任心和敬业精神,必然不可能从儿童的角度来思考其安全生活的细节,忽视儿童而发生安全问题。比如,有的教师缺乏安全意识,在幼儿午休的时候脱岗——觉得看幼儿睡觉很无聊,因而去找其他教师聊天。而在这段时间里潜藏着安全隐患。某幼儿园就曾经发生了这样的安全事故:老师在幼儿午睡的时候出去接电话,其间,一个小朋友把另一个小朋友从床上推了下去,所幸的是床铺低,没有造成生命危险。

保教人员要对儿童的安全、健康行为习惯进行培养。有人提出:很多行为需要重复21次以上,才会形成习惯;90天的重复会形成稳定的习惯。姑且不论这一数字是否准确,它表明了行为习惯培养的艰巨性,需要保教人员有极大的责任心和敬业精神。

在意外伤害事故中,如果保教人员没有良好的应变能力,本可以挽救的伤情可能就在保教人员的"不作为"或"错误作为"中加重。比如,幼儿从滑梯上跌落,此时不宜搬动。

许多保教人员在年复一年的工作中产生了不同程度的职业倦怠,"教师职业倦怠是指教师无法应付外界超出个人能量和资源的过度要求时产生的生理、情绪、情感、行为等方面的身心耗竭状态"。比如,一种典型的抱怨:"当幼儿园老师太累了,工资不高,却有一大堆的事情要做,小孩子一有机会就吵闹,只觉得满脑子都是嗡嗡声……真有点不想干了。"处于职业倦怠中的保教人员工作热情低,对儿童疏远和情感冷漠,对儿童的安全问题更是容易疏忽。

练习

【2015年下半年教资真题】幼儿在户外运动中扭伤,出现充血、肿胀和疼痛,教师应对幼儿采取的措施是( )。
A. 停止活动,冷敷扭伤处
B. 停止活动,热敷扭伤处
C. 按摩扭伤处,继续活动
D. 清洁扭伤处,继续活动

答案:A。
解析:幼儿扭伤后如果没有骨折,应立即对伤处进行冷敷,使血管收缩止血,并达到止痛的目的。

(三) 环境因素

意外伤害的危险对学前儿童来说几乎无处不在,幼儿园环境中可能导致意外伤害的危险因素也多种多样,需要我们从安全管理、园舍空间、环境设施、设备和危险物品等多个角度来考量。

1. 园舍空间

《托儿所、幼儿园建筑设计规范》中第3.6.4条规定:"在幼儿安全疏散和经常出入的通道上,不应设有台阶。必要时可设防滑坡道,其坡度不应大于1∶12。""托儿所、幼儿园必须设置各班专用的室外游戏场地。每班的游戏场地面积不应小于60 m²。各游戏场地之间宜采取分隔措施。"如果室内外空间过分拥挤,活动场地狭小,幼儿密度过大,那么幼儿碰撞、摔跤事件更容易频繁发生。

2. 环境设施

日常生活中比较频繁、相对轻微的意外伤害,有一部分是与环境设施有关的。有统计表明,在各类非致命性儿童意外伤害中,发生在学校的比例约占19%,1/3以上与校内运动设施有关。[①] 比如,儿童在活动中碰到或擦到桌角、椅背、床边、扶手、墙边等。而这方面的隐患是可以通过改善设施、增加警示标识等方法来消除的。比如,室外楼梯加铺防滑地毯、桌角椅背都改成圆角或贴上防撞伤护角、门边放U形门卡、拐角的柱子贴上防撞条、玻璃门上贴图案、插座位置抬高、阳台或窗台装防护栏,以及地面不平处醒目提示等。

3. 危险物品

如药品、刀具等危险物品,还有笔、钉子、大头针等尖锐的器具,以及特别细小的零部件等,都是有安全隐患的。比如,笔有尖头,儿童如果拿在手中挥舞,容易扎伤别人。

(四) 情境因素

行为总是在一定的情境下或背景中发生。这里的情境因素是指会影响到幼儿安全的一系列短暂的环境因素,涉及地点,户外活动时的天气状况,游戏场所的拥挤程度,游戏器械的摆放,环境中的颜色、气味、照明和声音,使用工具等。

比如:下过雨了,室外走廊湿了,如果没有及时采取措施,幼儿在跑动时容易跌伤;当滑梯等游戏设施数量不足,一个班级的幼儿同时去玩一样设施的时候,或是器械摆放密度偏大、间隔不足,就更容易发生推挤等问题;玩滑梯时,有些幼儿喜欢从滑梯处倒着爬上去,有些幼儿想头朝下趴着滑下来,如果没有上和下的秩序,也很容易发生意外。

(五) 制度因素

与安全问题相关的各种安全制度和防范措施,安全和师生比的法令规定等是否健全合理,都直接关系到意外伤害的发生率。

国家各级机构对学前、学龄儿童的安全教育一直都非常重视。《纲要》明确要求"幼儿园必须把保护幼儿的生命和促进幼儿的健康放在工作的首位,密切结合幼儿的生活进行安全、营养和保健教育,提高幼儿的自我保护意识和能力"。《幼儿园工作规程》也明确指出:"幼儿园应加强对幼儿的安全教育,防止发生各种意外事故。"《中小学幼儿园安全管理办法》则规定了"学校应当按照国家课程标准和地方课程设置的要求,将安全教育纳入教学内容,对学生开展安全教育,培养学生的安全意识,提高学生的自我防护能力"。《未成年人保护法》规定:"教育行政等部门和学校、幼儿园、托儿所应当根据需要,制定应对各种灾害、传染性疾病、食物中毒、意外

---

① McEvoy M, Montana B, & Panettieri M. (1996). A Nursing Intervention to Ensure a Safe Playground Environment. *Journal of Pediatr Health Care*.

伤害等突发事件的预案,配备相应设施并进行必要的演练,增强未成年人的自我保护意识和能力。"

 材料阅读

福建:安全隐患整改不到位取消办园资格[①]

近日,福建省教育厅下发通知,决定在全省范围内集中开展为期一个月的幼儿园安全工作大检查,重点检查幼儿园消防安全、校车安全、设施安全、饮食卫生安全,以及无证幼儿园清理整顿、百日行动重点整治等安全教育管理工作,安全隐患无法整改到位的幼儿园将取消办园资格。

通知要求,县级教育行政部门和幼儿园要采取自查与普查相结合、明察与暗访相结合、督查与整改相结合的方式,全面开展自查自纠,不留死角;要主动联系公安、工商、交通、卫生、安监等有关部门开展联合检查;要加大督查督办力度,推动各幼儿园落实整改责任、措施和方案,确保安全隐患整改到位。市级教育行政部门要组织检查组深入各县(市、区)进行抽查,采取现场抽查和"暗访"检查相结合形式,掌握真实情况,力求检查取得实效,省教育厅将组织督查组进行督查。

通知强调,对不符合条件的幼儿园要及时发放整改通知书,对符合条件的或整改后合格的幼儿园要依法及时审批办证,对不具备办园条件且安全隐患无法整改到位的幼儿园要取消其办园资格,勒令关闭,并妥善处理好被停办取缔幼儿园在园幼儿的就近入学问题。

幼儿园要落实安全教育工作,在安全管理上稳步推进才是问题的关键。这涉及幼儿园是否制定了完善的安全制度,安全责任是否层层落实到岗到人,监督和追责机制是否长效,以及是否建立了安全事故应急预案等。如果安全工作规范缺少操作性,缺乏长效的监督管理,园内各级各类工作人员的安全意识势必会淡漠,安全工作不扎实。

除了安全方面的管理制度,还有师生比的有关规定也与意外伤害有关。师生比越低,意味着学前儿童得到教师关注、保护的机会越少,学前儿童越有可能在教师无暇顾及的时间里发生意外伤害。2005年我国的教育统计报告指出,全国幼儿园的师生比过低,平均师生比(含代课与兼课教师)为1∶30.2,农村幼儿园甚至达到了1∶36.1。至2011年,教育部在第五次新闻发布会上公布全国幼儿园师生比为1∶26,还远远低于国家规定的全日制幼儿园1∶7—1∶8的师生比。

2013年1月下旬,教育部网站发布《幼儿园教职工配备标准(暂行)》(以下简称《标准》),在配发的通知中,要求各地新设幼儿园教职工配备按照《标准》执行,将《标准》作为办园的基本标

[①] 引自《中国教育报》,2013年10月13日。

准之一,已设幼儿园在3年内逐步达到《标准》要求,补足配齐幼儿园教师。

根据教育部的规定:"全日制幼儿园每班配备2名专任教师和1名保育员,或配备3名专任教师;半日制幼儿园每班配备2名专任教师,有条件的可配备1名保育员。""寄宿制幼儿园至少应在全日制幼儿园基础上每班增配1名专任教师和1名保育员。""单班学前教育机构,如村学前教育教学点、幼儿班等,一般应配备2名专任教师,有条件的可配备1名保育员。"

根据这一最新标准,我国全日制幼儿园保教人员与幼儿比达到1∶7至1∶9;半日制幼儿园保教人员与幼儿比达到1∶11至1∶13;寄宿制幼儿园保教人员与幼儿比达到1∶5至1∶7。

二、学前儿童安全生活教育的目标及各年龄段典型表现

《指南》中对学前儿童安全生活教育提出了一个总目标,即"具备基本的安全知识和自我保护能力",对应的各年龄段典型表现为:

表6.3 学前儿童安全生活教育目标

3—4岁	4—5岁	5—6岁
1. 不吃陌生人给的东西,不跟陌生人走。 2. 在提醒下能注意安全,不做危险的事。 3. 在公共场所走失时,能向警察或有关人员说出自己和家长的名字、电话号码等简单信息。	1. 知道在公共场合不远离成人的视线单独活动。 2. 认识常见的安全标志,能遵守安全规则。 3. 运动时能主动躲避危险。 4. 知道简单的求助方式。	1. 未经大人允许不给陌生人开门。 2. 能自觉遵守基本的安全规则和交通规则。 3. 运动时注意安全,不给他人造成危险。 4. 知道一些基本的防灾知识。

三、学前儿童安全生活教育的内容

学前儿童安全生活教育是渗透在幼儿园生活中的方方面面的,在游戏活动、学习活动、运动活动和生活活动中都可以进行安全教育,内容主要分为:安全知识教育,安全自护意识的培养,以及安全行为习惯和技能的教育。在实际的教育活动中,这三方面的内容有机地结合在一起,常常是"你中有我,我中有你"的状态。

(一) 安全知识的教育

1. 知道日常生活中有安全隐患的物品

学前儿童需要了解:①生活中有些物品不够安全,会带来安全隐患,需要注意保持距离或小心使用。比如:家中的汤、粥、饮水机、电源插座、炉火、针和剪刀等。②某些场所要特别注意安全。如阳台、楼梯和窗口等地点。

2. 了解生活卫生习惯的重要性

学前儿童应该了解多种生活卫生习惯的作用:①饮食卫生,如掉地上的东西不能吃,非食物都不能吃,吃饭的时候要专心、不跑动打闹,饭前便后要洗手等。②用眼卫生,如看电视要保持

距离、姿势正确、时间不能过长,不能用脏手揉眼睛等。③个人卫生,如知道洗澡、刷牙对身体的益处等,勤洗澡、刷牙。

3. 了解遵守运动和游戏规则的必要性

儿童应该了解游戏和运动中秩序的重要性,知道应该排队、轮流等;了解运动和游戏中不能做推拉等危险动作,正确使用运动器械。

4. 掌握出行安全常识

在出行方面,学前儿童要了解:①基本的交通规则,认识常见的交通标识。比如,知道过马路时要有成人陪同、走人行横道线,同时要注意观察左右有无车辆;马路边不能玩耍。②乘坐交通工具的注意事项。比如,坐车时系好安全带,头、手等不能伸出车外,车辆行驶时不能在车内跑动等。③外出注意事项。比如,不能独自一人外出,人多拥挤的地方不可乱跑,不能跟陌生人走等。

5. 知道初步的求救技能

求救技能中也包括多种情境,比如火场、遭遇绑架、面对拐骗等,学前儿童要懂得一些相关知识,如:①知道常用的紧急呼叫号码,如110、119和120,并且懂得打紧急电话时的正确表达,说清地址、姓名以及发生了什么事。②记得家庭住址、父母姓名和联系电话。③知道走失时该怎样求救等。

(二) 安全意识的培养

常言道,授人以鱼,不如授人以渔。因此,我们应该通过进行安全教育活动,并渗透在日常生活的各个环节中,帮助学前儿童树立起安全意识,建立起安全行为习惯与技能。在安全意识的培养上,除了要注意生活(交通、饮食、生活习惯)、学习、运动和游戏四个方面的安全,还应教导学前儿童特别要注意防范陌生人,让儿童明白不吃、不拿陌生人的东西,不听陌生人的话,不跟陌生人走以及不允许陌生人触摸隐私部位等。

(三) 安全行为习惯与自我保护技能

这块内容目前是学前教育领域比较薄弱的一环。无论是家长还是幼儿园保教人员,在教养儿童的过程中往往把重心放在如何保护他们不受伤害上,而对锻炼儿童的自我保护技能不够重视,这是不合理的现象。

在掌握安全常识和树立安全意识的过程中,学前儿童还需要将所知、所信转化为行为习惯与技能,如:养成生活卫生习惯(这部分与生活常规教育有关),遵守游戏、运动和出行的安全规则,掌握求助的方法等。

四、学前儿童安全生活教育的实施

在学前儿童安全生活教育的实施中,学前儿童教育机构和幼儿教师作为管理者和直接执行者,提供的教育内容虽然有不同侧重,但目标都是要让学前儿童掌握安全知识和自我保护技能,在实施时都应该"既要高度重视和满足幼儿受保护、受照顾的需要,又要尊重和满足他们不断增长的独立需要,避免过度保护和包办代替,鼓励并指导幼儿自理、自立的尝试"。

(一) 幼儿园以管理保障安全生活教育的顺利实施

1. 建立健全安全制度

幼儿园开展安全管理,应该建立和完善各项安全制度,以便保教人员有章可循,评估安全工作的开展情况时也可有个参照。可建立如幼儿园环境安全的要求、幼儿接送制度、门卫工作制度、园舍设备管理制度、食品卫生制度等的安全制度。

  案例

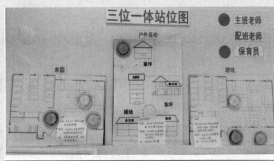

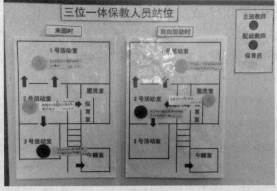

图 6.3　三位一体保教人员站位图(拍摄于上海市黄浦区思南路幼儿园)

不同班级设计的"三位一体保教人员站位"图示有所不同,但都按照幼儿园的制度规定,明确了三人同时进班,保障对幼儿的全面看护。

图上标明了在不同时间段(如生活活动时间、集体学习活动时间等),两位教师和一位保育员分别站在哪个位置、主要负责的事项是什么。"三位一体"共同确保幼儿的活动都在老师的视线范围内,保证幼儿活动时的安全。

2. 开展保教人员安全培训

幼儿园的首要任务是保障学前儿童的安全。开展保教人员安全培训的目的是：提高保教人员的责任感，增强其安全意识，使幼儿园的安全工作细致化，更好地排除安全隐患，防范意外伤害事故的发生；同时训练保教人员的意外伤害急救技能，减少、减轻学前儿童在意外伤害事故中会受到的伤害。

(1) 安全常识教育

安全常识包括活动安全常识、交通安全常识、防火安全常识和用电安全常识等。了解学前儿童生活中的危险物品和危险行为。通过安全常识教育，保教人员对危害学前儿童安全的各种隐患会有更强的识别能力，并根据安全常识从有利于学前儿童安全的角度来放置物品、组织活动，这对排除隐患、防止意外伤害的发生具有重要作用。

比如，教师了解到不只是尖锐物品有危险，笔如果使用不当也会危害学前儿童的安全，教师就会对教室中如何使用笔、放置笔等问题作规范性要求。

(2) 急救技能培训

俗话说，不怕一万，只怕万一。保教人员除了做好安全防范工作，还需要接受意外伤害急救技能的培训，以便有突发事件时能及时采取得力措施，做到挽救生命、防止残疾和减少痛苦。比如，上海曾经在2007年开展"护苗计划"，对全市幼儿园保教人员进行婴幼儿意外伤害急症救助的培训，普及了多项重要的急救技能，对保障学前儿童安全起到了积极作用。

3. 配备好园舍安全设施

幼儿园在进行园舍规划时，要注意配备好各项安全设施。比如，室内活动场地最好铺有地板，室内摆放的桌子、椅子以及墙角等，最好避免有尖锐棱角，如果原设计有棱角，则需要加装防护措施，如防撞条、防撞角、U型门卡或塑胶边条、插座保护装置等。

园内阳台、外廊、室内回廊及室外楼梯等临空处应设置防护栏杆，栏杆应以坚固、耐久的材料制作，并能承受荷载规范规定的水平荷载；必须采用防止儿童攀登的构造，当采用垂直杆件做栏杆时，高度应该在1.05—1.1米，其杆间净距不应大于11厘米。

插座和照明开关的安装上应该符合幼儿园的安全标准，比如当不采用安全型插座时，托儿所、幼儿园及小学等儿童活动场所安装高度不低于1.8米。暗装的插座面板紧贴墙面，四周无缝隙，安装牢固，表面光滑整洁，无碎裂、划伤。地插座面板与地面齐平或紧贴地面，盖板固定牢固，密封良好。开关安装位置应便于操作，开关距地面高度为1.3米，等等。

室外活动场地最好铺有橡胶或聚氨酯橡胶地垫等，没有裂缝，户外运动器械要定期检修，有一定间隔。全园保证消防通道畅通，确保保教人员掌握使用方法，灭火器要定期检查、更换。幼儿园还应定期进行火灾、地震等自然灾害的逃生演习。

 阅读与练习

擤鼻涕的方法

在幼儿园，经常看到有些幼儿不会擤鼻涕。我们需要教给幼儿擤鼻涕的正确方法：

先轻轻按住一侧的鼻孔,擤完,再按另一侧鼻孔擤。擤时不要太用力,不要两个鼻孔一起擤。因为鼻腔和眼睛、耳朵之间有"暗道"相通,比如鼻泪管与眼相通,耳咽管与中耳相通等。如果擤鼻涕时用力不当,就可能把鼻腔里的细菌挤到中耳、眼部、鼻窦里,引起中耳炎、鼻泪管炎、鼻窦炎等。

【2017年上半年教资真题】教师引导幼儿擤鼻涕的正确方法是( )。

A. 把鼻涕吸进鼻腔 B. 先捂一侧鼻孔,再轻擤另一侧
C. 同时捏住鼻翼两侧擤 D. 用手背擦鼻涕

答案:B。

阅读与练习

流鼻血的正确处理方法

在幼儿园中幼儿鼻出血也是一种常见现象。引起鼻出血的原因很多,可因鼻腔本身疾病引起,也可因鼻腔周围或全身性疾病诱发。幼儿鼻出血的常见原因主要是:鼻部外伤,如碰伤鼻子,或幼儿挖鼻孔损伤了鼻黏膜,发热时鼻膜充血。

至今还有很多教师和保育员沿袭传统的一些错误做法:让幼儿仰起头,或是塞纸巾。仰头的做法,只是眼睛不见血外流,但实际上血还是继续在流——在向内流。流鼻血时"后仰的姿势"有下列坏处:

1. 会使鼻腔内已经流出的血液因姿势及重力的关系向后流到咽喉部,并无真正止血效果。

2. 咽喉部的血液会被吞咽入食道及胃肠,刺激胃肠黏膜产生不适感或呕吐。

3. 出血量大时,还容易吸呛入气管及肺内,堵住呼吸气流造成危险。

塞纸巾止血也不是太可取,因为虽然有压迫止血的效果,但这样做不够卫生,还会加剧鼻腔里的干燥,造成鼻黏膜的损伤。至少要使用消毒棉球。

止鼻血的正确做法:

1. 安慰幼儿不要紧张。

2. 首先要排除是否因某种疾病引起。

3. 如果是简单的流鼻血,让幼儿头略低,用口呼吸。

4. 让幼儿用手指捏住鼻翼5—10分钟,同时用湿毛巾冷敷前额和鼻根部,若无法止血,应去医院诊治。

【2014年上半年教资真题】幼儿鼻中隔是易出血区,该处出血后,下列正确的处理方法是( )。

A. 鼻根部涂抹紫药水,然后安静休息　　B. 让幼儿头略低,冷敷前额、鼻部
C. 止血后,半小时不做剧烈运动　　D. 让幼儿仰卧休息

答案:B。

(二) 教师的安全生活教育实施

安全生活教育的实施,可以在专门的主题教育活动中进行,比如火灾逃生、地震逃生的知识教育和技能练习等;也可以在其他教育活动中进行相关的安全生活教育,比如体育活动中,要注意安全运动的规则;更多的是渗透在一日生活中的教育。《指南》中就教师在实施安全生活教育时要注意的几个方面提供了教育建议,我们在此基础上加以阐述。

1. 创设安全的生活环境,提供必要的保护措施

(1) 室内环境

教师创设室内环境时也有许多要注意的安全细节问题,比如,有许多教师喜欢采用KT板制作教玩具,经过剪裁的板边缘应该用即时贴(即PVC自粘纸)等材料进行包边处理,以防儿童被划伤。

像室内做操、盥洗、饮水等生活环节,天性活泼的儿童喜欢嬉笑打闹,容易因争抢而发生推挤、抓伤等问题,教师可以通过在地面、墙面创设站位标识,帮助儿童学会排队、讲秩序。

(2) 日常物品

教师应当妥善保管危险物品,比如教师使用的美工刀、热熔胶、打火机之类的物品,应该放到学前儿童够不到的地方,以免烫伤、割伤、触电等问题的发生。

教师禁止在园内吃零食,对幼儿食用的食品和家长委托的药物等,都应该保管好,并注意食物的温度、药品是否与幼儿症状相符等问题。

2. 结合生活实际对幼儿进行安全教育

教师要结合生活实际,包括外出和幼儿园一日生活,对幼儿进行安全教育,在安全常识、安全自护意识和安全行为习惯的培养上每日引导和规范。

幼儿园的一日生活中,入园晨检、洗手、进餐、午睡、盥洗、离园等环节,都可以进行安全生活教育。比如,进餐时,教导儿童进餐时不能打闹说笑,要尝试饭菜温度,饭前饭后半小时内不应剧烈运动等;午睡时要教导儿童除掉发卡、小玩具等,不能在床上打闹,穿脱衣物时不能跑动,以免绊倒;盥洗时要教导儿童注意秩序,不要推挤;离园环节要教导儿童耐心等待,不能在教师不注意时溜出教室,更不能跟陌生人走等。

遇到春游和秋游、节日庆祝活动需要外出时,教师要对儿童就公共场所需要注意的安全事项进行专门的教育,提醒儿童:要紧跟老师和同伴,"不远离成人的视线,不跟陌生人走,不吃陌生人给的东西;不在河边和马路边玩耍;要遵守交通规则",乘车乘电梯时手脚不要放在夹缝处等。

在生活中帮助幼儿认识常见的安全标识,如:小心触电、小心有毒、禁止下河游泳、紧急出

口等。

3. 教给幼儿简单的自救和求救的方法

案例

5岁被拐女童机智脱困,民警赞其堪称"防拐教材"①

2013年4月11日上午,湖北警方成功从一疑似间歇性精神病女子手中救下5岁被拐女童。警员盛赞女童机智勇敢,"虽然让女童独自出门是严重失误,但家庭、学校长期的防范教育,让女童在关键时刻表现神勇!是她在孤立无援时保全了自己"。反应堪称防拐教材。

据悉,4岁时,女童就能将自己就读学校的校名、校址、老师电话背下来,家长还教其在遇到"坏人"时不要慌,"坏人"带着她经过人多的地方时,一定要喊救命。女童所在的幼儿园也开展过类似教育。

亮点一:孤立无援时,女童没有过度反抗

解析:女童面对明显有暴力趋向的成年人,她没有激烈抗拒,避免刺激嫌疑人,而是静观其变,等待机会逃脱。

亮点二:警察赶到,女童迅速挣脱女嫌疑人,跑向民警

解析:女童对警察的外观标识特征、职业身份有清醒认识,概括为三句话:认识警察,知道警察是干什么的,知道有危险要求助于警察。

亮点三:抱着警察的腿哭喊"她不是我妈妈"

解析:抵达现场时,处警民警并不十分确定该女童就是报警所称的"失踪女童"。一句"她不是我妈妈",使现场民警迅速做出判断,将嫌疑人隔离并控制。

亮点四:准确描述被拐过程

解析:"我早上要上学,她把我带到这里来了……"清晰、准确地叙述被拐过程,使民警能排除嫌疑人的语言干扰,迅速判明情况。

亮点五:能准确报出自己的姓名、就读学校及家长联系方式

解析:"我叫××,我是××小学的……书包上有我爷爷的电话……"准确提供的信息,使民警能快速与女童家人、老师取得联系,获取更全面的信息。

"我有小孩了,一定会把这段视频放给他看,教他要向机智勇敢的小女孩学习!"

幼儿园教师应该具有意外伤害事件的防范和处理能力,但不可因为要防范的意外伤害数量多,而限制幼儿的户外活动。曾经听某知名幼儿园的一线教师说,因为幼儿的家庭背景等因素,教师们对园中幼儿的安全问题格外地谨小慎微,以至于很多常规性的户外活动都大大压缩。不

---

① 参引自人民网"教育频道综合"。

论其中牵涉到的原因如何,这种因噎废食的做法,对于幼儿的健康成长都是不利的,是需要规范的。

从上面的例子中,我们可以看到,家长和教师不可能永远让孩子躲在自己的羽翼下,他们更应该具备自我保护的技能,比如:

① 让幼儿学习记住自己家庭的住址、父母的姓名和电话号码等信息,一旦走失时知道向成人求助,并能提供必要信息。

② 遇到火灾或其他紧急情况时,知道要拨打110、120、119等求救电话,并懂得打求助电话时要交流的重要信息。

③ 利用图书、音像等材料对幼儿进行逃生和求救方面的教育,并在游戏中通过角色扮演、情境演练等方法开展模拟练习,使幼儿在轻松愉快的氛围中学习自我保护的知识和技能。

图6.4 学习安全生活教育

> **例:教导儿童绑架防御技巧,性虐待防范技巧(Carrolol-Rowan et al.,1994)**
>
> **教师示范指导:**将正确行为示范给幼儿看,并为幼儿描述、说明正确的行为。如可以说:"无论任何成人要求你和他一起走或是陪他去什么地方,你都应该说'不,我必须问我的老师',然后跑回学校告诉老师。这样,老师会以你为荣。"
>
> **幼儿演练:**在接受指导和看完示范后,幼儿练习正确的行为。
>
> **教师给予反馈:**一定要赞赏幼儿表现出来的正确的行为;当幼儿出现不正确行为,教师给予进一步的指导,但不要特意指出错误行为,侧重于指导幼儿哪方面可以做得更好。

> **例:教导儿童火灾现场的紧急逃生技巧**(Jones & Kazdin, 1980)
>
> 教师制定几种不同情况的家中火情,比如炒锅中起火、家中木器等着火、电线走火等,教导每个情况中的逃生技能。
>
> 教师将正确的行为示范给儿童看,当儿童表现正确的行为时,教师就提供强化。
>
> 当儿童有些行为不正确时,教师总是先赞美儿童表现正确的那部分技能,再给予矫正性反馈,告诉儿童哪里他可以做得更好,然后再让儿童演练,直到正确为止。

> **例:地震来了怎么办?**
>
> 教师告诉幼儿,如果在室内,一定要马上做好"躲"、"盖"、"抓"三个步骤。赶紧躲到矮桌下方,一手抱头并盖住眼睛,一手抓住桌腿。如果没有矮桌或合适的家具,就躲到内墙边,外墙更容易在地震中损毁,要远离书柜等高又重的家具。教师带领幼儿多次训练这一动作技能。

4. 加强对幼儿的体能训练

保教人员既要保护婴幼儿,让幼儿不要从事危险的活动,更要培养幼儿自我保护的意识和能力。在幼儿的自我保护能力中,体能训练是不可忽视的一部分,是将自我保护的常识在行动中实现的保障。教师要加强对幼儿的体能训练,通过各种体能游戏、运动游戏培养幼儿基本的动作能力,提高其行动反应能力,如训练幼儿的平衡感、协调性、敏捷性等。

比如,托班和小班阶段,教师可以悬挂一些气球,提供充气软棒,让幼儿学习跳跃击打气球,锻炼幼儿的跳跃和挥臂击打的粗大动作技能。

在中大班,教师可以在平地上铺设一长条垫布,在垫布上方50厘米左右,设置一根同长的粗布带,让幼儿仰卧着通过双脚交替蹬地、双手在布带上交替用力,使自己从一端移动到另一端。

5. 联合家长共同开展安全生活教育

(1) 增强家长的安全意识。在"健康概述"部分,我们曾提到"儿童忽视"对幼儿身心健康的巨大影响,许多意外伤害事故源于儿童忽视。有研究表明,当前幼儿园保教人员对儿童忽视的认知比较匮乏,许多教师不知道忽视儿童的征象、症状和报告程序。家长对儿童忽视的知识也非常匮乏,防治儿童忽视的健康教育严重不足,但他们对健康教育态度积极、需求迫切,愿意接受,也认为需要积极在群众中宣传防治儿童忽视的相关知识,同时他们需要广泛全面地了解防治儿童忽视的相关知识。家长在防治儿童忽视中起着非常重要的作用,父母应是开展防治儿童忽视健康教育的重点。[①]

---

① 王宏、静进、符勤怀、冼少龙、侯丹红、曾玉:《广东省学龄前儿童家长对儿童忽视的认知和健康教育需求调查》,《中国当代儿科杂志》2011年第12期。

幼儿园教师在提高自身相关知识的同时，还应该加强对家长安全常识的宣传和安全意识的培养，特别联合家长、社会一起防治儿童忽视，一起保障学前儿童的身心健康。

(2) 密切家园联系，共同实施教育。在幼儿安全意识和安全技能的培养上，幼儿园需要和家长联合一致地开展行动，对幼儿进行生活全方位的安全教育。

家园联合一致的行动，在长期、反复的安全教育中，可以更有效地增进儿童对危险的预见，更好地巩固安全行为习惯。

材料阅读

> 童谣一：一个人，上学校。问我什么不知道。低下头，快点走。追上前面小朋友。
> 童谣二：一人在家放暑假，生人敲门不应答。问路送奶查电表，绝不开门我当家。
> 童谣三：小白兔，上学校，见生人，有礼貌，不说话，笑一笑，蹦蹦跳跳快走掉。
> 童谣四：小熊小熊好宝宝，背心裤衩都穿好。里面不许别人摸，男孩女孩都知道。
> 童谣五：小小秘密藏心里，谁也不会告诉你，坏人要是欺负你，告诉妈妈要牢记。
> 童谣六：小老虎，会撕咬，小山羊，敢顶角。坏蛋问我不知道，敢骗坏人赶快跑。
> 童谣七：火灾来了拔腿跑，弯腰捂嘴向下逃。逃跑不能坐电梯，危险挥手大声叫。
> 童谣八：身后有人很可疑，走到马路对面去。要是他又跟过来，拔腿就跑莫迟疑。
> 童谣九：红灯停，绿灯行。遇到黄灯不抢行。先左后右看一看，一定要走斑马线。
> 童谣十：骑车避免上马路，不许撒把与攀扶，打闹追逐危险多，人多转弯要减速。
> PS：在遇到危险的关键时刻可以踢人，可以咬人，可以撒谎，可以砸东西，可以夺路而逃，可以不讲礼貌。

五、幼儿园意外事故的处理

(一) 常见意外伤害事故的急救

一般来说，幼儿园中的意外伤害事故主要为碰撞、切割伤和跌落伤。具体说来，保教人员在处理事故时经常会碰到的是：(1) 碰撞所造成的擦伤、扎伤和鼻出血，(2) 因使用小刀等或触摸玻璃破损面发生的划伤和割伤等切割伤，(3) 从楼梯、运动器械等处滑落的跌落伤，(4) 异物进入眼部、鼻腔、咽部、器官以及外耳道等，(5) 出血，(6) 幼儿园中发生率相对较低的烧烫伤、惊厥、骨折、触电等等。

这些生理方面的意外伤害，在《学前儿童卫生学》课程中都有介绍，鉴于本书读者多为学前教育专业的学习者，本书不作过多介绍，读者可以查找相关书籍作进一步的阅读。

(二) 急救的原则

急救的原则主要是三点。首要的是挽救生命。无论发生何种情况，如果儿童的生命受到威胁,那么最重要的便是实施心肺复苏,第一时间维持其生命。其次是在挽救生命的同时,还要尽量防止残疾。比如,当儿童由高处跌落、其生命没有危险时,教师首先要检查是否有骨折发生,不能擅自移动,以免加重伤情,甚至导致残疾等严重后果。再次是减轻痛苦。这里不仅指处理时的动作要轻柔,更是指要注意对儿童的心理护理,要给予安抚,为其日后身心全面康复打下良好基础。

一般来说,在现场处理时,按情况的轻重缓急,我们要注意:①先复苏后固定。②先止血后包扎。③先重伤后轻伤。④先救治后运送。⑤急救与呼救并重。

(三) 意外伤害事故的处理步骤

作为幼儿园保教人员,除了常见意外伤害事故的急救,还需要掌握儿童紧急情况的处理步骤,以便更好地保障儿童的生命安全。以下是儿童急症救助八步骤。①

1. 观察现场

利用非常短的时间观察现场,了解三点:现场是否安全(不安全则需要转移),有多少人受伤,大概发生了什么。

2. 观察评估三要素

接近幼儿的时候,立即进行外观、呼吸和血液循环三个要素的观察评估,并决定是否需要打急救电话。这个步骤应该在15—30秒内完成。

如果幼儿呼吸困难,在做其他任何事情之前,先实施呼吸急救,并拨打120急救电话。

3. 安排现场其他幼儿的看管

4. 检查评估五要素

如不需要马上拨打急救电话,则进一步进行五要素(外观、呼吸、血液循环、身体活动及其他可能情况)的检查评估,并决定是否需要打急救电话,以及需要何种紧急救助。

5. 实施急症救助

对受伤或患病幼儿实施紧急救助。

6. 通知家长

尽快通知幼儿的家长。

7. 与目睹整个急救事件的其他幼儿或成人沟通

尽快与接受紧急救助的幼儿以及当时在现场的幼儿进行沟通,解释所发生的事情,同时安慰他们。

8. 记录事件发生的情况

完成现场记录报告。

 思考与练习

1. 结合你的生活经验想一想,在日常生活中,有哪些机会可以带给幼儿丰富的感觉经验,

---

① 江帆、王莹主编:《儿童急症救助》,人民卫生出版社2007年版,第20页。

可以促进幼儿的身体发展？请列举十项。

2. 近期,幼儿园准备组织一次春游(或秋游)活动,作为带班老师,需要考虑诸多方面的安全问题和安全举措。假如你是保教人员,需要负责做好哪些安全举措？前期对幼儿需要进行哪些方面的安全注意事项的教育,包括对幼儿进行自我保护教育？

3. 案例:某幼儿园托班的两位幼儿,因为争抢玩具,幼儿 A 被幼儿 B 抓伤了脸。这是幼儿园中发生率比较高的现象,你是带班老师,你会做哪几个方面的工作？

讨论提示:对两位幼儿分别进行怎样的处理和教育、对全班幼儿进行怎样的教育、对双方家长如何应对等。

4. 互动活动设计:幼儿健康问题的应对知识

活动目的:

(1) 尝试从实际生活情境出发,关注幼儿健康领域中的细节问题。

(2) 学会根据幼儿健康的有关理论知识,对相关问题做出合理的回答。

活动形式:

(1) 全班同学分组进行。分组可按座位分,也可按寝室分组。

(2) 甲组一位同学作为家长提问,乙组一位同学作为教师做出应对,合理解决问题,其他人可补充;而后,由乙组一同学提问,甲组一同学应对。如此交叉进行。

(3) 活动结束后,每位同学将自己所提的问题及他人的解答记录下来,整理完善。

要求:

(1) 每位同学预先自学健康教育相关内容。

(2) 每组准备 10 个左右的不同问题。

5. 互动活动设计:幼儿健康问题的合理应对

活动目的:

(1) 关注幼儿园生活中常见的健康问题,包括突发的意外问题。

(2) 学会运用紧急救助的有关知识,做出合理的应对。

活动形式:

(1) 分组。学生可按意愿自行分组,或是以住宿的寝室为单位。

(2) 选择幼儿身心健康方面常见或突发的问题,用情境模拟的形式,分角色扮演,表现出对问题的合理应对。

要求:

(1) 每位同学预先自学健康教育相关内容。

(2) 每组准备 10 分钟左右的表演,自行准备所需的道具。

6. 请学习后面所附教学活动设计,学生分组进行模拟教学,并对模拟教学情况进行评价和反思。

活动案例 6-1

我要拉粑粑

适合年龄：3—4 岁

活动目标：

1. 理解故事情节，了解"拉粑粑"后的主要料理环节。
2. 萌发"拉粑粑"后自我服务的意识和愿望。

活动准备：

1. 经验准备：在游戏中有帮娃娃擦屁股的经验、知道有便意及时如厕。
2. 材料准备："我要拉粑粑"情景剧、"小动物拉粑粑"操作材料若干。

活动过程：

一、看看说说，激发幼儿参与兴趣

导入语：今天小兔和好朋友小猴一起在草地上玩，他们唱歌做游戏，可开心了，你们看！（观看情境表演）

提问一：宝宝们，拉完粑粑的小兔怎么还会臭臭的呢？

预设1：小兔忘记擦屁股。

回应：小兔回到厕所擦屁股，然后和虎宝宝一起做游戏。

预设2：小兔拉完粑粑没有洗手等。

回应：想一想，我们拉粑粑后要做什么呀？

提问二：刚才小兔拉粑粑的地方也很臭呀，这是怎么回事啊？马桶里面有什么呀？马桶怎么才会变干净呢？

小结：小兔，小兔，你拉完粑粑要记得擦屁屁，冲马桶，还要洗小手哦！

二、说说演演，实践自己"拉粑粑"的料理环节

1. 回忆梳理拉粑粑后的料理过程

提问1：小兔拉完粑粑不知道要干什么，小朋友你们知道拉完粑粑后要做些什么吗？

预设1：幼儿说出关于拉粑粑的步骤。

回应：教师按儿歌内容帮助幼儿提升，引导幼儿做一做相应的动作。

预设2：幼儿不感兴趣。

回应：我们拉完粑粑后，屁股臭臭的要怎么办呢？

预设3：幼儿不能完全说出。

回应：想想看，马桶旁边的水龙头有什么用呢？

提问2：冲马桶是什么声音呀？我们一起学一学。

2. 情境儿歌表演，尝试自己拉粑粑

（1）现在我们的宝宝都会自己拉粑粑了吗？那我们一起来试试吧！

（2）教师边念儿歌，边引导孩子一起做动作，复习巩固拉粑粑的过程。

三、做做说说,帮助小兔完成拉粑粑的料理

过渡语:你们好棒啊,都会自己拉粑粑了。可是小兔还是不会自己拉粑粑,我们一起把自己拉粑粑要做的事情一件一件告诉小兔好吗?

1. 说说讲讲,了解步骤图

关键提问:要学会自己拉粑粑,要做哪些事情呢?

● 根据幼儿回答,出示相应的卡片,并按顺序排列。

● 教师与幼儿再念一次儿歌。

2. 排排讲讲

(1) 原来拉粑粑需要做那么多事情,那么先做什么、后做什么,你们能不能告诉小兔?

(2) 出示排序卡,理解并讲述。

提示语:这里有一张"我要拉粑粑"的提示图,让小兔看到这张图就知道怎样自己拉粑粑了。你们看看,拉粑粑要做的事情都有了吗?现在请你们帮忙把漏掉的事情找出来,贴上去。

(3) 幼儿操作并排序。

提示语:拉完粑粑要干什么呢?
　　　　先做什么,再做什么?

(4) 幼儿操作完成后,集体完成大的提示图,再念儿歌。

(5) 幼儿自己验证自己制作的提示图。

提示语:现在去看看你们的提示图是不是按儿歌的顺序排的呀?

四、结束

今天你们已经知道了怎样自己拉粑粑,如果你遇到不会拉粑粑的朋友,就请你把这张"我会拉粑粑"的卡片送给他。

附1:儿歌《我要拉粑粑》

哎哟哎哟肚子痛,我要拉粑粑。

脱下裤子,坐上马桶,

嗯嗯粑粑出来啦。

拉完粑粑擦屁股,

穿好裤子冲马桶,

咕……咕……粑粑不见了,

打开龙头洗小手,

粑粑拉完真爽呀!

附2:情境表演"我要拉粑粑"

小猴和小兔在唱歌、做游戏,就在这个时候。

小兔:哎哟哎哟肚子痛,我要拉粑粑。

小兔(打开门,脱下裤子,坐在马桶上):小猴小猴,我要拉粑粑了,你先去玩吧。

小猴:好的。(到草地上玩去了)

小兔:哦,拉完粑粑真舒服。

(说着就把裤子拉了起来,跑到小猴旁边)

小兔:小猴小猴,我拉好粑粑了,我们一起玩吧。

小猴要拉到小兔的手时,突然捂住了鼻子:小兔,你怎么这么臭呀?我不要和你玩。

(城市花园幼儿园 周 英)

活动案例6-2

小鲨鱼学刷牙

适合年龄:小班

活动目标:

1. 通过念儿歌初步了解正确的刷牙方式,知道天天刷牙能保护牙齿。
2. 产生刷牙的兴趣,体验游戏中帮助小动物的愉悦心情。

活动准备:

1. 经验准备:有刷牙的经验。
2. 材料准备:一个有森林背景的木偶剧小舞台;10个小动物的头像;10套刷牙的工具。

活动过程:

一、导入:情景木偶剧表演《不受欢迎的小鲨鱼》

关键提问:

1. 为什么小鸭、小兔都不愿意和我做朋友?(幼儿:小鲨鱼没有刷牙,所以小鲨鱼嘴巴里的味道好难闻。)
2. 我嘴巴里为什么会有一股难闻味道啊?(细菌、脏东西、不刷牙)
3. 怎样才能让我的牙齿变干净,嘴巴变得香香的呢?(每天都要刷牙)

小结:对呀,对呀,我每天要吃很多好吃的东西,吃完了也不刷牙,时间长了,牙齿上留下了很多脏东西,所以,嘴巴里就会有一股难闻的味道了。

二、回忆经验:帮助小鲨鱼学会刷牙的本领

过渡:呜呜呜,我不会刷牙,呜呜呜,那我该怎么办呀?谁来教教我?

1. 讨论刷牙的工具

关键提问：刷牙需要些什么工具？（幼儿自由回答）

出示刷牙的工具，让幼儿认识。

小鲨鱼：牙刷我这有，这个是水杯，我这里还有牙膏，这块是我的小毛巾。

小结：刷牙时需要一把牙刷，一支牙膏，一个水杯和一块毛巾。

2. 讨论刷牙的步骤

过渡：有了这些工具，我该怎么刷牙呢？

(1) 挤牙膏

关键提问：刷牙前我先要做什么呢？（幼儿：挤牙膏。）

请幼儿示范挤牙膏。

讨论：牙膏挤多少？（幼儿：一点点就可以了。）

挤完牙膏以后干什么呢？（拧紧牙膏盖）

(2) 刷牙

关键提问：牙齿怎么刷呀？先刷哪里呀？上面的牙齿怎么刷？下面的牙齿怎么刷？是这样刷吗？

可能出现的场景一：上下刷

幼儿：上面的牙齿往下刷，下面的牙齿往上刷。

可能出现的场景二：来回刷

小鲨鱼：哎呀呀，这样刷，我牙齿上的肉肉好痛啊！

※小鲨鱼边听边刷牙齿，并配上儿歌。

过渡：你们一起来帮助我刷牙吧！小牙刷准备，上面的牙齿往下刷，刷刷刷，刷刷刷。

儿歌：上面的牙齿往下刷，刷刷刷、刷刷刷；下面的牙齿往上刷，刷刷刷、刷刷刷。

边刷边指导幼儿观察：你们帮我看一看，我牙齿缝里的脏东西，有没有刷下来啊！

跟进指导语：你们的力气太小，我牙齿上面的脏东西还在，没有刷下来，你们念得响一点，力气大一点，帮我把牙齿缝里的脏东西刷下来。

追问：刷下面的牙齿，怎么刷？上面的牙齿怎么刷，请幼儿边刷边用儿歌告诉小鲨鱼。

※一起检查小鲨鱼的牙齿，变白了。

提问：现在，我的牙齿刷干净了吗？可是我牙齿上面，还有那么多的牙膏怎么办？

(3) 漱漱口

小鲨鱼示范：张大嘴巴喝口水，咕噜噜、呸，咕噜噜、呸。牙齿干净了！（吐的动作可以到黑板后完成）

(4) 毛巾擦嘴巴

过渡：我嘴巴上还有那么多的水怎么办啊？（毛巾擦嘴巴）

3. 小鲨鱼的嘴巴变干净了

小鲨鱼请小朋友闻一闻,看一看,牙齿变干净了吗?

情景剧小结:我的牙齿终于变白了,我好开心啊,这下,我的好朋友会喜欢我了,谢谢小朋友。

三、幼儿实践,经验迁移:帮小动物们刷牙

过渡:我的牙齿变得白白的,嘴巴里的味道也变得香香的了,可是,我还有许多朋友,它们也不会刷牙,你们能不能帮帮它们,教会它们刷牙的本领啊?

1. 幼儿为小动物刷牙

提示:刷牙前,先做什么?挤完牙膏,做什么?上下牙齿怎么刷?刷完了,用清水把牙膏冲干净?最后还要做什么?

指导:用正确的方法为小动物刷牙;边刷牙,边让反复念儿歌,教小动物学会刷牙的本领。

语言提示:请你们把你们刷牙的好办法,告诉小动物,让小动物也学会刷牙。复习巩固刷牙的儿歌。

2. 讨论观察:小动物的牙齿变干净了

过渡:我们一起来检查一下,小动物的牙齿变白了吗?闻一闻,嘴巴里的味道变香了吗?

四、联系生活:养成每天刷牙的好习惯

过渡:今天我们都帮助小动物们学会了刷牙的本领,小朋友,你们平时在家刷牙吗?每天都要刷几次牙?

提问:你们通常是在什么时间刷牙的?

小结:早上起床后,嘴巴臭臭的,我们可以刷刷牙;晚上睡觉之前,牙齿缝会留下很多脏东西,我们最好也要刷刷牙。这样,我们的牙齿就会变得白白的,嘴巴变得香香的。

(城市花园幼儿园 杨谨屹)

活动案例6-3

洗澡

设计思路:

《课程指南》指出:内容的选择应以观察了解幼儿为基础,源于幼儿的现实生活。在确定本活动内容时,我关注到了孩子们的热点和已有的生活经验。夏天来了,带领幼儿一起亲身体验夏日的炎热,感知夏天明显的气候特征。"怎样使人凉快起来"正是激励幼儿主动探索的契机。撑阳伞、戴凉帽、喝水、吃冷饮、扇扇子、吹风扇、开空调、游泳、洗澡等都是幼儿的直接经验,每一次发现都会让幼儿兴奋不已,尤其说到洗澡,孩子们更是按捺不住激动,说起来没完没了。根据孩子们的兴趣点,结合幼儿已有的生活经验,确定了本次活动内容。本次活动来自于小班主题"夏天真热呀"。

适合年龄:小班

活动目标:

1. 在说说、跳跳的过程中初步了解洗澡的正确方法,养成良好的洗澡习惯。
2. 积累洗澡的经验,感受洗澡的快乐。

活动准备:

1. 经验准备:家中都有过洗澡的经验。
2. 物质准备:娃娃一个、洗澡盆一个、各种洗澡用具、洗澡步骤图和洗澡的音乐。

活动过程:

一、出示娃娃及洗澡盆

提问:猜猜娃娃要干什么了呢?你是怎么知道的呢?

二、帮助娃娃洗澡,了解洗澡的步骤及正确方法

提问:现在娃娃可以洗澡了吗?首先要做什么?

脱了衣服的娃娃可以抹肥皂了吗?

怎样才能变成一个香香的娃娃呢?香香的肥皂抹哪里呢?

抹完了肥皂,宝宝身上全是泡泡,怎么办呢?让我们一起拿起莲蓬头帮助娃娃来冲一冲,头冲一冲,身体冲一冲,还有脚也要冲一冲。

娃娃可以穿衣服了吗?拿起毛巾帮娃娃擦干净吧!

(过程中将洗澡步骤图依次出示)

总结:洗澡时一定要仔细地把每个部位都洗干净,注意洗澡时要保护好眼睛、耳朵、嘴巴,不让脏水进入。

三、播放音乐《我爱洗澡》,大家一起来洗澡

● 选择洗澡用具,准备来洗澡

提问:娃娃变得香喷喷,我们的宝宝想不想一起来洗澡呢?

赶快为自己选择一个沐浴擦吧。

● 跟着音乐,根据洗澡步骤图动一动

重点指导:我们先来洗洗哪里呢?

耳窝、腋窝、脚趾缝、臀部我们都要洗干净,怎样才能洗干净呢?

搓搓搓,搓搓搓,泡泡出来了,冲一冲,宝宝真干净。

总结:洗澡让我们变得干干净净,使我们变得好舒服啊!

(城市花园幼儿园　张　婧)

活动案例 6-4

衣服的小秘密

设计思路：

古语曾说："五岁成习，六十亦然。"幼儿期是一个人生活自理能力和良好生活习惯初步养成的关键期。《幼儿园教育指导纲要（试行）》中也明确指出要培养幼儿的生活自理能力。因此，教师和家长应抓住这个敏感时期，让孩子做一些力所能及的简单劳动，培养其生活的自理能力，培养其良好的生活习惯。

进入小班后，幼儿自我服务意识已初步形成，我们便创设各种环境，鼓励和引导幼儿自己动手，但在实际操作中发现，不是幼儿不想做，而是幼儿不知道怎么做，也就是说，即使幼儿有了自我服务意识，如果缺少自理的技巧，就是想做也做不好。

本次活动就是由于幼儿在午睡起床后经常将衣服穿反而生成的活动，我想通过本次活动，引导孩子通过观察、探索，来尝试找出衣服正反的特征，获得识别衣服正反面的方法，能在实际中帮到我们的幼儿。更重要的是通过活动积累幼儿的生活经验。

适合年龄：小班

活动目标：

1. 通过看看、讲讲、做做，发现衣服正反的秘密，获得识别衣服正反的方法。
2. 在动动手中体会帮助他人的快乐。

教学重点：了解区分衣服正面和反面的方法。

教学难点：能发现衣服正反面特征的不同之处。

活动准备：PPT、衣服若干。

活动过程：

一、认识阳阳小朋友，一起来帮忙

1. 介绍阳阳小朋友遇到的小麻烦，请小朋友来帮忙。

今天我在幼儿园碰到了中班的阳阳小朋友，他有点不开心，要请我们来帮忙呢！

2. 看看、说说阳阳的新衣服

这是昨天在家的阳阳，有什么不一样？衣服是什么颜色的呢？衣服上有什么？

3. 出示阳阳衣服，帮助阳阳发现穿错衣服的原因（穿反了）。

4. 以儿歌形式帮助阳阳将衣服翻回正面。

二、了解区分衣服正和反的方法

1. 尝试衣服正面和反面的分类

阳阳家衣橱里的衣服都搞乱了，让我们一起来帮帮他，请小朋友将是正面的衣服放在笑脸一边，衣服反面的就要放在哭脸一边。

2. 交流怎样区分正面和反面

衣服的正面和反面有些什么不一样？

正面：有图案、有纽扣、有口袋。
反面：有踏线、有商标、没有图案。
我们穿衣服，穿哪一面漂亮呢？
三、尝试将衣服翻到正面
让我们帮阳阳将衣服都翻到正面吧！
教学评析：
　　本次活动是一次生活活动，内容来源于幼儿，通过活动帮助幼儿了解辨别衣服正反的一些方法，为幼儿自己整理衣服创设条件，帮助幼儿解决操作中的真实问题。
　　成功之处：
　　1. 善于挖掘生活素材
　　● 穿衣时的发现
　　午睡起床后，总会出现幼儿将衣服穿反的现象，原来天气冷了，幼儿们都穿上了毛衣，在穿脱上有一定的困难，而幼儿脱毛衣后并没有将毛衣翻回正面，造成了总是会穿反的现象，然后就看见了保育员一件一件帮助幼儿将衣服重新穿回，增加了幼儿等待的时间，同时也影响了后面环节的进行。
　　● 幼儿的需求
　　班中的幼儿的自我服务意识已经初步形成，非常愿意自己动手，每次午睡时间，就会看到幼儿各自忙碌地"穿衣"、"脱衣"，每次穿好后，还会得意地和老师说："老师，你看，我穿好了呢。"我能感受到幼儿通过自己努力获取成功的喜悦，于是就想设计"衣服的小秘密"活动，让幼儿在看看、讲讲、做做中发现衣服正反的秘密，获得识别衣服正反的方法，为培养幼儿的自理提供条件。
　　2. 关注每一个孩子，创造个别学习环境
　　第二环节需要幼儿自己来动手，找找衣服的正反。课前，我对班级幼儿穿衣服的情况进行了分析，发现幼儿差异比较大，有的已经会穿衣服了，有的连衣服的正反都不能分辨，因而针对有个别需求的幼儿，我采取了量身定制的操作策略：
　　● 合理分组，有效观察
　　操作前，我将幼儿按照能力的强弱分成两队，每组有一位能力强的幼儿和能力弱的幼儿搭档，操作时，通过同伴互助，帮助能力弱的幼儿找到衣服的正反。当还有幼儿需要帮助时，老师可以上前进行个别指导，如指导幼儿看衣服的图案、商标等，让幼儿分清正反。
　　● 提供图示，再次分辨
　　在第二次帮助"阳阳"分衣服时，为个别幼儿提供了衣服的正面和反面物化图示。
　　正面：有图案、有纽扣、有口袋。
　　反面：有踏线、有商标、没有图案。
　　操作时，幼儿就能够按照图示、按照特征有针对性地进行选择，当老师观察到还有需要帮助的幼儿可以再次进行进一步引导。

不足之处：

● 没有很好抓住幼儿兴趣点

在第二环节，当我拿出事先准备好的衣服时，原本预设应该是活动的高潮，但在活动中，发现幼儿并不兴奋，表情是"木讷"的，课后反思时我认识到这些衣服并不是他们自己的，小班幼儿还是处于"自我中心"的阶段，帮助"阳阳"来整理衣服，对于他们来说有些"远"，不能很好地激发幼儿兴趣。

调整：从第一环节中观察"阳阳"的衣服，可以延伸到观察幼儿自己和伙伴的衣服，然后自然地请幼儿来脱下自己的衣服，将"别人的衣服"换成"自己的衣服"必然会激发幼儿学习的兴趣，然后看看谁的衣服反了，进行分类。

● 没有真正满足幼儿的需求

最后一个环节中，幼儿在帮助阳阳翻衣服后，有许多幼儿有要穿上的想法，当时我没有支持，其实这是培养幼儿自我服务能力的一次好机会，既然幼儿有兴趣，就应该顺势支持，抓住机会再次进行引导，其实活动的最终目的也就是让孩子今后能自己正确穿上衣服，从中或许老师又能找到新问题，将活动继续延伸。

收获：

在活动中幼儿会有许多的变化及需求，作为老师应该关注到，并及时回应，教师要善于捕捉生活中的教育契机，抓住幼儿的兴趣点。它将会大大提高教学效果，让幼儿在尝试中学会辨别衣服正反的正确方法，只有这样孩子才能真正实现"学会生活"。

（城市花园幼儿园　张　婧）

活动案例6-5

早餐吃什么

设计思路：

良好饮食习惯的养成对幼儿身心健康发展非常重要。早上来园接待时，经常可以听见爸爸妈妈的抱怨："老师，今天××又不肯吃早饭，早上就吵着要吃巧克力。""老师，我们家的宝宝每天早上吃早餐，要花好长的时间。"……从爸爸妈妈的话语中，从对幼儿午餐的观察中，我们发现，幼儿的饮食习惯有待养成，本次活动要使幼儿明白吃早餐的重要性，养成爱吃早餐的好习惯。

活动通过故事《早餐吃什么》,引起幼儿对活动的兴趣。故事中,我们选取了一些幼儿喜欢的动物,以动物吃早餐的情景过渡到幼儿挑选早餐的环节,让幼儿大胆猜测、感知,为幼儿提供一个较大的想象创编的空间,这样孩子在尝试想象中可以用主动积极的态度来进行,让幼儿在欣赏、理解、体会故事的过程中,发展想象力和语言表达能力。其次,我们设计了幼儿自己挑选早餐的实践活动,让幼儿在为自己配早餐的环节中,知道营养早餐对我们身体健康的重要意义,从而养成吃早餐的习惯。

适合年龄:小班

适合主题:好吃的食物

活动目标:

1. 知道吃早餐的重要性,要合理配置营养的早餐,养成爱吃早餐的好习惯。
2. 初步了解动物喜欢吃的不同食物,乐意大胆讲述。

活动准备:

1. 经验准备:幼儿对动物爱吃的食物有初步的了解。
2. 材料准备:动物吃早餐的情景、食物和托盘等。

活动过程:

一、讲述故事,引起兴趣

清晨,熊猫宝宝早早地起床了,熊猫妈妈对熊猫宝宝说:"熊猫宝宝快来吃早餐了。"可是熊猫宝宝却说:"不要,不要,我不要吃早餐,我要去上幼儿园。"

提问:熊猫妈妈让熊猫宝宝起来吃早餐,可是熊猫宝宝说什么啊?

二、观察、感知、猜测动物喜欢吃的早餐

1. 小兔子的早餐

过渡:说完熊猫宝宝就出门了。一路上它经过了许多好朋友的家,我们一起去看看好吗?

提问:

(1) 它先来到了一个长耳朵朋友的家,猜猜看会是谁呢?

(2) 熊猫宝宝遇见了小兔,它会对小兔说什么呢?

熊猫宝宝对小兔说:"小兔和我一起去上幼儿园吧!"可是小兔摇摇头、摆摆手说:"我还没吃早餐呢!吃完早餐,再上幼儿园。"

(3) 谁能告诉我,小兔宝宝是怎么回答的?

(4) 小兔喜欢吃什么早餐呢?那让我们来看看,今天兔妈妈为小兔准备了什么啊?

小结:小兔子闻了闻萝卜的香味,"啊呜"咬了一口,萝卜真好吃!小兔早餐吃萝卜,啊呜啊呜!真好吃。吃完早餐上幼儿园。

2. 小狗的早餐

过渡:熊猫宝宝看到小兔不愿陪它上幼儿园,就继续往前走,去找其他的朋友一起上幼儿园。

提问：

(1) 听,谁来了？（汪汪汪,汪汪汪。）真的是小狗啊。

(2) 狗妈妈为小狗准备了什么好吃的早餐？

(3) 熊猫宝宝邀请小狗和它一起去上幼儿园,那小狗会怎么说呢？

小结：熊猫宝宝对小狗说："小狗和我一起去上幼儿园吧！"可是小狗摇摇头、摆摆手说："我还没吃早餐呢！吃完早餐,再上幼儿园。"

3. 早餐吃青草

过渡：咦,小兔子、小狗都不愿意和熊猫宝宝一起上幼儿园,熊猫宝宝说没关系,我一定能找到朋友的。于是,它又往前走。

提问：

(1) 它来到了谁的家？它看到桌子上有什么啊？青草会是谁喜欢吃的早餐呢？

(2) 熊猫宝宝看到这么多爱吃青草的动物,会对它们怎么说？

小结：动物都说要吃好早餐,再上幼儿园。

4. 熊猫的早餐

过渡：谁也不愿意和熊猫宝宝一起上幼儿园,熊猫宝宝只能自己去上幼儿园了！走着、走着,熊猫宝宝感到头晕晕、眼花花,浑身都没有力气,扑通一下摔倒了。

提问：

(1) 这是怎么回事呢？熊猫宝宝为什么会晕倒呢？

(2) 熊猫宝宝说："谢谢小朋友提醒我,我是该吃早餐了。好,我也先回家吧。"熊猫宝宝慢悠悠地走回了自己的家。熊猫妈妈为熊猫宝宝准备了熊猫宝宝最爱吃的早餐。熊猫宝宝的早餐是什么呢？

三、幼儿挑选喜欢的早餐

过渡：我们小朋友每天早上都吃早餐吗？如果不吃早餐行吗？就会像熊猫宝宝一样饿得头昏昏、眼花花。小朋友都喜欢吃什么早餐呢？今天在我们的自助餐厅里,沈老师也准备了很多好吃的早餐。我们来看看,都有哪些好吃的早餐呢？

1. 幼儿实践,挑选早餐

要求：

(1) 每人一个小托盘,选一选、挑一挑,挑选一份最喜欢的早餐。

(2) 挑完后,坐到座位上,介绍给朋友听。

2. 分享交流

幼儿分别介绍自己挑选的早餐。

预设一：幼儿挑选了很多的食物

提问：那么多的早餐你能吃完吗？果冻、零食它们都可以做早餐吗？

预设二：幼儿挑选很多的干点或很多的湿点

提问:早上我们吃那么多的面包、蛋糕,会怎么样? 可不可以配些牛奶呀?

早餐,我们又喝果汁、又喝牛奶,喝那么多的水会怎么样? 可不可以加些面包和饼干?

小结:刚才小朋友都挑了很多的早餐,究竟怎样的早餐才是最科学营养能让小朋友身体长得棒棒的呢? 看,我们请来了保健老师,让葛老师给我们介绍。

3. 保健老师介绍营养合理的早餐

提问:什么样的早餐才是最有营养的?

4. 再次操作,挑选营养早餐

要求:干湿搭配,配出健康的营养早餐。

小结:配好早餐的小朋友请把早餐放在绿色的展示台上,等一下请葛老师来看看这些早餐到底是不是营养早餐。

（城市花园幼儿园　沈爱玲）

活动案例 6-6

活动名称:我和筷子做朋友

适合年龄:大班

活动目标:1. 初步了解使用筷子的文明行为,尝试做文明进餐者。

2. 体验和筷子做朋友的快乐。

活动准备:1. 幼儿已有拿筷子吃饭的经验。

2. 材料:情景剧《米奇在餐厅》,"我们在吃午餐"系列照片。

活动过程:

一、观看情景剧《米奇在餐厅》,找找使用筷子的不文明行为

● 导入

——小朋友们,森林里新开了一家动物餐厅,米奇今天也要去动物餐厅吃饭,会发生什么事呢? 让我们一起去看看吧!

● 关键性提问

——米奇在餐厅里做了哪些不文明的事情,让服务员生气了呢?

——原来米奇去餐厅里吃饭的时候,有这么多不文明的进餐习惯,那小朋友你们说说,我们进餐的时候应该怎么样呢?

小结:我们进餐的时候,如果饭菜还没有来,应该将筷子摆放在碗的旁边耐心等待,将筷子指着别人既不安全又不卫生,挥舞筷子也会伤到别人,掉在地上的筷子也不能再放进嘴里。

二、翻翻乐游戏,想想使用筷子的不文明行为

过渡句:了解了这么多使用筷子的文明行为,那我们小朋友吃饭的时候都做到了吗?老师拍了一些小朋友吃饭时的照片,让我们来看看。

● 出示PPT

图片一:用筷子指着别人

图片二:用筷子敲碗

图片三:把筷子咬在嘴巴里玩

图片四:把筷子放进筷子桶

图片五:用筷子夹菜

图片六:两只并并拢,放在小碗的旁边

● 介绍玩法

——今天我们要来玩一个对对错错的游戏,在你们的面前有一块板,如果你觉得图片中的行为是对的,请你把笑脸的一面翻在地上,如果你觉得他的行为是错的,请你把哭脸的一面翻在地上。

小结:其实文明进餐是很重要的,敲打碗盘、将筷子指向他人、咬着筷子玩、分筷子时两只筷子放在小碗旁都是不文明的行为。我们应该文明进餐,做一个文明进餐者。

三、我来做客人,做文明的进餐者

过渡句:小朋友你们想不想做一个文明的进餐者呢?今天张老师来请客,我们一起去动物餐厅吧。

● 介绍菜肴

——每个小朋友都找到了位置,服务员马上来分菜啊,今天我们会有好吃的橘红糕、旺旺小馒头、豆腐干,请你们等一等哦!

● 品尝菜肴

——想一想,文明的进餐者会是怎么样的呢?吃完了,请将你们的碗和筷送回家。

四、结束

(城市花园幼儿园　张　婧)

7. 生活自理能力的培养往往与生活常规的养成是并行的。阅读下面的案例,谈谈培养幼儿生活自理能力,需要注意些什么。

案例

老师，我不会

事件与背景：

3岁的桐桐是个乖巧可爱的女孩子，可是每当吃饭的时候，别的小朋友都在低着头吃饭，而她却坐在那儿看饭，一直等着老师过去喂她，自己一口饭也不吃。刚开始，老师以为她不舒服，可一连几天都这样。后来，老师与桐桐的家人交谈得知，原来桐桐一岁半的时候，就能自己拿勺子吃饭了，不过吃得到处都是，还经常洒饭，爸爸妈妈嫌她把衣服弄脏了，就不让她自己吃，家里还特意请了保姆照顾桐桐的饮食起居。久而久之，养成了桐桐到现在还不会自己吃饭、穿衣服的情况。而且，桐桐在班级里无论遇到什么事情，总是先说："老师，我不会。"

分析与措施：

2—3岁儿童行动能力开始发展起来，自我意识日趋强烈，也有了自己做一些事务的愿望。学前阶段是儿童生活自理能力和良好生活习惯初步养成的重要时期。

对于孩子萌发的自主、自立意识，我们一定要予以重视、支持和鼓励，让孩子做一些力所能及的简单劳动，在多种尝试中树立"我会"、"我能自己做"的自信心。不应该用生活上的包办代替，挫伤了孩子的积极性，阻碍孩子自理能力的发展。如果孩子的独立尝试经常受压制，他将来可能会成为一个处世消极、无所作为的人。此外，成人应该做好正确的榜样，让爱模仿的幼儿慢慢学习。

（江　敏）

8. 阅读以下案例，谈谈你的感想：这个老师的引导作用好在哪里？你还有其他方法对幼儿开展引导吗？

 案例

去买铅笔①

4月17日，我用了40分钟出去买铅笔。

实际上，这个学年，我刻意没有为大班预备铅笔。

开学第一天，几个孩子问："老师，铅笔呢？""老师，我想用铅笔。"（升入大班以后用铅

---

① ［日］本吉圆子实录，无藤隆解说，刘洋洋译：《培养幼儿的成长能力：幼儿园教育活动指导实录》，华东师范大学出版社 2013 年版，第 43—47 页。

笔的机会很多,铅笔是老师一定会准备的用具之一,可是孩子们用完以后就随便乱放。要用的时候总是不知道铅笔去了哪里。)于是,我特意和小朋友展开如下一段对话。

我:"狮子班(大班)没有铅笔。"

被我这么一说,佳惠:"那,我不要了。我有蜡笔,不用铅笔了。"

别的小朋友:"嗯,没关系。不要了。"

第一天似乎感觉不出任何问题。

几天以后。

骏二:"老师,铅笔呢?"

我:"没有铅笔啊。"

骏二:"为什么没有呢?"

我:"想有铅笔吗?"

骏二:"嗯,还是有好!不然想写字的时候,马上写不了啊。"

美波:"啊——用不着啊。用别的写不就行了。"

我就问其他孩子,需不需要铅笔。

说需要铅笔、最好有铅笔的孩子有三个。其余的孩子说不用:"不用铅笔也可以。""有水彩和蜡笔就什么都能写(画)。"一边说一边写(画)了,"老师看,不用铅笔也行。"

第二天,我在放着彩笔的桌子上,准备了和平时不一样的图画纸。眼快的孩子们发现了。"啊,这么好的纸。""我要画只鸡。""我画兔子。"孩子们聚集了过来。很快,就画好了。"画好啦!"孩子们不断地把画好的画拿来给我看。准备结束!

我:"老师想把大家的画贴起来,行不行?"

小朋友们:"行!"

这时,我在贴画的时候故意把画的人的名字说错。孩子们乱了起来。

"老师,那个,是我画的!""那个,是我的!""错啦!"在孩子们中间也有说"这个好像是我的吧"的小朋友。

我说:"那张画是谁画的?小朋友们知道是谁画的吗?"

孩子们:"……"

美波:"我知道我画的是哪张,不过没写名字。大家都把名字写上吧。"

孩子们:"对,写上名字吧。"

我说:"还有,为了知道是什么时候画的,把日期也写上吧。"

孩子们:"好。"

可是接下来就出问题了。

孩子们用水彩笔先写"四月十七号",再写自己的名字。一个字一个字,一边和老师确认,一边认真地写。光写日期就把纸占满了,名字只够写下一半。

"有铅笔的话马上就能写好。""写小字的时候还是铅笔好。""想写(画)很多的时候也是铅笔好。"

我说:"还是有铅笔好吗?"

孩子们:"嗯,肯定是有铅笔好。"

这次,所有的孩子都觉得应该有铅笔。大家开始商量怎么办。有说"我们去跟长颈鹿班(中班)借吧"。可是"长颈鹿班的小朋友也要用,我们不能老借",最后决定去和园长老师商量。

虽然幼儿园里也有铅笔,但是这是让孩子们自己走着去买东西的好机会。园长老师也很快就同意了。孩子们高兴极了。

我说:"我们要跟园长老师要多少钱去买啊?铅笔是多少钱一支啊?"

奈央:"是80日元吧?"

幸树:"我觉得是100日元。"

一平:"那……我们拿200日元去说不定能买。"

小陆:"要是更贵怎么办?我们还得走回幼儿园来,然后再去买一趟。"

一平:"对啊,我们问问商店里的人吧!马上就能知道了。"

幸树:"可我们不知道电话号码啊。"

桃香:"好像有一本像书的东西,写了好多电话号码,妈妈看来着。"

我说:"是这种电话簿吗?"

桃香:"对,对,是这个。"

我念电话簿,大家一起找商店,从孩子中选出三名代表。

"要声音比较大的人才行,说不清楚的话商店的人会搞错的,能说清楚的人才能去买!"大家一起商量,选出了代表。

一支50日元。对孩子们来说是非常容易理解的价格。

接下来,三个小朋友每个人拿着两个50日元的硬币,去买铅笔了(孩子们懂得两个50日元等于100日元)。

在口袋里放好硬币,用手按着口袋走的孩子,时不时地把手伸进口袋确认硬币是不是两个,等确认后,孩子们是一脸安心的表情。孩子们走路的姿势都略显笨拙,一脸专注的表情。"要是把钱弄丢了,就买不了了。""得好好拿着。"

看到孩子们这副样子,我都忍不住想笑了。

花了40分钟,到达商店,认真地挑选,每个人拿了两支各自喜欢的铅笔。在收银台,从口袋里紧张地拿出两个50日元的硬币。

在回幼儿园的路上,路过公园在那里吃间点的时候,孩子们也是一副"弄丢了可不行!"的样子,用手紧紧地攥着两支铅笔。

走了40分钟,自己挑选后买来了铅笔。每天在教室里都能听到削铅笔的声音(日本的幼儿园里一般都备有电动削铅笔器,这里是说使用时的声响),随处乱放铅笔的现象没有了,到处滚动着的铅笔不见了。如此一来,老师的工作也变轻松了。

(源证香)

解说： 从真正的需要中培养爱惜东西的感情

爱惜东西，这在物质生活富裕的日本尤为重要。没有了就去买，钱也不是问题。像铅笔这样的小东西，简直是要多少有多少。

但是，这样的富裕没有问题吗？无论是多么便宜的东西，买时用的钱都是大人辛苦挣来的。不理解这种辛苦的孩子是不可以随心所欲使用东西的。无论东西是贵是贱都要爱惜。使用东西的时候要小心不要丢失，用到最后。可实际上，很容易就把东西弄丢，或者随便到处乱放。为了解决这样的问题，才有了这样的教育实录。

首先，要真正感到需要那个东西，就必须从发现对那个东西的需要开始教育。只有产生需要才能够产生爱惜东西的感情。要如此一步一步地引导孩子爱惜东西的感情，然后再慢慢养成孩子爱惜东西的习惯。

用图画纸画画，把作品张贴起来。老师故意说错是谁画的。孩子们都在期待着自己的作品能被张贴出来，所以吵闹起来。为了知道是谁画了哪张画，想到要写上名字。用水彩笔写日期和名字。因为孩子们还不太会写，就一边问老师一边写，可是水彩笔只能写很大的字，总也写不好（写不下）。有孩子说，要是用铅笔就能写好（写下）。

在这个时候，孩子们决定去买铅笔。要拿多少钱去呢？查电话号码簿，选出孩子的代表打电话，向商店里的人问价钱。一支 50 日元，决定买六支。三个小朋友各拿着两个 50 日元的硬币，和老师一起去买。商店在大约步行 40 分钟的地方。在商店里认真挑选自己喜欢的铅笔，交钱，购买。在完成这个过程后，不用说，孩子们一定会爱惜着使用。

每次东西用完了，都像这样去买，会给大人带来很多麻烦。不过，偶尔一次这样买东西的体验还是很必要的。更何况，是孩子们自己意识到无论如何都需要铅笔，钱也仅仅只是刚好需要的金额，买东西路上的紧张感会让孩子们爱惜买来的东西。孩子们从什么东西都是被准备好的状态，转变到意识到什么是自己需要的东西，有了购买东西的经验，实际感受到自己的生活是由自己缔造的。

第七章　学前儿童健康行为的改变

> 作为教师,首先要做到的一点是,让外界决不会看到其强势存在的一面;其次是让那里的幼儿决不会感到教师的强势存在。我觉得这一点是实现幼儿园真正的特质非常重要的问题。
>
> ——仓桥物三

在前面反思常规教育在实施过程中容易出现的问题时,我们已经说明,教师不应该对幼儿进行强硬的规定,那样是贻害无穷的。曾听到一些一线教师发出这样的感叹:"这确实是不对的,可是没有办法呀!只好这样了。"可见,问题在于他们不知道还有其他方法可用!他们经过几次挫折之后,在心里已经认定不可能再有办法了。但,确实还有许多方法。

另外,很多幼儿园老师在鼓励幼儿的时候,往往只会一句"你真棒";或者是在了解了夸奖幼儿的几个原则之后,如夸努力不夸智力、夸具体不夸全部、夸事实不夸人格等,还是觉得不能起到很好效果。怎么办?只有语言上的夸赞是不够的。

这两个问题,行为改变技术都可以提供一部分有力的解答。这里简要介绍行为的增强和减弱的办法。

 互动设计

幼儿刚入园的时候,往往哭闹不休。有的老师稍微哄一哄就觉得累了,他们往往会采用以下方法:

1. "冷处理":不理睬孩子,等孩子发现没人在意他哭不哭,自然就停了。
2. "你再哭,妈妈知道你不乖,就不来接你了!"

你觉得它们是什么方法?你是否赞同使用这些方法?

分析:

第一种属于忽视,但这个哭闹是什么性质的?是情绪极为对立、故意的"撒泼"吗?请进一步阅读"忽视"部分的使用条件。

> 第二种属于惩罚,给予厌恶刺激。其效果似乎立竿见影,但是压抑孩子的情绪情感表达——潜台词是"你和妈妈分开了,再难过也不许哭"。请进一步阅读"惩罚的副作用"。
>
> 两种方法的共同点是都表现出对幼儿的不接纳,对幼儿的排斥。这样做的教师已经把自己和幼儿对立起来了,给幼儿的感觉就是:老师是分开爸爸妈妈和我的"敌人"、"坏人",而不是代替爸爸妈妈照顾我、关心我的人。

第一节 行为的增强与养成

强化是指能使个体反应的频率增加的一切措施和安排,简言之,即使个体为获得强化物(奖励、赞赏等)而增加其行为强度的过程。我们可以用强化的有关方法来促进幼儿的适当行为。

一、强化概述

强化主要分为正强化和负强化两种。

正强化:如果幼儿做出某种行为,我们就给予奖赏。比如幼儿安静学习,老师表扬他们遵守纪律。

负强化:如果幼儿做出某种行为,我们就取消一项他们讨厌的事项。如幼儿安静下来,老师不批评了。

负强化往往和惩罚相联系,容易让人混淆,因为两者都包含厌恶性的事件。但两者是不同的,所谓惩罚,即如果幼儿做出某种坏行为,我们给予厌恶刺激。所以,惩罚是导致行为消失。

需要注意的是,负强化和惩罚有副作用。霍尔(Hall)曾指出,使用负强化和惩罚有产生副作用的危险:"幼儿会逃避或避开一切与厌恶刺激相关的人事物。"如果父母或教师向幼儿施加厌恶刺激,那么他们也会成为幼儿厌恶的对象。由此,幼儿的厌学、离家出走等行为,就成为一种负强化——这些厌恶对象可以不再出现在眼前。所以,负强化和惩罚,对年幼的儿童应该避免使用、尽量少用。

比如,我们在第一章提到过的真实案例:豆豆便是因为教师持续的不赞赏、不赞同甚至厌烦的眼神,以及严厉的呵斥——持续惩罚,不愿意上幼儿园了。最后,豆豆在父母的帮助下,转园了——远离厌恶刺激。豆豆获得了正当的负强化。

二、强化的使用

(一) 强化的模式

罗德(Rhode),詹森(Jenson)和雷维斯(Reavis)提供了强化的 IFEED-AV 模式,即下列几项强化的模式:

- 立即性(Immediately):I 代表立即强化幼儿,效果最好。
- 经常性(Frequently):F 代表经常强化幼儿,在学习新行为或能力时,经常强化是很重要的。
- 热诚(Enthusiasm):E 代表传递强化物时的热诚。传递具体的奖励物是很容易的,要搭配热诚的评论则是费力的。对大多数老师来说,开始人工化痕迹会很重,不过经过练习,热诚会有不同的效果。
- 眼神注视(Eye contact):给幼儿强化物时,即使幼儿没有注视老师,老师注视幼儿也很重要。就像热诚一样,注视意味着幼儿是特别的,获得老师无可分割的注意。多次之后,眼神注视本身可能就具有强化作用。
- 描述行为(Describe the behavior):孩子越年幼或问题行为越严重,描述被强化的适当行为就越重要。即使幼儿了解适当行为是什么,描述它也是很重要的。
- 预期(Anticipation):建立获得奖励的预期和兴奋感,可以激发孩子产生更好的动机。老师表现得越夸张,孩子获得强化物就越兴奋。比如,用神秘的方式呈现潜在的强化物。
- 变化性(Variety):就像大人一样,孩子(尤其是顽皮的)往往会对同一事情感到厌倦。某些强化物可能高度受欢迎,但重复使用之后,它的效果可能就会消失。不管怎样,变化性是生活调味品。因此,经常改变强化物使得强化更有效果,是有必要的。

(二) 强化效果的影响因素

1. 强化是否及时

一般来说,需要在行为产生后及时给予强化。特别是在实施行为改变的初期,只要一出现受欢迎的行为就立即给予强化,其效果最大。

2. 强化物的性质

包括数量多少、强度大小,以及强化物是否受喜爱等。强化物很少,比如中奖概率极低,人们往往没有参与的热情;强化物价值很小,人们觉得这点东西唾手可得,与付出的努力相比微不足道,不乐意参与;强化物不是人们喜爱的东西,人们觉得可有可无。这些都会影响人们参与的积极性,强化物不合理,强化措施就可能落空。

3. 强化时间

指强化是连续进行或间歇进行。一般,当我们想要培养一种行为时,应当使用连续强化,这可以增强目标行为的出现率。比如,每次小朋友答对问题了,或是好好睡觉了,就奖励一枚贴纸。

一旦建立了行为与奖赏间的联结,就应改为间歇性强化,以使行为更能够持续地出现。间歇性强化更类似真实生活的活动。比如,老师想奖励小朋友轻轻搬椅子,每次、每个小朋友都奖励是很困难的,因此,老师在最初连续表扬几次后,可以改为每周评选一位坚持轻轻搬椅子的小朋友,给予奖励。

(三) 强化的注意点

1. 强化作用是相对的

有些强化物、强化方法对某个人有效,对其他人未必有效,这和个体的性格、需要、喜好等有关,所以强化要灵活实施。

案例

不要小红花

天气变冷了,孩子们穿上了厚厚的衣服,自己拉裤子比较困难。他们常常不愿多作努力,就希望老师帮忙。老师实在不能一一代劳。于是我激励他们:"自己拉裤子的宝宝,老师奖励小红花。"

激励措施一出来,丫丫很快就自己拉好裤子了。"老师,我拉好了!"丫丫赶紧向我展示了她的"成就",并眼睛亮亮地看着我。我赶紧实践诺言,将小红花贴纸发给她。许多小朋友一看,纷纷自己动手。

这时,子涵慢慢地走到我旁边,怯生生地说:"老师,我不要贴花,你帮我拉裤子,好吗?"

我问他:"那你想要什么?如果你能自己拉裤子,老师就奖励给你。"

他说:"我什么都不要,我不会拉。"

我看看他臃肿的五层衣服,明白他无法自己完成这一艰巨的任务,所以我决定对他进行分层式的帮助:"你先把自己的衣服拉拉平,再把裤子往上提。"在老师的帮助下,子涵终于把裤子拉上去了。

我的思考:

要求幼儿自己束裤子,是要让他们学会保护自己的身体,并培养他们的动手能力。在小红花的激励下,孩子们都愿意尝试自己动手。但是这种激励不是对所有幼儿都有效的,老师要考虑不同幼儿的能力和具体情况,有的幼儿并非不愿意自己做,而是确实有客观原因才请求老师帮助,比如衣服多、精细动作不够灵活、缺乏练习等。教师一定要具体情况具体分析,灵活运用策略。

(城市花园幼儿园 沈爱玲)

2. 强化要明确目标行为,注意不要无意中强化了非目标行为

比如,现实生活中,有些人以讲别人的不好(不适当的行为),来达成目的(讲坏话的人得到强化);有些人靠投机取巧的手段(不适当的行为),更容易得到成功和晋升(不适当行为者,得到

强化)。又如,"会哭的孩子有奶吃",一些孩子故意吵闹(不适当的行为),老师为避免麻烦,尽快安抚,或是作出让步(不适当行为得到强化)。

3. 强化物有物品、活动等,还有社会性强化物,应该搭配使用

下表是社会性强化物的举例。

表7.1 社会性强化物的举例

类 型	实 际 例 子
口语表达	是的、非常好、好孩子、很好、太美了、很聪明、很有想象力、好棒、对、多有创造力……
非语言表达	微笑、点头、拍手、一瞥、手势、睁大眼睛、竖大拇指
接近	靠近孩子坐下、站着或走近、加入孩子的活动
身体接触	拥抱、触摸、拍背部或肩膀、挥动手臂

4. 可以用孩子的高意愿行为来增进低意愿行为

比如我们小时候,常听到老师和父母这样说:

"做好功课,你就可以出去玩(或看动画片)。"

"如果你吃蔬菜,下午就可以吃喜欢的点心。"

"如果你见到熟人会打招呼、叫人(或开口说话),就奖励你熊猫饼干。"

"如果你学会了这几个英语单词,老师就奖励贴纸。"

"如果学习活动的时候你认真听老师讲,老师会发小红花(或是你可以有10分钟自由活动)。"

三、增强行为之代币强化

在增强行为方面,代币强化是非常受欢迎的一种强化方法,在现实生活中应用极广泛,比如很多购物商场的积分制度、消费优惠券制度等。在学校、医院、教育机构和家庭中都可以使用。

在教育环境中,代币的功能和生活中的金钱一样,可用来交换有趣而多变的奖赏,这些奖赏可以是实物奖品,也可以是某种活动或权利。当口头的赞美和注意这些力度较弱的强化不起作用时,建议可以使用代币强化。

> **活动实例1:彩棒游戏**
>
> 王老师在教导小班的好动幼儿时,约定5分钟设定一次计时器(经常发生的问题行为,时间要短)。如果幼儿在计时的时间里一直遵守常规,可以赢得一根彩棒;如果幼儿没有遵守,那么老师赢得一根彩棒。然后再计时。活动结束后,计算彩棒的数目。如果幼儿得到的彩棒多,就可以赚取喜欢的活动或权利;如果老师的彩棒多,就可以决定班上的活动,而不让该幼儿参加。

活动实例 2:选择区域活动

幼儿每天可以因正确地完成学习任务、安静地离开座位、遵守班级常规、适当的午餐行为等赚取积点。老师可以在卡片上写下每位幼儿所赚取的积点。幼儿每周有两次机会,用积点来交换区域自由活动的时间,如:阅读角、娃娃家、音乐角、电脑游戏等。每个区域最多 3—4 人可选,以确保活动在控制之下并充满乐趣。

活动实例 3:罐子里的彩票

老师准备一个罐子(或盒子),发行"良好行为"彩票。幼儿可以用良好行为来获得彩票,比如专心听讲、颜色涂得很满、吃饭不挑食、大声发言等。每当幼儿赚取到彩票时,就在彩票上写下幼儿的名字,放到罐子里。

老师在一天里随机从罐子里抽出彩票,被抽到的幼儿可以获得奖赏,比如:排队的时候排第一个、帮老师做事、从奖品箱中抽取奖品(橡皮、铅笔之类)等。幼儿的好表现越多,放进罐子的彩票就越多,越有可能被抽中获奖。

特别重要的是,老师要每天抽彩票(有时一天几次),以保持幼儿参与的动机。

活动实例 4:全班性的代币强化系统

如果能够做到下列事项,幼儿就可以得到一朵小红花(或花朵印章等):(1)准时上学;(2)老师提出的要求,马上做到;(3)协助小伙伴;(4)能主动回答问题;(5)按时吃完午餐;(6)排队守规矩……

集满 50 朵红花,我可以在一周里指挥全班小朋友排队;

集满 40 朵红花,我可以自由活动 40 分钟;

集满 30 朵红花,我可以得到一个玩具;

集满 20 朵红花,我可以得到一份沙画;

集满 10 朵红花,我可以得到一颗糖。

每天放学前结算当日的红花数,每周结算一周的积点,并换取礼物。

> **活动实例 5：团体的代币强化——看碟片**
>
> 看动画碟片是深受孩子喜爱的活动。老师可以采取具有创意且有趣的方式来实施。比如：挂一张全班幼儿走向影碟机的距离标尺"海报"，距离为 20 格，只要孩子们在学习任务上专心，班级就可以向影碟机前进 2—3 步。一旦班级到达了影碟机，孩子们就获得了一次看碟片的机会。

四、教导新行为的技巧

有时候，适当行为可能尚未发生，或是发生的频率还很低。对此，采用其他的介入技巧将更合适。比如：行为塑造（逐步养成）、促进、淡化、连锁、模仿（示范）、四段式行为技巧训练法。

（一）行为塑造（逐步养成）

行为塑造是指区分性地强化微小的改变，或渐次地接近最终的目标行为，即从孩子目前的行为，渐进、系统地让孩子逐步养成和学习到新的行为。类似斯金纳用食物训练鸽子转圈。

它的适用范围很广，可以用在一般儿童、成人和障碍儿童身上，可用来教导许多新行为，包括学习各种技能（如骑脚踏车、驾驶汽车、游泳和弹钢琴等）、学业性的学习任务、适当的工作习惯以及建立同伴间的互动关系等。大家可以回顾一下前面第三章第三节中对幼儿挑食偏食问题的行为塑造。

表 7.2　行为塑造的步骤

步骤 1：选择一项目标行为
步骤 2：获得可靠的基本资料
步骤 3：选择强而有力的强化物
步骤 4：每次强化连续接近的目标行为
步骤 5：每次强化新建立的行为
步骤 6：通过改变强化的时间间隔来强化行为

（二）促进

促进是提醒我们表现已知行为或是协助我们表现出少见行为的一种刺激。比如日常生活中，汽车发出提示声音，提醒司机系安全带。

在幼儿园的教室中，也有许多促进措施，比如：

老师贴小脚丫之类的标记，提醒幼儿排队、扶栏杆等；

洗手台前的地上贴数字，提醒幼儿排队，按秩序洗手；

区域旁贴上小脚丫，提醒幼儿脱鞋、按照脚印的数量进去几个人；

洗手和上厕所的分解步骤图,提醒幼儿正确的盥洗方法;

教师将折纸的分解步骤按顺序贴出,帮助幼儿掌握折纸的步骤。

(三) 淡化

淡化就是逐渐撤除提示(促进)。

比如教师在投放拼板的时候,也是有一定讲究的。一开始投放拼板,特别是针对托班、小班的幼儿,教师不仅投放的拼板块数较少,而且要有拼成功后的1∶1完整图案,这是小年龄幼儿成功完成拼板的重要促进;其后,教师投放的拼板块数开始逐渐增多,并且完整图案可能是缩小版的,不再是1∶1等大的;最后,教师可以只投放拼板,不提供参考图案。

又如,在手工活动方面,教师对小班和刚上中班的幼儿,往往会在纸上画好笔直、圆弧等线条,让幼儿沿着线剪,之后慢慢地要求幼儿在没有线条的纸上剪出简单形状等。这也是逐渐撤出提示。

在动作练习方面的例子就更多了,比如,幼儿学习骑三轮车、自行车等,一开始由成人扶助,慢慢地成人就不给予扶助了。

(四) 连锁

经过模仿、行为塑造、促进和淡化等方式,幼儿学习到行为的各个步骤,然后依照合理的顺序组合这些步骤。连锁就是按次序联结特定的步骤。换句话说,就是在练习分解动作的基础上,学习将动作连贯起来。

比如,幼儿学习脱衣服、裤子和鞋子,穿衣服、裤子和鞋子,洗手和上厕所的分解步骤等,最后都需要将动作连贯起来。

(五) 模仿(示范)

模仿几乎是人类与生俱来的本能,幼儿经常会在教室内外模仿同伴的适当、不适当的行为。"很少有人认为它是一种有系统的行为改变程序。"(Martin & Pear, 1992)但它确实是一种有力且经常被用来教导新行为的技巧。比如,教师和父母都常常用模仿来教孩子语言和许多行为;孩子经常会模仿电视上看到的言行;教授舞蹈、游泳、武术、体操、球类运动等,都是老师示范各种技巧,让学生模仿。由此可见,大多数的模仿行为并不需要特别的计划。

提高模仿成效的办法有:

奖赏榜样(示范者)的行为表现;

奖赏注意榜样动作的观察者;

运用有能力示范行为的榜样,但需牢记榜样若表现得太有能力,观察者可能会认为这一行为学习起来太困难;

采用的榜样应该与观察者的性质相近,如性别、年龄与观察者相似;

运用一位以上的榜样,确定他们都能示范目标行为,并对行为具有正向的态度。

(六) 四段式行为技巧训练法

许多研究已经证明,四段式行为技巧训练法(BTS)在儿童及成人的各种技巧训练上都很有

效,比如:

教导儿童绑架防御技巧、性虐待防范技巧(Carrolol-Rowan et al.,1994);

教导儿童火灾现场的紧急逃生技巧(Jones & Kazdin,1980);

教导社会性技巧不足(Warzak & Page,1990);

教导父母管理不顺从儿童的技巧(Forehand et al.,1979)。

1. BTS的成功范例:指导小红对同伴说"不"

在幼儿园中,有些小朋友不懂怎样拒绝别人的不合理要求,维护自己的正当权益。比如,小红就不会拒绝其他小朋友。

首先,咨询员扮演小红的同伴,提出一项不合理要求:你拿的玩具真好玩,先让我玩,你等会儿再玩。这时,咨询员评估小红的回答(包括声音与肢体语言)。

接着,咨询员提供指导与模仿:告诉小红更自信及肯定的回答,然后演示。此时,请小红表演同伴,提出不合理要求,咨询员表演肯定角色回答:"不行,我先拿到的,我想先玩,你等一会儿。"小红先观察学习,再转换角色,进行表演练习。

然后是反馈,咨询员赞美她的正确行为,并给建议使其表现更好。反馈后小红再次练习,咨询员再次赞美并适当建议。

最后,咨询员和小红在不同情境中进行角色扮演。

2. BTS的内涵

从前面的例子,我们可以知道,BTS是4个主要的方法一起用。

模仿(示范):将正确行为示范给学习者看。

指导:为学习者描述、说明正确的行为。

演练:在接受指导和看完示范后,学习者练习正确的行为。

反馈:a. 赞赏正确的行为,b. 出现不正确行为后给予进一步的指导(不要指出错误行为,指导学习者哪方面可以做得更好)。

如:火场逃生,训练者创设几种不同的家中火情,教导每个情况中的逃生技能。

训练者教导正确的行为并示范给儿童看,当儿童表现正确的行为时,训练者提供强化;当儿童有些行为不正确时,训练者先赞美儿童表现正确的那部分技能,再给予矫正性反馈,告诉儿童哪里可以做得更好,然后再让儿童演练,直到正确为止。

第二节 降低或消除不适当行为

有时,我们会想要降低或消除孩子的不适当行为。

很多老师会使用负面的行为后果来处理孩子的不适当行为,而且,他们由于不知道还有更好的其他选择,而经常性地采用这些负面(消极)的技巧。例如,老师有时会让不遵守班级常规的孩子罚站墙角、独坐旁边,甚至关小黑屋……但是,很少有老师会反思这样做是否妥当。

阿尔伯特(Albert)和特劳曼(Troutman)指出:"对家长和老师来说,运用惩罚会变成一种反射动作,因为它能够立即地停止行为的发生。……使用惩罚对成人来说,是一种负强化(孩子的

"坏"行为没有了)。"

但是,惩罚的使用可能会增加行为问题,"许多孩子的行为问题是由老师和同伴行为所引发的",并且"许多孩子善于操控不适当的行为情境来获取同伴和老师的注意"(Kerr & Nelson, 1983)。

除惩罚外,还有许多方法可用来降低或消除不适当行为的发生,请参考下面的消除技巧,从较受欢迎的到较消极的,都应该优先于惩罚而采用。当问题行为非常严重、这些方法都无效时,我们才考虑采用惩罚来管理行为,但必须明确惩罚的使用有许多注意事项。

一、较受欢迎的消除技巧

(一) 区分性强化

强化是一种用来增强行为的技巧,所以我们常常认为它不可能用来消除行为。但不适当行为的确可以经由强化技巧来降低或消除。"区分性强化"是最受欢迎的消除技巧,强化针对的是个体所表现的积极行为,而非不适当的目标行为。

当幼儿不适当行为次数减少或未发生不当行为的时间增加时,我们就给予强化。喜欢说粗话的小朋友,我们可以告诉他,如果能在30分钟内仅说3次或更少的粗话,他就可以获得奖励。

对于可以容忍或受欢迎,但发生太多或发生太快的行为,可以区分强化,加以控制。比如,孩子热衷的班级讨论、积极发言是受欢迎的行为,但是如果一个孩子的发言频率高到了支配讨论或剥夺其他孩子的发言权利的时候,教师就需要进行干预。教师可以通过观察定一个数字,如30分钟内发言不能超过8次。如果这个孩子做到了,就可以得到一定的奖励。

除了不受欢迎的目标行为(大叫、在教室内乱走动)外,对孩子的正向行为给予强化。好动的幼儿在教室或家中的行为就可以用这一强化技巧来改变。他们往往总是在打扰别人、滔滔不绝地陈述、离开座位、连珠炮似的说话、走来走去、不听从老师指示或者总是做不适当的活动。对此,教师和成人可以通过提供代币、赞美、其他物品奖赏,来强化在位置上做自己的事、做较为节制和安静的活动等正向行为。

(二) 忽视

忽视避免了惩罚,并且降低行为的效果持久,因而常被用来消除不适当行为。比如,孩子故意哭闹,老师、父母的接近可能会强化哭泣;如果不给予注意,最后孩子的哭泣行为就应该会降低。

但这里要强调的是,这个"不适当"不能仅以是否有利于教师的掌控、管理来衡量,比如前文所说的不许新入园幼儿以哭表达情绪情感,就是不恰当的使用。

下面是使用忽视时要注意的几点:

第一,教师必须确定和消除正在维持不适当行为的强化。有时候,某一不适当行为受到多种强化物的维持,比如,对于幼儿的恶作剧行为,教师的大叫和同伴的大笑都可能单独或同时起到强化的作用,使幼儿的恶作剧行为不减反增。当教师运用忽视的时候,这种不当行为可能正受到其他幼儿的模仿,由此得到强化等。

因此,教师必须要确定正确的强化物(确定强化物会是一个耗时和尝试错误的过程),并且,教师应该防止他人强化不当行为,教师可强化班上幼儿的正当反应(不起哄、不模仿),以制止不当强化。

第二,忽视的效果不是立竿见影的。斯金纳曾指出,忽视降低行为的速度是非常慢的,往往需要持续一段不确定的时间。

第三,经忽视降低的行为,可能再度发生。

二、较消极的消除技巧

前面讲的区分性强化最受欢迎,忽视其次,但它们并不能解决所有问题。当区分性强化和忽视技巧不起作用时,可以改用隔离、行为契约、系统强化、过度矫正、代币制等办法。

下面介绍的两种消除技巧较为负面、具有惩罚性质,但它们比惩罚等给予厌恶刺激的手段要来得温和,较少伤害性。

(一) 反应代价

反应代价是指拿掉权利、活动之类作为不当行为的后果。它运用的是人们想保有强化物、不喜欢亏损的心理。所以,当个体表现不当行为时,我们就扣除他所拥有的某些强化物,这在日常生活中应用非常广泛,比如交通违规罚款等。

反应代价在使用上与代币制结合,效果更佳,即:当孩子表现出适当行为时,老师依约给予代币;当孩子表现出不当行为时,就扣除代币。

在具体实施时,教师可以建立一个代币系统。教师在每天一开始给孩子一定数量的代币,只要出现一种不当行为就会扣掉代币。每天放学时计算损失的代币。按照孩子持有的代币数换取权利。

比如,有位老师每天在教学活动前给注意力不集中的幼儿20个代币,代表20分钟的课后自由时间。活动期间,每次幼儿无法集中注意力、发生扰乱行为时,就扣掉1个代币,幼儿就失去1分钟的自由活动时间。一次教学活动结束后剩余的代币数,就是他的自由活动时间。

另外,代币可以直观化。比如,刘老师采用"活动卡片"的反应代价系统。每个孩子有20张串成链条形的活动卡,代表有20分钟的权利——自由活动或休息。一旦有不当行为,老师就可以取走一张卡片。这样,孩子能从视觉上直观地了解到他还有多少自由时间。

(二) 运用隔离

所谓隔离,就是当孩子出现不当行为时,我们停止他当前正在进行的喜爱的活动,以此来降低或消除这种不当行为。一般,隔离用于攻击性或扰乱性的行为,会取得好效果。

1. 隔离的分类

一种是隔离强化物,比如,使幼儿无法参加有趣的活动、失去同伴的注意、失去老师的注意等。曾有调查表明,70%的老师会采用某种形式的隔离。如:当孩子随意走动时,老师拿掉他正在画的画纸或正在做的手工材料等;当孩子不专心时,把孩子从他喜爱的位置挪至老师身边、墙角、隔离座位等。

一种是隔离取得代币的机会。比如,只要孩子专心学习或行为良好,他就可以取得代币;一旦孩子离开学习任务或有不当行为,在接下来的 10 分钟内,都不能赚取代币。

2. 实施隔离的注意事项

① 隔离是种幼儿厌恶的刺激,实施时应从最小的厌恶性开始,以下是从最小到最大厌恶性的区分。

首先应采用非隐蔽性的隔离:孩子不离开环境,只是拒绝他接近强化物。如前述的拿掉孩子正在使用的材料、剥夺其 10 分钟内获得代币的机会、关掉电视等。

其次是排除性的隔离:将孩子从环境或活动中排除,安置在其他区域,让他无法观察到同伴的活动。如:让孩子坐到面对角落的椅子上。

最有限制性和厌恶性的"隐蔽性隔离"或"隔离室":类似"关小黑屋",隔绝小伙伴、老师、教室、活动等。

② 隔离区应该几乎没有积极的事物,避开无关的视觉刺激。这是实施隔离是否有效的关键因素。比如,隔离在走廊上,儿童可能受到强化,因为儿童在走廊上有机会看到别人,也有了离开教室的机会。

③ 根据儿童的特点决定是否实施隔离。对于有攻击性倾向和喜欢群体活动的儿童,隔离是非常有效的,因为他们想参与集体,因此隔离不是奖赏。而对于退缩、被动、孤僻、经常走神的儿童,隔离会是种奖赏,他们会在隔离区进入自己的世界,乐在其中。

④ 在隔离前,要说明理由,可以对孩子说:"你已经打扰了很多次,我们要开始对你的好动(或攻击)进行隔离。就是说,只要你打人或假装打人,你就必须坐教室后面的隔离椅。"

⑤ 执行的时候应该立即、安静并长期一致。鼓励其他孩子忽视正在隔离的幼儿,与隔离者互动的,就要得到负面的行为后果。

⑥ 注意控制隔离的时间,时间太长或太短,隔离都可能失去效果。通常 2—3 分钟是个合适的开始,对拒绝前往的孩子可延长至 10 分钟;另一种实施方式是从 10 分钟开始,如果孩子立即前往就减少时间。

 案例

小花是个幼儿园大班的小朋友,她妈妈比较喜欢使用"关小黑屋"的方式(隔离)来惩罚她的任性、爱哭等不当行为,并且一隔离就是 15 分钟。一开始,小花非常惧怕被隔离,每每向妈妈妥协。但是过了几个月,妈妈发现关小黑屋的法子不管用了,时间延长至 30 分钟,小花也无所谓——她对小黑屋非常熟悉了,每次开了灯,一个人在里面也玩得很开心。

你认为,小花妈妈实施的隔离,问题在哪里?

⑦ 隔离要与反应代价绑定。如果孩子隔离1分钟,就让他晚1分钟休息或多做一个任务。

⑧ 隔离结束时,切记不要与孩子讨论,应简单给予努力方向并强化适当行为。隔离后交谈太多,可能会增强问题行为,因为交谈是教师关注的体现。

三、厌恶刺激

在减少、消除不当行为时,我们首先考虑调整物质环境与教学的有关因素,而后考虑运用区分性强化、忽视,以及较消极的消除技巧(反应代价和隔离)等。只有当这些较受欢迎的策略不起作用时,我们才要考虑运用厌恶性的刺激来处理问题行为。因为厌恶刺激伴随着副作用,所以要谨慎使用。

(一) 斥责(口头惩罚)

要促进幼儿的行为改变,不仅口头的夸奖有一定的讲究,口头的批评斥责也是有一定的技巧要求的,凡浩腾(VanHouten)曾提出,有效使用斥责需要注意以下原则:

表7.3 有效斥责的原则

原则1	一次斥责一项行为,给出理由,并指导幼儿应该怎么做。 良好的斥责:小丽,不要碰这个花瓶!它很贵,如果你让它掉地上,它就会碎。你可以去玩橡皮泥。 不好的斥责:小红,你认为你应该拉小美的辫子吗? 　　　　　　小琪,你怎么搞的?
原则2	使用坚定的语气。
原则3	可能的话使用非语言的表达,比如,用面部表情和手势表示不赞同。
原则4	靠近孩子传达斥责,因为面对面的表述效果更佳。
原则5	不可忽视任何不当行为,否则斥责将无效。
原则6	如果发生幼儿跑到楼台等危险地点或打人之类的危险行为,老师要以身体阻止并斥责。
原则7	结合赞美、赞同的肢体语言来教导新行为。若能结合正强化,斥责将更迅速起效。
原则8	单纯使用斥责无效,就该搭配其他的策略或技巧,来降低或消除行为。
原则9	传递斥责时,要维持控制。

(二) 过度矫正

过度矫正是指发生不当行为之后,要求幼儿做出一定数量的适当行为。它对于治疗障碍者的严重行为问题、纠正班级里幼儿的不当行为、家庭中孩子的自理能力训练等,都是很有效的。只有当问题行为是经常发生的、严重的和令人感到困扰的,我们才考虑使用这种技巧;如果行为尚未达到这一标准,简单的矫正就可以了。

1. 恢复性过度矫正

比如:孩子把室内的桌椅推倒了,他不仅必须扶起桌椅,而且要整理所有房间。

孩子在室内乱丢纸屑,他不但要捡起纸屑扔进垃圾桶,还要捡起教室内所有的纸屑。

2. 练习性过度矫正

在儿童做出不当行为之后,要求他重复练习适当行为。比如,对于在家中喜欢乱扔东西、从不懂得收拾整理的孩子,可以和他约定这样的过度矫正:只要他没有及时收拾、整理玩具和书籍,没有收拾自己的卧室等,就要连续练习5遍整理动作。在茶几上摊书本了,他就要把摊书本、收拾书本的动作重复5遍,他在自己的书桌、卧室里乱放东西也是如此处理。

3. 劳动式的惩罚

卢斯(Luce)等人(1980)曾以此消除一位有情绪障碍的小孩的攻击行为。当他攻击别人时,就罚他在30秒内做"站立、坐下"的动作10次,从而大大降低这位孩子攻击他人的行为。

(三) 体罚

《中华人民共和国义务教育法》是国家实行九年义务教育制度的根本大法。1986年4月12日由第六届全国人民代表大会第四次会议通过,1986年7月1日起施行。新《中华人民共和国义务教育法》由第十届全国人民代表大会常务委员会第二十二次会议于2006年6月29日修订通过,自2006年9月1日起施行。其中第二十九条明确规定:"教师在教育教学中应当平等对待学生,关注学生的个体差异,因材施教,促进学生的充分发展。""教师应当尊重学生的人格,不得歧视学生,不得对学生实施体罚、变相体罚或者其他侮辱人格尊严的行为,不得侵犯学生合法权益。"

什么是体罚呢?体罚是用罚站、罚跪、打手心等方式来伤害儿童身体或心灵的行为。体罚是处罚儿童的错误教育方式,应该严格禁止。

变相体罚是指用上述体罚方式以外的其他形式来体罚儿童,同样是侮辱儿童人格,伤害儿童心灵的行为。有人将幼儿园的变相体罚归纳为以下几种主要的形式:

罚幼儿打扫卫生并持续几天;

将幼儿逐出教室而不及时处理;

辱骂、讽刺、挖苦;

甩东西;

随意停止幼儿参加一切活动;

不许幼儿上厕所。

第三节 惩罚效果的影响因素及其副作用

一、惩罚效果的影响因素

惩罚的时机:趁早进行,最好在行为发展之初,最有震慑效果;当幼儿发生不当行为之后,应该立即惩罚。

惩罚的机制：需要连续进行，任何一次不当行为都不能姑息。比如，法律是种惩罚，如果对某些问题、对某些人网开一面，后果就是没有公信力，失去公民的信任。对在班级中幼儿的行为问题的惩罚，也是如此。

惩罚的方式：应该多样化。

二、惩罚的副作用

前面我们说过，惩罚具有很多的副作用，建议大家尽量采用积极的、正面的强化手段。这里，我们就具体说说惩罚的副作用，以便给大家一个警示。

（一）情绪反应

惩罚会引发幼儿的情绪反应，幼儿可能哭闹加剧、大声喊叫、生气等。

有些教师可能认为，可以进一步采用惩罚手段来使幼儿"人在屋檐下，不得不低头"，使其不敢再哭叫。但是，有些惩罚行为会危害幼儿的身心健康成长，甚至会对幼儿的心理造成阴影。因此，教师在实施惩罚行为前须谨慎。

（二）逃避和避免

惩罚会使幼儿讨厌老师，讨厌幼儿园，幼儿会想避开讨厌的老师和幼儿园，由此而引发逃学、转学等问题。

（三）攻击行为

攻击可以有效终止厌恶刺激，当然，这有可能是暂时的，但仍然是"有效"的。因此，惩罚会增加攻击行为，特别是对个性倔强的幼儿尤为如此。笔者曾经在某幼儿园，看到一幼儿，在遭到教师口头斥责的时候，搬起椅子意图砸到教师身上。

（四）惩罚的示范作用

关于社会学习理论在现实生活中的有效性，很多教师已经非常认可。在惩罚手段的学习上，教师也不用怀疑幼儿的模仿学习能力。幼儿会使用与教师类似的行为控制技巧来控制其他幼儿。所以，教师如果习惯于使用惩罚手段，所在的班级氛围会很差，幼儿之间的同伴关系也很受影响。

（五）惩罚的依赖性

惩罚是快速见效的，但惩罚不是一劳永逸的；另一方面，因为其像"西药"一般的快速见效，教师可能会罔顾各种副作用，依赖惩罚，持续使用惩罚。

思考与练习

1. 请到幼儿园实地观察并记录,幼儿教师使用了哪些行为改变技术,并思考其使用是否正确。

2. 为了帮助幼儿建立信心,想一想在幼儿园的一日活动中,有哪些可以赞美幼儿的话?请列出十句具体的赞美。

第八章　学前儿童技术使用的健康教育

> 幼儿园本该是这样的,教师千方百计地非常努力地工作,但幼儿全然感觉不到自己在被诱导着、被指导着,其生活完全是他们自己的生活,如流水一般一天天地度过。我们必须让幼儿能够像这样生活。
>
> ——仓桥物三

20世纪末信息技术的出现使得我们生活的世界与以往都截然不同了。信息技术使得我们的生活、工作和学习都发生了翻天覆地的变化。我们的教育系统也在大力推进信息化,教师、家长都认为技术是具有教育意义的,甚至呈现出逐渐依赖技术的趋势——有些教师甚至没有电脑就不知道如何上课!

21世纪出生的幼儿,生活在电脑、互联网、手机等各种新技术媒体无处不在的环境中。他们对接触和使用技术充满热情。但问题是他们中的一些人对技术过于依赖了。我们身边有越来越多的家长发出这样的抱怨:"我家小孩一天到晚就想抱着 iPad 玩,不给看就哭闹,怎么办?"技术到底对幼儿的生理和心理产生怎样的影响呢? 我们应该怎样对待技术和幼儿的成长呢? 这是一个直接关系到幼儿身心健康的大问题。这就是本部分想要探讨的内容。[①]

第一节　技术使用对幼儿生理的损伤

"生命在于运动"是法国思想家伏尔泰提出的格言,自此,个性化的科学运动有益健康成为人们的共识。毫无疑问,幼儿的健康发展同样需要适量的运动。那么,如果幼儿习惯于久坐不动,会有怎样的健康问题呢? 有研究者认为,久坐不动的生活方式与儿童肥胖、发育迟缓等健康问题有着重要的关联。比如:

加拿大健康研究协会(Canadian Institute of Health Research)在2004年指出,儿童们久坐不动的生活方式是造成目前儿童肥胖率高的主要因素,而肥胖会引发多种疾病。

美国心脏协会(American Heart Association)在2010年的报告中指出,现在儿童心血管疾病

---

① 本章参[加]克里斯·罗文著,李银玲译:《"被"虚拟化的儿童》,华东师范大学出版社2013年版。

发病率越来越高,而久坐的生活方式和不良的饮食习惯可能也是造成这些问题的诱发因素。

而信息技术的使用往往都是需要久坐不动的,而且技术使用对幼儿的损伤远不止于此。幼儿使用信息技术时,缺少体育活动,缺少社会交往。这种自身运动的缺乏最终会对他们的生理发育和整体健康造成可怕后果。儿科研究人员保罗·克肖(Paul Kershaw)在2009年参与哥伦比亚大学的"健康早期干预合作伙伴项目"(Healthy Early Intervention Partnership)时所作的一项研究发现,由于过度使用技术,造成久坐不动的生活方式还是次要的,更严重的是现在三分之一的即将进入到学校的加拿大儿童,他们的发展出现了问题,他们的精细肌肉运动和粗大肌肉运动能力发育有所延迟,沟通能力、社会交往能力和认知能力发展都出现了不同程度的延迟。

一直以来,关于技术对幼儿发育的伤害,在公众中传播得非常缓慢。接下来,我们来看看技术使用对儿童生理发育产生的直接影响。具体内容将涉及到儿童发育迟缓、肥胖、视觉和听觉系统损伤、睡眠不足、慢性应激、不可逆的脑损伤以及细胞死亡。

一、发育迟缓

发育迟缓是指在生长发育过程中出现速度放慢或是顺序异常等现象,通常有体格发育落后、运动发育落后、语言发育落后、智力发育落后和心理发展落后等,发育迟缓往往是同时有多方面的迟缓。发育迟缓的原因多种多样,研究人员对于其主要致病因素不能给出确切的答案,已有的研究文献往往认为幼儿发育迟缓与久坐不动的生活方式有着显著的因果关系。很多幼儿家长无暇照顾孩子或自己沉迷于网络,而把孩子放在电视机、iPad等电子设备面前,也是久坐不动的形成原因之一。

针对这一原因,人们提倡增加儿童参与体育活动的机会,以此来解决幼儿发育迟缓,但是在减少技术使用方面却没有采取措施。应该让幼儿家长和学前教育工作者们知道,解决发育迟缓问题的预防和干预措施应该包括管理和减少儿童使用技术设备的时间。随着幼童中发育迟缓问题的不断上升,很多国家开始采取相关措施。近来,法国已经颁布了法令,对于年龄不满3岁的儿童禁止播放广播电视节目。

二、肥胖

世界卫生组织报告说,在全球范围内,21世纪的儿童将有越来越多的人死于肥胖,而不是死于饥饿。中国疾病预防控制中心的数据显示,我国18岁以下的肥胖人群已达1.2亿。国际肥胖研究协会主办的《肥胖综述》月刊2012年公布的报告显示,中国有12%的儿童超重。电视和电子游戏设备的使用被证明是引发儿童肥胖的一个主要因素,其致病概率为60%。

对于肥胖问题的研究,目前仅仅将久坐的生活方式和吃"垃圾"食品看作是造成肥胖的主要因素。但我们要提醒教师和家长们,技术使用是造成儿童久坐不动进而肥胖的主要原因,减少技术使用将会促进儿童肥胖的减少。在有些幼儿园中,教师很喜欢使用电视机、电脑等技术手段,因为"这可以让幼儿变得'平静'","让教学活动变得容易"。园方一面为幼儿的肥胖比率烦恼,一面却对教师的过度使用技术视若无睹,这是非常矛盾和不科学的。

三、视觉和听觉系统损伤

幼儿身处自然生活环境中时,其视觉和听觉都会得到自然和良好的发展。在玩耍的过程中,幼儿通过眼部、头部和身体各部的快速运动,进行角度开阔的视觉扫描,视觉集中不断发展,双眼肌肉不断协调,在深度知觉、视觉背景图形和视觉记忆等方面都发展出较好的感知能力。这些感知能力对于幼儿今后学习书写和阅读是非常有用的。在自然环境中,幼儿学习记忆、辨别和倾听特定的声音。当幼儿能够辨别出各种不同声音时,他们也可以过滤掉"周围的噪音",比如,在嘈杂的教室中,幼儿可以过滤掉其他声音听到教师所说的话。而幼儿无法在技术使用中获得这样的感知觉成长。

幼儿正在发育中的神经系统能够承受一定程度的混乱和强烈的视听觉刺激,因此,在一定范围内使用技术不至于造成不可逆转的损害。但技术的过度使用,使幼儿长期置身于吵闹的听觉刺激、炫目的视觉图像刺激中,他们的视觉和听觉感官系统的发育方式将可能被永远改变。究竟如何,这是当下需要进一步研究的问题。

值得一提的是,有人认为,婴幼儿"喜欢"盯着电视、电脑屏幕看,其实只是一种对不断变化的刺激的"定向反应"。

四、睡眠不足

研究发现,睡眠不足对于幼儿思维和推理能力的发展,以及他们的情绪状态有着深远的影响。帕弗宁(Paavonen)在2006年的一项研究中发现,使用技术与睡眠时间的减少有一定的因果联系,因为技术使用破坏了儿童的睡眠和苏醒周期。大家都知道,如果家庭中的电视整天打开着,这对婴幼儿形成睡眠和午睡周期是不利的。刚唯斯(Gangwisch)对青少年的研究表明,如果在午夜甚至午夜以后入睡,那么这些青少年中有24%的人可能患有抑郁症,患有自杀意念的可能性会比在晚上10点或更早的时间里就寝的青少年多20%。由此可知,就技术使用将会对儿童心理健康和学业成绩产生怎样的影响,教师和家长都应该有一个全面的了解,应当对儿童使用技术设备设定限制和规则。

五、慢性应激

神经科学家凯瑞·斯冒尔(Gary Small)在《大脑革命》(*iBrain*: *The Technological Alteration of the Human Mind*)一书中写到,儿童长期置身于暴力的媒体内容刺激中将会引发肾上腺素和皮质醇不断增加。这种情况需要进一步研究证实,一般说来,肾上腺素和皮质醇的释放是交感神经系统应对压力的正常反应,如果这些物质长期处于较高水平,将会对人体的心血管系统和免疫系统产生消极的负面影响,同时也会让身体处于一种"慢性疲劳"的状态。

六、不可逆的脑损伤

从社会角度看,电脑的使用对工作是有一定好处的,一些高中、大学的学生也确实受益于电脑的使用,但是,对幼儿来说,技术可能会对他们的大脑造成持续不可逆的脑损伤。

前面提到的《大脑革命》一书中还介绍了一项研究,研究结果发现长期过度使用技术的儿童在玩电子游戏的时候,他们的长神经元轨道并没有被激活连接到额叶皮层上,而是默认使用较短的神经元,从而形成一个更快的神经回路。斯冒尔在书中还报告说,儿童的神经系统尚处于发育过程中,大脑对"不使用"的响应等同于"删除"或阻止神经冲动传导到大脑额叶,对儿童减少技术使用一年以后,这些儿童并没有重新形成神经到额叶的连接。

而额叶负有开展执行、形成目标和冲动控制的功能。如果儿童习惯于不再使用额叶,那么他们很可能不会使用他们的高级思维,他们将远离道德、伦理和创造性等,而维持计算、常规、平淡重复任务等基本的认知功能。

电脑对儿童某一方面的学习可能确有促进作用,但长期久坐、逐渐减少的大脑额叶连接,恐怕已经抵消了电脑的任何好处。

七、细胞死亡

现在,随着电脑和智能手机的普及,无线互联网逐渐覆盖我们的生活空间。国内外都有研究者认为,使用 Wi-Fi(属于极低频电磁场,简称 ELF - EMF)存在着不被我们所知的、长期的风险,会引发很多问题。2010 年,土耳其库库罗瓦大学医学院生物物理学系(Department of Biophysics, Faculty of Medicine in Cukurova University)所发布的一项研究指出,将老鼠长期暴露在极低频电磁场中,会导致老鼠的氧化细胞损伤和细胞死亡。该研究报告说,在人类中,氧化细胞的损伤将会引发氧化应激,氧化应激将会引发许多疾病,包括动脉粥样硬化、帕金森氏症、心脏衰竭、心肌梗死、老年痴呆症、精神分裂症等。另有研究认为其他形式的微波辐射,尤其是手机天线塔,与癌症、心脏问题、睡眠问题、皮肤状况和短期记忆力减退等问题有着一定的联系。儿童可能是更加脆弱的人群,可能吸收更多的辐射,因为他们的免疫系统极其脆弱,他们的身体还在发育中。

许多幼儿园都将电视机、教师的工作电脑放置在教室中,认为这是教师不脱离班级、便于多媒体教学的好举措。那么电脑和网络对幼儿的辐射等安全问题就需要采取足够的保障措施。

第二节 技术对儿童心理的影响

布里斯托尔大学(Bristol University)2010 年的一项研究发现,儿童使用技术的时间如果超过专家所建议的每天 1—2 小时,那么儿童心理障碍发病率就会增加 60%。这意味着儿童过度使用技术会引发一些行为问题。

下面,我们来讨论技术对儿童心理健康所产生的直接影响。

一、依恋缺失

现在的教师和年轻父母每天在各种技术产品上花费大量时间,如收发邮件、发微信和微博、逛购物网站、在一些论坛和社交网站发帖等,原本可以用在与幼儿交流对话、玩耍及其他非照顾性活动上的时间被这些雷打不动的日常事务给压缩得所剩无几。习惯了这种"与技术同在"的生活方式,家长和幼儿之间、教师和幼儿之间会逐渐疏远,相处起来没有耐心,因为他们会发现和幼儿玩是"很无聊的",并且不知道如何与幼儿一起"玩"。幼儿沉迷于技术的使用,同样错过了许多可以和成人交流互动的机会。亲子间、师幼间难以建立健康的依恋关系,依恋是儿童和外界建立联系的一种方式。

安全健康的依恋关系对儿童一生的发展都有着重要影响,而依恋关系建立的失败会对儿童的心理健康造成不利的影响。关于这一点,许多心理学书籍都有深入阐述。

二、社会隔离和成瘾

自信息技术出现,网络成瘾便成为许多家长和教育者烦恼的问题。世界各国都对网络成瘾极为关注。我国北京市 2012 年覆盖全市逾 3.7 万名城乡大中学生的调查显示,近两成男生每天玩游戏 4 个小时以上,全部受访学生中,12.2% 有网络成瘾倾向。随着年龄的增长,在校学生上网时间也呈攀升趋势。相比 2008 年的数据,长时间上网比例 5 年增加 5.5%。

"网络成瘾"是指因过度使用网络,产生心理依赖,一旦无法上网,即陷入焦躁、易怒、沮丧、心神不宁的状态,甚至有双手颤抖、疲乏无力、食欲不振等躯体症状。大家可参阅我们在第一部分中关于 4 岁女童 iPad 成瘾的报道材料。

当儿童长时间使用信息技术时,沉浸在虚拟化的世界中,他们将会与真实物理世界中的游戏、富有意义的人际互动相隔离。这种自愿的社会隔离将对儿童产生深远的影响,严重者甚至会产生述情障碍(也称"情感表达不能"或"情感难言症")、人格分裂、自卑心理和行为失控等。

下面的"技术成瘾调查问卷"(Technology Addiction Questionnaire)可以帮助幼儿园教师和家长判断儿童是否有过度使用网络等技术的问题。

技术成瘾调查问卷

问卷中所指的"技术"(Technology)一词是指下面所提到的任意一种或全部以娱乐为目的的技术产品(不是以教育或工作为目的的技术产品):电视、电子游戏机、手机、音乐播放器或任何其他电子设备。

	是	否
1. 耐受性(Tolerance):您的孩子不满足于目前所使用的技术产品,他们常常要求更多的技术产品。		
2. 脱瘾(Withdrawal):没有技术产品,您的孩子无法想象该怎么办。		

续　表

	是	否
3. 无意识的使用(Unintended Use)：您的孩子使用技术的时间经常超出了所允许的时间限制。		
4. 持久不绝的欲望(Persistent Desire)：您的孩子已经努力停止使用技术产品，但他们做不到。		
5. 花费的时间(Time Spent)：技术使用几乎占据了您孩子玩耍和休息的所有时间。		
6. 取代其他活动(Displacement of Other Activities)：您的孩子本应该和家人、朋友一起度过的时间，以及做功课和上床睡觉的时间都经常用在技术产品的使用上。		
7. 持续的使用(Continued Use)：您的孩子持续不断地使用各类技术产品，即使他们知道那对他们没什么好处。		

答案选择"是"的数量_____

如果您回答"是"的次数超过 3 次，那么您的孩子已经技术成瘾了。

三、学业较差

目前有许多学习软件可以教婴幼儿阅读、学英语和计算等，许多家长和教师由此觉得技术有教育意义，就连我们的教育系统也正在努力地想把计算机变成学生的"虚拟老师"，甚至有许多教师和教育管理者错误地认为，计算机能够用一种寓教于乐的方式来教所有学科。但技术并不只有积极面，我们必须要认识到技术的许多消极影响。

在屏幕阅读和纸质阅读之间有何利弊，至今尚未有充分的研究，但当前已有的研究表明，相对于传统的纸质阅读学习，屏幕阅读的学习方式在以下方面是有弊端的：

- 注意力：单机和滚动鼠标的行为会破坏儿童的注意力，打扰其领会、鉴赏和理解的过程。
- 理解力：学习者会缺少对学习内容的完整性和系统组成部分的理解。
- 记忆力：计算机呈现信息的速度不利于儿童记忆信息。
- 分析能力：计算机不能教会儿童如何批判性地分析信息。
- 书写能力：计算机无法教儿童学会书写。

(一) 感官系统未良性发展

有国外研究者观察认为，在那些没有多动症或自闭症的儿童中，有约三分之一的人注意力有问题，四分之一的人有书写障碍。这些儿童许多具有感官障碍，绝大多数感官障碍发生在触觉和听觉感官系统。这类学习困难中有过度使用技术的原因。因为过度使用技术使得儿童长期久坐，缺乏运动和互动，而从生物学上来看，儿童的感官系统需要在大自然中得到良性发展；其神经和运动系统需要摆动、悬吊、蹦跳、推搡和旋转等充分和强烈的触摸与运动，如果这些系统不能得到良好发展，那么高级听觉和视觉系统将会受到影响。

(二) 注意力缺乏和冲动性

大量研究表明,儿童过度使用技术将会产生注意力障碍和学业较差。华盛顿大学的迪米特里·克里斯塔基斯(Dimitri Christakis)博士在 2004 年研究发现,0—7 岁的儿童每天观看一小时的电视,其发生注意力问题的情况相比于 7 岁以后的儿童,会有 10%的增长。无法集中注意力的儿童是无法学习的(也许可以学习一些他们有兴趣的东西,比如游戏技能),至少无法学习好今后学校中的知识系统,那是他们未来走向社会谋生所需要的。

前面我们提到,国外研究者发现技术的长期使用会造成神经元到达大脑额叶通路的萎缩,而大脑额叶会控制人的冲动,它是实现注意力集中和学习所必需的。

四、其他心理和社会压力

因为长期过度使用技术,儿童会面临睡眠不足、运动能力差、社会交往能力差和学业差等种种问题,由此产生和不断增加心理和社会压力。

第三节　技术对儿童社会性发展的影响

技术在改变我们生活的同时,也正在改变着我们的孩子。但技术对儿童的改变,有很多的消极面。因而有人感慨,如果没有技术设备,儿童就不会社会化不足,也不会有那么多的攻击性行为和暴力倾向,更不会缺少同情心,也不会花大部分时间自己独处。

21 世纪的儿童语言能力、与人交往的能力等方面都受到了技术的影响,而童年早期的沟通困难会影响儿童的社会化发展,也会影响儿童适应学校环境、适应社会工作环境的能力的发展。

一、语言能力

语言是社会交往的工具,心理学家早已研究证实:年幼儿童语言的习得主要是来自与他人(特别是父母)的互动交流,他们必须运用语言;仅仅是聆听、看电视节目,他们不能获得任何单词或语法。每天交流 1—2 小时,儿童就能获得正常的语言发展。

美国的研究人员克里斯塔基斯(Dimitri Christakis)2009 年做了一项研究,他把数码录音机放在父母和孩子身边,他发现,成人通常每小时会说出 941 个单词,而当电视播放的时候,成人的话就几乎完全被取代了。对研究记录进行分析发现,就平均而言,让儿童暴露在电视环境中的时间每增加 1 小时,儿童从成年人那里接收到的单词就会减少 770 个。

现在,有越来越多的家庭在没有人观看的情况下,让电视机连续播放。这会影响年幼儿童的语言习得和早期大脑发育,对其今后的社会化极为不利。我国有越来越多的幼儿园在班级里配备电视机,教师每天给幼儿播放 0.5—1 小时左右的电视或电脑视频。这一现象是否合理,是值得思考的。

二、移情和同情心

通常我们认为，一个身心健康的人在社会性方面应该是文明的，对他人具有爱心的。文明应该体现为有礼貌、尊重他人；对他人的爱心体现在移情上，移情是指能够理解和分享体会他人的感情，有同情心。

信息技术在这方面恐怕没有什么助益。因为儿童在使用技术时基本上都是孤立的，不能彼此交流互动，很难懂得尊重和照顾彼此，那他们就很难发展文明和移情。有人可能会说，儿童一起玩电子游戏也是一种人际互动，但儿童玩游戏时主要还是"单兵作战"，有限的"人际互动"也没有现实中人际交流的许多属性。

美国密歇根大学2010年的一项研究显示，相比于20世纪80年代和90年代的大学生，今天的大学生中有40%的人缺少同情心。该项研究涉及的指数包括：移情关注、对他人痛苦的情绪反应和观点采择能力。这项研究认为大量毫无感情的电视节目、网络和短信是诱发这一问题的主要因素。

三、攻击性

现代的娱乐技术让人们有非常多的机会看到充满暴力的内容，无论是几十年前班杜拉的社会学习理论，还是近年来一系列的研究，都告诉我们暴力的媒体内容与儿童的攻击性行为是有很大关联的。近来的研究显示电子游戏可以提高儿童的问题解决能力，但这是以增加儿童攻击性为代价的，且经常是以欺凌（故意对个体在心理、身体和言语上作恶意的攻击，往往涉及攻击性行为）的形式出现。

爱荷华州立大学暴力行为研究中心（Center for the Study of Violence）的安德森（Craig A. Anderson）在2008年的研究指出，电子游戏将会增加学校打斗事件，"从短期来看，媒体暴力会增加儿童活跃的攻击性思想和决策过程，增加生理唤醒，以及引发模仿观察到的暴力行为的倾向，由此而造成儿童攻击性行为的增加。从长期来看，儿童持续地暴露在媒体暴力环境中可能会让攻击性思维模式和攻击性支持信念得到持久的增长，从而减少了个人对暴力行为的正常负面情绪反应"。

并且，长期过度使用技术造成的大脑额叶损伤也与攻击性有关。因为额叶皮层控制人体的运动执行和冲动控制。一个无法控制自己的暴力冲动的人，对人对己都是非常危险的。基于这些研究成果，我们可以认为，在改变儿童攻击性行为时，应该减少技术的使用。

四、自我意识与身份认同

技术的过度使用还会影响儿童的自我意识和身份认同的形成，儿童的自我意识和身份认同的形成又会影响到儿童与他人建立良好社会关系的能力。

年龄低于8岁的儿童很难区分游戏和玩耍之间的区别，他们无法辨别游戏或玩耍是"幻想的"还是"现实的"（其实成人都很难避免网络生活对现实生活的影响）。长期置身于电视和虚拟世界中的儿童通常会形成一个伴有自卑感、脆弱的自我,因为他们在屏幕上所看到的虚构人物非常强大和有能力。另一方面,儿童常常会将自己认同为虚拟的人物角色,一旦电子设备关闭以后,他们会变得无所适从,不能确定自己到底是谁。

儿童职业治疗师克里斯·罗文(Cris Rowan)描述了一个这样的案例:

> 有一次,我被邀请为一个4岁的男孩进行运动、感觉和行为评估,这个孩子由于在托儿所具有攻击性行为而被学校退学。当我走进这个孩子的家门时,我就为眼前的情景所震惊,这个孩子完全地"粘"在电视机上。他当时正在看卡通片,当我让他的母亲把电视机关掉的时候,他的母亲说这样会让孩子生气、发脾气,因为这个卡通片是他最喜欢的节目之一。我对这位母亲讲,我需要观察孩子的一系列行为,关掉电视是必需的。电视机关闭以后,这个孩子"变成了"他所观看电视节目中的人物角色。我认为在和他建立良好关系前,让他继续扮演他幻想中的角色是不错的选择,所以我扮演了他的对手,用他所想象的武器来和他一起玩打斗游戏。当我说:"好了,这就够了,我的真名是Cris,你叫什么名字呢?"这个孩子继续扮演电视中的人物角色,持续了2个小时。他的妈妈告诉我说,她的儿子从来都对自己的名字没有反应,他只对电视或者电子游戏中的人物角色有反应。在他两三岁的时候,这看起来非常可爱有趣,可是现在她很担心,甚至感到害怕。因为她的儿子现在总是选择成为具有一定攻击性的人物角色。

第四节　学前儿童需要合理使用信息技术

技术无论是好是坏,都会是幼儿未来的一种生活方式。我们并不是要反对使用技术,但是我们必须要正视技术对幼儿的诸多不利影响。

正如英国神经生理心理学研究所所长布莱斯(Sally Goddard Blythe)所认为的:"当儿童使用电子媒体的时候,他们就同他们所处的周遭环境发生了隔离,他们没有同环境发生相互作用,也没有进行社会互动。……身体活动和社会参与可以帮助和促进儿童理解和读懂他人的肢体语言(非语言),同时也能促进儿童学会控制、调节并对他人的肢体语言能做出适度响应的能力。"在人际交流沟通中,90%以上的有效沟通是建立在非语言交流基础上的,比如:姿态、手势、目光接触、语音、语调和语速等等。而现在的儿童把大量的时间都花在了电子媒体上面,这导致上面所提到儿童发展所需要的关键能力得不到良好的发育和发展。

现在的计算机程序往往是设计开发人员基于特定的心智模型设计开发的,这有助于发展人类大脑某一特定方面的能力。当儿童长时间暴露在这样的环境中,将会损害他们其他能力的开发。

当前形势下,在教育部门和管理者的大力倡导下,许多教育工作者正忙于运用信息技术,甚至有一种"更多就是更好"的错觉,很难意识到技术会对儿童造成伤害。人们更容易也更愿意相信新鲜的和绚丽夺目的事物能够让儿童变得更加聪明。而事实上,这些事物可能恰好会侵蚀儿童的思维能力、注意力、内在动机和语言发展。

对于学前儿童来说,要取得健康、持续的发展,应该减少技术的使用。在这一方面,教师和家长需要学习和掌握如何让幼儿优先参与到可以促进他们健康发育和成长的活动中去,让这些活动优先于技术的使用。可以从以下几个方面来努力。

一、建立安全的依恋关系

依恋关系的质量对于儿童的心理健康和发展有显著的影响。最早研究这一问题的是英国精神分析学家约翰·鲍尔比(John Bowlby)和玛丽·安斯沃思(Mary Ainsworth),他们认为,依恋是亲子间的情感联结纽带,是满足儿童生存发展需要的基本要素。发育中的婴幼儿最主要的"工作"就是对他们的主要看护者形成持续的依恋。如果婴幼儿没有形成这种主要的依恋关系,他们就无法生存。鲍尔比(Bowlby)认为每个婴儿、幼儿和儿童都需要一个"安全港湾"和"避风港",通过这个安全港湾,他们可以走出去与外部世界发生联系。当他们遇到困难的时候,他们可以返回到"避风港"来重新"武装"自己。而良好的师生依恋关系可以对不够安全的亲子关系起到补偿的作用。

那么依恋关系的建立和技术使用是怎样的联系呢?我们知道,父母的教养方式直接决定着亲子间形成怎样的依恋关系。我国的一项研究结果显示,网络成瘾的青少年认为父母的教养方式常常表现为过分干涉、惩罚、缺少情感和温暖的回应,这表明父母教养方式和家庭功能是影响网络成瘾发展的重要因素。心理学家弗劳里斯(Phillip Flores)赞同这一观点:"儿童成瘾的潜在诱发因素是与父母依恋关系的畸形发展,而治疗成瘾的主要方法就是要治愈儿童的依恋障碍。"

从上可知,对家长和教师来说,要帮助儿童合理使用技术,首先要形成健康的依恋关系,需要做到两方面:一是为幼儿提供一个"避风港",让孩子在遇到压力和困难的时候可以回来重新调整自己;一是鼓励和帮助孩子与外部世界发生联系,让他们自己探索世界。

二、培养内驱力

内驱力是推动儿童生存与发展的动力,可以推动儿童努力超出自身认知的局限性,参加身体性活动,迎接挑战,并最终达到目标。学前教育工作者应该在技术以外的领域培养儿童的技能和自信心,让儿童找到自己内心深处对成功的渴望和驱动力,这种自我要求的驱动力,将是摆脱对技术依赖的源动力。

教师和家长首先要建立自己相对于技术的自信,而不是认为技术能比自己更好地娱乐和教育儿童。教师和家长是儿童成长中的重要他人,而不是技术。教师只有先自信,才能让儿童在对教师的信任中跟随教师的引导。

其次是为儿童提供一系列难度适中的任务,用适度的挑战来"唤醒"儿童,引发其内驱力。太容易的任务没有挑战性,儿童会无聊;太难的任务又会让儿童恐惧和焦虑。

再次，是给儿童自由、自发、自然的游戏时间。让儿童在自己喜欢的、感兴趣的和想要追求的活动中主动探索，增强各种活动技能，建立自信心。

三、接触大自然

技术的过度使用会影响儿童的注意力。而在自然环境中，进行无结构、无组织的游戏，将会给儿童提供注意力恢复所必要的空间，让大脑获得最佳的状态。

卡普兰(S. Kaplan)擅长"注意力恢复"(Attention Restoration)的理论研究，他在1995年研究发现：无论何时，当孩子的注意力被过度消耗时，都需要让孩子有一段时间来恢复他们的注意力；平衡注意力消耗活动和注意力恢复活动两者之间的关系是优化儿童注意力和学习状态所必不可少的。泰勒(Fabor-Taylor)在2007年发现，儿童接触"绿地"的程度和多少决定并影响着儿童注意力恢复的程度。

为了让儿童可以接触大自然来恢复注意力，幼儿园除了户外绿地，还可以在室内开辟种植角或自然角，给幼儿一块室内的绿地。

四、张弛有度地休息和运动

休息是儿童生活中的重要组成部分，如果在休息时间允许儿童使用技术设备，其实对儿童参与运动、人际接触是一种限制。比如，有的幼儿园教师为了鼓励幼儿好好吃饭、快速吃饭，奖励幼儿可以在饭后休息时间玩电脑。这虽然能够促使幼儿为了多点时间玩电脑而尽快吃好午饭，但这种做法本身就是从教师的便利出发的，并且不利于幼儿的良性休息。有些教师组织幼儿饭后进行小组阅读等活动，是比较好的做法。

儿童神经系统的发育和学习能力的提高，需要足够的感觉和运动类型的信息输入，缺少这些类型的信息刺激，儿童的书写能力、阅读能力和注意力发展都会受到影响。

五、减少技术使用

教师可能首先要告知家长技术对学前儿童的潜在危害，进而制定儿童使用技术设备的日程时间表，减少其使用时间。可以鼓励儿童去拍皮球、跳绳、骑自行车或为其他小朋友讲故事等，用这些活动来替代他们看电视、看电脑的时间。

在幼儿园或家中的饭后时间，鼓励儿童玩棋盘游戏、听音乐跳舞、共同阅读甚至收拾衣物玩具等。幼儿园中，教师播放30分钟的动画片或进行了30分钟的计算机任务后，就应该进行30分钟的体育锻炼或自由活动，以便让儿童恢复注意力，投入后续的学习。技术产品的使用，不应该超过半小时。

思考与练习

1. 运用文中的"技术成瘾调查问卷",观察幼儿园或身边的数个幼儿,并为他们制定一些干预措施。将观察情况和干预计划撰写成方案。

2. 请设计一个幼儿晚上在家时亲子活动的方案,指导家长和幼儿一起开展两个活动,说明家长应注意的要点。活动类型可以是亲子阅读、运动类游戏、建构类游戏等,选择两种进行指导。

主要参考文献

1. 李凌、蒋柯著:《健康心理学》,华东师范大学出版社 2008 年版。
2. [日]高杉自子著,王小英译:《与孩子们共同生活:幼儿教育的原点》,华东师范大学出版社 2009 年版。
3. 李季湄、冯晓霞主编:《〈3—6 岁儿童学习与发展指南〉解读》,人民教育出版社 2013 年版。
4. [美]Eleanor Reynolds 著,郭力平等译:《早期儿童教育指导——基于问题解决的方法》,华东师范大学出版社 2007 年版。
5. [日]本吉圆子实录,无藤隆解说,刘洋洋译:《培养幼儿的成长能力:幼儿园教育活动指导实录》,华东师范大学出版社 2013 年版。
6. [日]河边贵子著,朱英福、熊芝译:《以游戏为中心的保育:从保育记录出发进行解读》,华东师范大学出版社 2009 年版。
7. [日]岸井勇雄著,李澎译:《未来的幼儿教育——培育幸福生活的能力之根基》,华东师范大学出版社 2010 年版。
8. 顾荣芳著:《学前儿童健康教育论》,江苏教育出版社 2009 年版。
9. 丁芳、熊哲宏著:《智慧的发生:皮亚杰学派心理学》,山东教育出版社 2009 年版。
10. 尚忆薇著:《儿童运动与休闲活动设计》,华东师范大学出版社 2013 年版。
11. [德]雷娜特·齐默尔著,杨沫、谢芳译:《儿童感知教育手册》,南京师范大学出版社 2010 年版。
12. [美]Janice J. Beaty 著,郑福明、费广洪译:《幼儿发展的观察与评价(第 7 版)》,高等教育出版社 2011 年版。
13. 李君主编:《学前儿童健康教育》,科学出版社 2008 年版。
14. 汪超著:《幼儿园体育活动设计与指导》,复旦大学出版社 2018 年版。
15. [加]克里斯·罗文著,李银玲译:《"被"虚拟化的儿童》,华东师范大学出版社 2013 年版。
16. [爱尔兰]A·卡尔著,张建新等译:《儿童和青少年临床心理学》,华东师范大学出版社 2005 年版。
17. 林惠芳编著:《幼儿教保活动设计 I》,龙腾文化事业股份有限公司 2001 年版。
18. 张世彗著:《行为改变技术(修订版)》,五南图书出版股份有限公司 2003 年版。
19. [美]Edward L. Zuckerman 著,王晓辰、李清译:《心理咨询师临床一本通》,华东师范大学出版社 2013 年版。